하느님을 기다리는 시간

Tomáš Halík
Vzdáleným Nabízku

© 2007 Tomáš Halík

All rights reserved.

Translated by Choe Moonhee
Korean translation copyright © 2016 by Benedict Press, Waegwan, Korea.

Korean translation rights arranged with Tomáš Halík through Kristin Olson Literary Agency s.r.o., Praha, Czech Republic.

하느님을 기다리는 시간

2016년 7월 15일 교회 인가
2016년 9월 8일 초판 1쇄
2023년 5월 11일 초판 8쇄

지은이	토마시 할리크
옮긴이	최문희
펴낸이	박현동
펴낸곳	성 베네딕도회 왜관수도원 ⓒ 분도출판사
찍은곳	분도인쇄소

등록	1962년 5월 7일 라15호
주소	04606 서울시 중구 장충단로 188 분도빌딩 102호(분도출판사 편집부)
	39889 경북 칠곡군 왜관읍 관문로 61(분도인쇄소)
전화	02-2266-3605(분도출판사) · 054-970-2400(분도인쇄소)
팩스	02-2271-3605(분도출판사) · 054-971-0179(분도인쇄소)
홈페이지	www.bundobook.co.kr

ISBN 978-89-419-1614-7 03230

이 책의 한국어판 저작권은 Kristin Olson Literary Agency s.r.o.를 통해 Tomáš Halík와 독점 계약한 분도출판사에 있습니다.
저작권법에 의해 한국 내에서 보호를 받는 저작물이므로 무단 전재와 무단 복제를 금합니다.

하느님을 기다리는 시간

Tomáš Halík
토마시 할리크

최문희 옮김

자캐오에게 말을 건네다

분도출판사

예언자는 이렇게 말하는 사람입니다. "남들이 그대에게 당신은 우리 형제가 아니라고 말할 때, 그대는 그들에게 당신은 우리 형제라고 말해야 합니다." 이 말이 누구를 가리키는지 생각해 보십시오.
— 성 아우구스티누스

다른 이들을 참아 주는 것은 사랑이요, 자신을 참고 견디는 것은 희망이며, 하느님을 참고 기다리는 것은 믿음이다.
— 아델 베스타프로스

하느님 사랑을 위하여 저는 가장 낯선 생각들도 받아들입니다.
— 리지외의 데레사

사랑하는 이가 모르도록 그를 섬기는 일은 인간 사랑의 가장 오묘한 기쁨 가운데 하나인데, 하느님 사랑과 관련해서는 무신론을 통해서만 가능하다.
— 시몬 베유

차례

들어가는 말   9
복음 속 자캐오 이야기   19

1   자캐오에게 말을 건네다   21
2   행복하여라, 멀리 있는 이들!   33
3   모든 태양에서 멀어져   47
4   맨발로   73
5   둘시네아의 아름다움에 관한 논쟁   99
6   한 통의 편지   123
7   알지 못하는, 그러나 너무 가까운   145
8   파스카의 거울   161
9   돌을 모을 때   183
10   고칠 때   209
11   자캐오 성인   233
12   영원한 자캐오   247

들어가는 말

나는 무신론자들에게 동의할 때가 많다. 단 하나, 하느님이 존재하지 않는다는 그들의 믿음만 빼고는 종종 거의 모든 점에 동의한다.

오늘날 온갖 종교 상품들로 북적대는 시장에서 나는 그리스도교 신앙을 지니고서도 때로 회의론자나 무신론자, 불가지론적 종교 비평가에게 심정적으로 가까움을 느낀다. 하느님은 이 세상에 없다는 느낌을 무신론자들과 공유하기도 한다. 그러나 나는 이러한 부재감에 대한 그들의 해석은 지나치게 성급한 조바심의 표출이라고 본다. 나도 간혹 하느님께서 침묵하시고 멀리 동떨어져 계시는 것 같은 느낌에 짓눌릴 때가 있다. 세상과 인생의 수많은 모순이 지닌 양면성은 숨어 계신 하느님을 설명하기 위해 "신은 죽었다" 같은 말마디를 만들어 냈다. 그러나 나는 똑같은 이 체험도 달리 해석하고 '하느님의 부재'에 달리 접근할 방법이 있음을 알게 되었다. 하느님의 부재를 받아들이기 위한 서로 깊이 관련된 세 가지 인내가 있다. 이들은 각각 **믿음**·**희망**·**사랑**이라 불린다.

내가 생각하기에 신앙과 무신론의 가장 큰 차이는 인내다. 무신론과 종교 근본주의와 손쉬운 광적 신앙의 공통점은 우리가 하느님이라 부르는 신비를 너무나 성급하게 함부로 다룬다는 점이다. 그런 까닭에 나는 이 셋 다 받아들일 수 없다. 우리는 결코 신비가 '완결'되었다고 여겨서는 안 된다. 단순한 딜레마와는 달리 신비는 극복될 수 없다. 우리는 신비의 문턱에 서서 인내심 있게 기다리고 끈기를 지녀야 한다. 복음 속 예수님의 어머니처럼 우리 마음속에 신비를 간직하고, 그 안에서 신비가 무르익어 결국에는 우리를 무르익게 이끌도록 해야 한다.

나만 해도 두꺼운 신심 서적들에 나오는 '하느님 현존의 증거들'에 이끌려 신앙을 갖게 되지는 않았다. 일부 광신자들 생각처럼 하느님 현존의 표징들이 세상 표면에서 쉽게 손 닿을 수 있는 곳에 있다면 진정한 신앙이 필요하지도 않을 것이다. 세상과 세상의 방식에 대한 단순한 기쁨과 황홀감에서 솟아나는 신앙도 있다. 순진해 빠진 신앙이라고 치부할 수도 있지만 그 진실성과 진정성까지 부정할 수는 없다. 이처럼 기쁨에 찬 밝은 신앙은 흔히 초심자들이 처음에 느끼는 '황홀감'과 함께 오거나, 인생 여정의 소중한 순간들, 때로는 깊은 고통 중에 예기치 않게 빛난다. 아마도 우리 영적 여정의 최고 단계, 삶과 세상을 최종적으로 온전히 확신하는 순간에 맛볼 탐나는 자유를 '미리 맛보는' 것이리라. 우리는 이런 확신을 두고 '일치의 길'(via unitiva) 또는 '운명애'(amor fati), 영혼과 하느님의 신비로운 합일, 또는 니체의 차라투스트라가 말하는 '자기 운명에 대한 이해와 기쁜 인정'이라고 풀이하는 해석들을 듣곤 한다. "그게, 그게 인생이었다고? … 설마! 다시 한 번!"

그러나 나는 하느님께서 멀리 계시거나 숨어 계시는 것 같은 순간들, 또는 그러한 긴 시간을 받아들이고 견디는 것도 신앙이 무르익는 데 필요하다고 확신한다. 명명백백하게 보여 줄 수 있는 것은 신앙을 요구하지 않는다. 우리의 이성과 상상력, 감각적 경험으로 이해할 수 있는 확고부동한 확신들 앞에서는 신앙이 필요치 않다. 하느님께서 침묵하시는 차가운 밤, 우리 삶과 세상이 불확실로 가득 찬 어스름한 순간에 신앙이 필요하다. 그럴 때 신앙이 하는 일은 확실성과 평안에 대한 목마름을 달래 주는 것이 아니라 **신비와 더불어 살아가는 법을 가르치는 것**이다. 믿음과 희망은 바로 그런 순간에 드러나는 우리의 인내다. 사랑도 마찬가지다. 인내 없는 사랑은 진정한 사랑이 아니다. '육체적 사랑'과 '하느님에 대한 사랑', 두 가지 사랑 모두 그렇다고 말할 수 있다. 사실 사랑은 하나이며, 사랑은 본디 하나로서 갈리지 않고 갈릴 수 없다고 확신하지만 말이다. 사랑이 그러하듯 신앙도 신뢰와 충실성과 불가분의 관계에 있고, 신뢰와 충실성은 인내로 검증된다.

믿음과 희망과 사랑은 하느님을 참고 기다리는 우리 인내의 세 얼굴이다. 숨어 계신 하느님을 체험하는 법을 배우는 세 가지 방법이다. 그렇기에 이들은 '무신론'이나 '안이한 신앙'과는 확연히 다른 길을 제시한다. 저 손쉬운 두 지름길과는 달리 믿음과 희망과 사랑의 길은 기나길다. 이스라엘 백성의 탈출처럼 이 길은 광야와 어둠을 가로질러야 한다. 우리는 종종 이 길에서 헤매기도 한다. 이 길은 순례다. 끊임없이 탐색해야 하고 이따금 길에서 벗어나기도 한다. 다시 길을 찾기 위해 가끔은 심연으로, 그늘진 골짜기로 내려가야 할 때도 있다. 그러나 거기까지 내려가지 않는다면 하느님을 향한 길이 될 수 없을 것이다. 하느님께서는 껍데기에 머물러 계시지 않기 때문이다.

전통 신학은 세상 피조물을 관상하는 것만으로도 인간 이성이 하느님 현존을 확신할 수 있다고 주장했다. 물론 지금도 여전히 동의할 수 있는 주장이다. (더 정확히 말하면, 이성은 그런 결론을 내릴 능력이 있다. 그러나 세계는 다른 관점들을 이론적으로 인정하는 양면적 실재이다. 인간 이성이 어떤 '능력'이 있다고 해서, 각 개인의 이성이 반드시 그 능력을 발휘해야 한다는 뜻은 아니다.) 그러나 전통 신학은 하느님 현존에 관한 인간의 확신이 신앙과는 다른 것이라고 선포했다. 인간의 확신은 '자연'의 영역에 있는 반면, 신앙은 그 영역을 초월한다. 신앙은 선물, 이를테면 '부어진' 거룩한 은총이다. 토마스 아퀴나스에 따르면, 신앙은 인간 이성에 부어진 은총의 선물이다. 이 은총 덕분에 이성은 타고난 능력을 초월하여, 하느님이 당신을 아시는 완전한 인식에 제한적으로나마 동참할 수 있게 된다. 그러나 신앙으로 가능하게 되는 인식과 '지복직관'至福直觀을 통한 하느님에 대한 지식 사이에는 크나큰 차이가 있다. 이러한 앎은 천상 성인들의 몫이다. (영원의 문턱에 이르기까지 결코 채워지지 않는 바람을 간직하며 참고 기다리는 순례자의 믿음을 보여 준다면 우리도 이러한 앎을 누릴 수 있다.)

하느님과 우리의 관계가 그분의 현존에 대한 확신에만 토대를 둔다면 그것은 내가 생각하는 그런 신앙은 아닐 것이다. 그러한 확신은 세상의 조화로움을 깨닫고 보편적으로 연결된 인과관계를 이성적으로 따져보는 것으로도 어렵지 않게 얻을 수 있다. 교회의 옛 스승들에 따르면, 신앙은 하느님께서 어두운 인간 삶의 영역을 몸소 꿰찌르시는 한 줄기 빛이다. 저 멀리 떨어져 있는 태양이 지구와 우리 몸을 따뜻이 비추듯이,

당신 빛줄기의 어루만짐처럼 하느님 몸소 그 안에 계신다. 물론 태양이 그러하듯, 우리와 하느님의 관계에도 일식의 순간들이 있다.

과거보다 우리 시대에 특별히 일식의 순간이 더 잦아진 것인지, 아니면 우리가 그런 순간들에 대해 더 많이 알게 되고 더 민감해진 것인지는 모르겠다. 현대 문명에서 수많은 사람이 겪고 있으며 우리가 임상의학 용어로 규정하고 의학 자료에 의지해 의학적 관점으로 연구함으로써 없애고자 애쓰는 불안과 근심의 어두운 정신 상태가 예전보다 지금 더 넘쳐 나게 됐다거나, 이전 세대는 다른 걱정거리들 때문에 이런 문제에 관심을 덜 기울였고 이에 직면하고 대처하는 다른 더 효과적인 방법들을 갖고 있었다고 말하기도 어렵다.

이성적 질서가 주는 안전에서 벗어나는 이러한 어둠과 혼돈과 부조리의 순간들은, '광인'의 입을 빌려 신이 죽었다는 소식을 전한 니체의 예언을 생생하게 연상시킨다. "우리가 어떻게 바닷물을 다 마셔 버릴 수 있었는가? 지평선 전체를 지워 버릴 해면을 누가 우리에게 주었는가? 이 지구를 태양에서 풀어 놓았을 때 우리는 무슨 짓을 저질렀는가? 우리는 어디로 가고 있는가? 모든 태양에서 멀어진 채 …."

"모든 태양에서 멀어진" 그러한 순간들, 즉 거대한 역사의 장에서는 아우슈비츠, 강제 노동 수용소, 히로시마, 9·11, 죽음의 문화로 등장하고, 보통 사람들의 일상에서는 우울증이나 신경쇠약으로 나타나는 그러한 순간들이 많은 사람에게 '무신론의 바위'가 된다. 이 때문에 셰익스피어가 맥베스의 입을 빌려 하는 말처럼 "인생은 바보가 들려주는 … 아무 의미 없는 이야기"라는 확신이 생기며, 혼돈과 부조리가 삶의 전부가 되고 만다. 그러나 하느님의 침묵과 세상 안에 숨어 계시는 하느님에 대한 체험이 신앙의 출발점이자 기본 요소라고 믿는 이들이 있다. 나도 그 가운데 하나다.

하느님의 부재만큼 하느님을 바라보게 하고 하느님을 절실히 요구하게 하는 것도 없다. 이 체험은 '하느님을 원망하고' 결국에는 신앙을 저버리게 할 수도 있다. 그러나 그러한 부재를 해석하고 받아들이는 여러 다른 길이 있으며, 특히 신비주의 전통 안에는 더 풍부하게 들어 있다. '하느님 없는 세상'을 뼈저리게 체험하지 않고는 종교적 추구의 의미, '하느님을 참고 기다리는 일'과 그 세 얼굴인 믿음 · 희망 · 사랑에 관해 말하고자 하는 모든 것의 의미를 깨닫기 어렵다.

모름지기 성숙한 신앙이란, '신의 죽음' 또는 그보다 좀 덜 비극적으로는 신의 침묵이라고 일컫는 체험을 자기 안에 녹여 내야 한다고 나는 확신한다. 물론 그런 체험은 내적 성찰을 통해, 피상적이거나 안이한 방식이 아니라 있는 그대로 체험하고 극복해야 한다. 무신론자들이 틀렸다는 말이 아니다. 그들에게 인내가 부족하다는 말이다. 그들의 진리는 불완전한 진리라는 말이다.

한스 우르스 폰 발타사르Hans Urs von Balthasar는 '이교 문화'의 좋은 점을 차용해야 할 그리스도인들의 임무를 가리켜 '이집트인들을 약탈하기'라는 표현을 즐겨 쓰곤 했다. 이집트를 탈출하면서 이스라엘인들이 이집트인들에게 금붙이와 은붙이를 빼앗은 것에 빗댄 말이다. 현대 유럽의 무신론이 낡은 것이 되어 기억에서 잊혔을 때, 그리스도교가 '금붙이', 다시 말해 무신론 안에 들어 있는 참되고 진실한 것을 뽑아내어 간

직하지 못했다면 유감스러운 일일 것이다. 비록 그것이 불완전한 진리라 하더라도 그렇다.[1]

그러나 바로 덧붙여야 할 말이 있다. '우리의 진리', 곧 이곳 지상에서 신앙의 종교적 진리도 어떤 의미에서는 '불완전'하다는 것이다. 신앙 진리의 본성은 신비에 대한 개방성에 있고, 신비란 마지막 때에 이르기 전에는 온전히 드러나지 않을 것이기 때문이다. 그렇기에 우리는 교만한 개선주의凱旋主義의 유혹에 맞서야 한다. 그렇기에 우리는 '믿지 않는 이들'과 타 종교 신자들에게도 할 말이 있다. 그렇기에 우리는 귀 기울이고 배워야 한다. 현대에 들어 무신론이 마구 쏟아 내는 뜨거운 비난이 다른 종교들보다 특히 그리스도교를 향했다는 사실에서 자신에게 유익한 교훈을 찾아내지 못했다면 그리스도교는 그 태만함을 비난받아야 할 것이다. 그 뜨거운 비난의 용광로 속으로 들어갈 용기가 없다면, 그러한 비난들 속에서 시험받고 단련되어야 할 믿음과 희망을 포기해 버리는 것만큼이나 안타까운 일이다. 사도 바오로의 정신을 따르는 우리는 그리스도교의 몸에서 무신론의 가시가 떠나게 해 달라고 청해서는 안 된다. 오히려 그 가시는 거짓 확신의 자기만족에서 깨어나도록 우리 신앙을 계속해서 찔러 대야 한다. 그럴 때 우리는 나약한 우리 시대에 완전히 드러나는 은총의 힘에 더욱 기댈 수 있다(2코린 12,7-10 참조).

무신론은 '주님의 길을 마련하는' 데 도움이 될 수 있다. 우리 신앙에

---

[1] 포스트모던 철학자 슬라보예 지젝Slavoj Žižek도 똑같은 맥락에서 타당한 지적을 하고 있다. "참된 그리스도교 유산은 근본주의 광신자들에게 맡겨 놓기에는 너무나 귀한 것이다." *The Fragile Absolute: Or, Why Is the Christian Legacy Worth Fighting For?* (London, New York 2001) Verso 2001, 2.

서 '종교적 환상들'을 걷어 내는 데도 도움이 될 수 있다. 그러나 우리는 조바심치던 사람들처럼 무신론에게 최종 발언권을 넘겨주어서는 안 된다. 바닥까지 지쳐 있을 때에도 우리는 호렙 산을 향해 가던 엘리야에게 천사가 전한 메시지를 듣고 받아들여야 한다. "일어나 먹어라. 갈 길이 멀다"(1열왕 19,7).

※

이 책 집필에 영감을 얻은 곳과 정작 원고를 쓴 곳, 지구상에서 이 두 곳만큼 참으로 이질적인 장소도 없을 것이다. 앞서 나온 다섯 권의 책처럼 이 책도 여름휴가 동안 라인 지방 한 수도원 인근 숲의 암자에서 철저한 고립과 깊은 침묵 속에 대부분 완성되었다. 그러나 이 책에 대한 생각은 혹한의 어느 겨울날 오후, 세계에서 가장 북적거리는 뉴욕 브로드웨이의 초고층 건물들 사이에 있는 베텔스만 더블데이 출판사의 고층 사무실, 맨해튼의 눈 덮인 지붕들이 내려다보이는 그 방에서 시작되었다.

『고해사제의 밤』Confessor's Night 영어판 계약 건을 논의하던 중이었는데, 출판인 빌 베리가 나의 다른 책 제목에 관심을 기울였다. 설교 모음집인 『자캐오에게 말을 건네다』Addressing Zacchaeus였다. 자캐오 이야기를 주제로 삼게 된 사연을 설명했더니, 빌은 헨리 나우웬의 유명한 책 『탕자의 귀향』The Return of the Prodigal Son처럼 '자캐오 테마'를 따로 책으로 발전시켜 보라고 강력하게 권했다.

나는 며칠 생각할 시간을 달라고 하고는 그 며칠을 맨해튼의 번화한 거리를 돌아다니는 데 다 써 버렸다. 그러다 5번가까지 가게 되었고, 세인트 패트릭 대성당으로 들어갔다. 미국 대도시의 펄떡이는 심장 속에 있는 그 고요한 성소聖所로. 거기서 나는 이 숙제를 받아들이기로 결심했다.

그날의 대화로 이 책에 영감을 준 빌 베리와 저작권 대리인 말리 러서프에게 고마움을 전하고 싶다. 친절한 환대를 베풀고 배려해 주신 라인 강 계곡 수도원의 신부님들에게도 감사를 전한다. 묵상하고 작업하는 동안 기도로 동행해 준 모든 벗과 동료에게 고마움을 전한다.

❦ 복음 속 자캐오 이야기

예수님께서 예리코에 들어가시어 거리를 지나가고 계셨다. 마침 거기에 자캐오라는 사람이 있었는데, 그는 세관장이고 또 부자였다. 그는 예수님께서 어떠한 분이신지 보려고 애썼지만 군중에 가려 볼 수가 없었다. 키가 작았기 때문이다. 그래서 앞질러 달려가 돌무화과나무로 올라갔다. 그곳을 지나시는 예수님을 보려는 것이었다. 예수님께서 거기에 이르러 위를 쳐다보시며 그에게 이르셨다. "자캐오야, 얼른 내려오너라. 오늘은 내가 네 집에 머물러야 하겠다." 자캐오는 얼른 내려와 예수님을 기쁘게 맞아들였다. 그것을 보고 사람들은 모두 "저이가 죄인의 집에 들어가 묵는군" 하고 투덜거렸다. 그러나 자캐오는 일어서서 주님께 말하였다. "보십시오, 주님! 제 재산의 반을 가난한 이들에게 주겠습니다. 그리고 제가 다른 사람 것을 횡령하였다면 네 곱절로 갚겠습니다." 그러자 예수님께서 그에게 이르셨다. "오늘 이 집에 구원이 내렸다. 이 사람도 아브라함의 자손이기 때문이다. 사람의 아들은 잃은 이들을 찾아 구원하러 왔다."

(루카 19,1-10)

1
자캐오에게 말을 건네다

방금 내린 신선한 눈이 프라하의 온 거리를 덮은 이른 아침이었다. 1990년대 중반, 그 시절에는 모든 것이 신선했다. 몇 해 전 '벨벳 혁명'으로 공산 정권 붕괴와 더불어 정치권력과 치안권력의 독점이 무너지고, 수십 년 만에 처음으로 진정한 의회정치가 복원되었다. 교회와 대학은 다시 자유를 누리게 되었다. 이 전환은 내 삶에도 큰 변화를 일으켰다. 나는 조국에서 수십 년째 종교가 탄압받던 1970년대에 외국에서 비밀리에 서품되었다. 같이 살던 어머니에게도 내가 사제라는 사실을 말할 수 없었다. 11년 동안 나는 '지하 교회'에서 비밀리에 사제 직무를 수행했다. 이제는 프라하 구시가지 중심부에 새로 세워진 대학교 본당에서 아무런 탄압의 위험 없이 자유롭게, 공적으로 사제 직무를 수행할 수 있게 되었다. 지하 대학이 주관하는 비밀 교육과정의 일환으로 가정집들에서 근근이 철학 강의를 하던 시절이 끝나고, 이제 대학으로 돌아가 신문에 기고도 하고 책도 출판할 수 있게 된 것이다.

그러나 그 겨울날 아침, 나는 성당이나 대학교가 아니라 국회의사당 건물을 향하고 있었다. 몇 해 전부터 성탄을 앞두고 성직자를 의회에 초대하여 성탄 휴가 전 마지막 회기를 시작하기 전에 국회의원들에게 짧은 묵상을 전하는 관습은 그 시절의 새로움 가운데 하나였다.

모든 것은 여전히 신선했고 새롭게 얻은 자유의 향기를 간직하고 있었다. 그러나 '벨벳 혁명' 이후 해가 거듭되면서 처음에 밀려들던 행복감과 광장을 마주하던 의기양양한 자신감은 과거지사가 되었다. 신선한 환상은 증발되어 날아가고 공생활에서 예기치 못했던 많은 문제와 복잡한 일들이 불거져 나왔다. 점차 정신과 의사들이 '광장공포증'이라 부르는 것이 사회 안에 스멀스멀 기어 들어왔다. 열린 공간에 대한 두려움, 문자 그대로 시장에 대한 공포였다. 갑자기 물건이든 아이디어든 상상할 수 있는 거의 모든 것을 시장에서 손에 넣을 수 있게 되었지만, 살 수 있는 것들의 엄청난 다양성과 선택의 필요성 앞에서 혼란스럽고 당혹스러워하는 이가 많았다. 어떤 이들은 갑작스런 눈부신 다채로움에 두통을 느꼈고 심지어 이따금씩 예전의 흑백 세상을 그리워하기도 했다. 실제로 그것은 지루하고 따분한 회색이었음에도 말이다.

아마 대부분은 평생 한 번도 성경을 펼쳐 본 적 없는 것 같은 국회의원들 앞에서 나는 루카 복음에 나오는 한 장면을 언급하며 묵상을 마무리했다. 예리코에서 군중을 가로질러 가시던 예수님께서 뜻밖에도 돌무화과나무[1]에 올라가 몰래 당신을 지켜보고 있던 세관장에게 다가가 말을 건네는 장면이다.

나는 이 이야기를 체코의 그리스도인들에게 빗대어 말했다. 공산주

---

[1] 일부 번역본에서는 뽕나무로 나오기도 한다.

의 붕괴 이후 그리스도의 제자들이 마침내 자유롭게 바깥세상으로 나왔을 때, 그들은 박수를 보내는 많은 사람과 예전에 그들에게 주먹을 휘둘렀던 몇몇 사람을 보았다. 그러나 그들이 미처 보지 못한 이들이 있다. **주변 나무들에 빼곡히 올라가 있는 자캐오들**이었다. 구교우들이나 새 신자들의 무리에 합류할 뜻이 없거나 그럴 수 없는 이들, 그러나 그리스도인들에게 무관심하지도 적대적이지도 않은 이들이었다. 그 자캐오들은 호기심 어린 눈으로 좇으면서도 적당한 **거리**를 두고 싶어 했다. 호기심과 기대, 관심과 수줍음, 때로는 일종의 죄책감과 '합당치 않다'는 감정이 이상하게 뒤엉켜서 그들을 돌무화과나무에 숨어 있게 한 것이다.

예수님께서는 자캐오의 **이름을** 부르심으로써 자캐오가 숨어 있던 곳에서 내려올 수 있도록 대담함을 주셨다. 게다가 사람들이 곧바로 "저이는 죄인의 환대를 받아들이는군!" 하고 헐뜯고 비난할 것을 아시면서도 자캐오의 집에 묵겠다고 말씀하심으로써 그를 놀라게 하셨다.

자캐오가 예수님의 제자 무리에 들어갔다거나 열두 제자나 다른 군중처럼 예수님의 여행에 함께 따라다녔다는 이야기는 기록된 바 없다. 그러나 우리가 분명히 아는 것은, 그가 자신의 삶을 바꾸기로 결심했으며 **그의 집에 구원이 내렸다**는 사실이다. 우리 시대에 교회는 자신의 자캐오들에게 이런 식으로 말을 건네지 못하고 있다.

나는 앞에 앉아 있던 정치인들에게 시민사회와 정치에서도 이런 일이 일어나지 않도록 조심하라고 경고했다. 처음에 만연하던 행복감의 시기가 지나간 뒤에도 여전히 많은 이가 체코 민주주의의 새 출발을 호기심과 열의를 갖고 지켜보고 있는 것이 사실이지만, 그럼에도 사람들은 여러 이유로 불안해하고 자신 없어 했다. 그러나 누군가 또는 무언가가 자신에게 말을 건네거나 초대해 올 순간을 자기도 모르게 기다리고 있는 이가 많을 것이다. 지지자들을 결집하고 반대자들과 대결하는 데 온통 시간을 쏟는 정치인들 가운데 그 자캐오들을 이해하고 존중하며 그들에게 진심으로 관심을 기울이고, '그들의 이름을 불러' 이야기를 나누며 그들과 친분을 쌓아 갈 준비가 된 이들이 몇이나 있을까? 그러지 못한 탓에 수많은 '세리'가 그들의 삶을 변화시키지 못했고, 수많은 잘못이 바로잡히지 못했으며, 많은 희망이 부서졌다.

자캐오가 고질적인 개인주의자나 '아웃사이더'처럼 보일 수도 있다. 사람들이 열광의 무리에, 또는 분노의 무리에 줄을 서려고 준비하고 있을 때, 그는 본능적으로 돌무화과나무 가지 속에 은신처를 찾는다. 교만해서 그런 것처럼 보일 수도 있지만 실은 그렇지 않다. 그는 절대적 기준과 요구 조건에 견주어 한없이 부족한 자신의 '작은 키'와 큰 결함, 자신의 부족함을 잘 알고 있다. 그러나 그는 '이름을 불러 준다면' 자신의 사생활과 집착을 버릴 수 있고 기꺼이 버리려 한다. 그는 덥석 그 절대적 도전을 받아들고 자기 삶을 바꿀 것이다. 그러나 돌무화과나무 가지에 숨어 있는 이들에게 낯설거나 이질적이지 않은 사람, 그들을 업신여기지 않는 사람, 그들을 염려하는 사람, 그들 마음과 정신에 일어나는 일에 응답할 수 있는 사람만이 자캐오에게 말을 건넬 수 있다.

우리 가운데 수많은 자캐오가 있다. 우리 세계, 우리 교회, 우리 사회의 운명은 이 자캐오들을 얼마나 얻느냐에 달려 있다. 우리가 생각하는 것보다 훨씬 더 그렇다.

묵상을 마쳤지만 자캐오 이야기는 계속 내 머릿속에 남아 있었다. 성탄을 앞둔 프라하 거리를 거닐며 나는 왜 이 구절이 내 상상력을 그토록 강렬하게 사로잡았는지 알아내려 골몰했다. 그러다 깨달았다. 이 이야기는 오랫동안 내 잠재의식 속에서 나의 사명이자 소명으로 여겨 온 것을 더 분명히, 더 깊이 이해하는 데 도움이 될 수 있다는 것을.

사제로서 하는 사목 활동과 저술, 대학 강의, 인터뷰 같은 외부 활동에서 언제나 내 목표는 '이미 회심한 이들을 회심시키는 것'이 아니었고, 양 떼 가운데 잘 자리 잡고 있는 양들을 돌보는 것도, 반대자들을 상대로 끝도 없는 논쟁과 반론에 휘말리는 것도 아니었다. 나는 내 주된 소명이 전통적 의미의 '선교'가 되어야 한다고 생각하지 않는다. 그것이 교회 안에서든 정치적 설득에서든 최대한 많은 이를 우리 편으로 끌어들이는 것을 뜻한다면 말이다. 나의 주된 목표는 펄럭이는 자기 편 깃발 아래서 의기양양하게 기뻐하는 군중에 합류할 수 없는 이들, **저만큼 거리를 두고 있는 이들**에게 이해심 많은 이웃이 되어 주는 것이라 생각한다.

나는 자캐오들이 좋다. 나는 그들을 이해하는 은사를 받은 것 같다. 사람들은 자캐오들이 유지하는 거리를 '우월감'의 표현으로 해석하곤 한다. 나는 그렇게 생각하지 않는다. 문제는 그렇게 단순하지 않다. 내 경험상, 그들이 거리를 두는 이유는 우월감보다 수줍음에 가깝다. 간혹 그들이 군중, 특히 깃발을 들고 구호를 외치는 군중에게 반감을 품는 것은, 진리는 거리에서 함부로 외칠 만한 것이 아니리라는 의심 때문이다.

대체로 그들은 자진해서 '가장자리'에 자리 잡은 것이 아니다. 어쩌면 그들은 자캐오처럼 자기 집안도 엉망임을 잘 알고 있고, 자기 삶에 변화가 필요하다는 것을 깨닫고 있거나 적어도 변화가 필요한 것은 아닐까 의심하고 있는 신중한 사람들일 수도 있다. 예수님의 비유에 나오는 불행한 사람과는 달리, 그들은 자신이 예복을 갖추지 않아 혼인 잔치에 영광스러운 손님으로 앉아 있을 수 없음을 깨달은 이들인지도 모른다(마태 22,11-14 참조). 여전히 목적지에서 멀리 떨어져 있고 먼지 자욱한 길을 걷고 있는 그들은, 인생 여정에서 컴컴한 골목에 있다고 생각하기 때문에 아직은 환한 대낮에 남들에게 자신을 드러낼 '준비'가 되지 않았다.

그러나 그들은 중요한 그 무엇이 자기 옆을 지나갈 때 그 절박한 순간을 알아차릴 수 있다. 간절히 예수님을 뵙고 싶어 했던 자캐오가 그랬듯 그들은 자신을 끌어당기는 어떤 힘을 느끼는 것이다. 그러나 자캐오처럼 그들은 남들이 보지 못하게, 그리고 때로는 자신도 보지 못하게 자신의 영적 갈망을 무화과나무 잎사귀로 숨기고 있는지도 모른다.

※

자캐오에게 말을 건넬 수 있는 유일한 사람은 '그의 이름을 아는' 사람, 그의 비밀을 아는 사람이다. 자캐오 같은 부류가 낯설지 않은 사람, 그의 신중함 뒤에 숨은 복잡한 이유들에 공감할 수 있는 사람이다. **그 자신이 자캐오였고 지금도 조금은 자캐오스러운 사람만이 우리 시대 자캐오들에게 참으로 공감할 수 있는 것 같다.** 환호하는 군중 속에서 가장 편안해

하는 사람들은 자캐오 같은 사람들을 이해하기가 어려울 것이다.

프라하 어느 지하철역 벽에 '예수가 해답이다'라고 쓰인 낙서를 본 적이 있다. 뜨거운 열기로 가득한 복음 전도 집회에서 돌아오던 어떤 사람이 적어 놓았을지도 모른다. 그런데 그 옆에 누군가 재치 있게 이렇게 적어 놓았다. '그런데 문제는 뭐였지?' 철학자 에릭 푀겔린Eric Voegelin의 말이 떠올랐다. 그는 오늘날 그리스도인들의 가장 큰 문제는 정답을 갖고 있지 못한 게 아니라 그 답에 대한 물음을 잊은 것이라고 말했다.

물음이 없는 해답, 처음에 대답을 재촉하던 물음은 물론이고 답에 다시 꼬리를 물고 이어지는 물음들이 없는 해답은 뿌리 없는 나무와 같다. 그러나 '그리스도교 진리들'이 더 이상 새들이 깃들지 못하는 죽은 나무들처럼 우리에게 제시될 때가 얼마나 많은가? [젊은 교수 시절에 요제프 라칭거(교황 베네딕도 16세)는 분명히 이렇게 말했다. "하늘나라는 새들이 깃들이는 나무와 같다 하신 예수님의 비유에 비추어 볼 때, 교회는 말라 죽은 가지들 위에 이상한 새들이 자주 앉아 있는 나무를 위험하게 닮아 가기 시작하고 있다." 허나 지금 그가 이러한 진술에 기꺼이 교황으로서 서명하거나 '어부의 반지'로 날인하려 할지는 의문이다.]

우리가 하는 말이 다시 참된 의미와 역동성을 지니려면 물음들과 해답들이 서로 대면해야 한다. 진리는 대화 과정에서 **발생한다**. 마치 대화 주제가 이미 다 해답이 나와 있는 **문제**인 양, 우리의 답으로 탐색 과정을 끝마치고 싶은 유혹은 언제나 도사린다. 그러나 새로운 물음이 나올 때, 바닥을 드러내지 않는 깊은 **신비**가 다시 한 번 모습을 드러낸다. 거듭거듭 말해 두자. 신앙은 문제들이 아니라 **신비**에 관련된 것이다. 그렇기에 우리는 찾고 묻는 길을 결코 포기해서는 안 된다. 그렇다, 자캐오를 찾아다니면서 우리는 분명 문제들에서 신비로, 궁극적 해답처럼 보이는 것에서 무한한 물음들로 옮겨 갈 수 있을 것이다.

※

복음 전파에 매진한 '열세 번째 사도' 바오로는 **"나는 모든 이에게 모든 것이 되었습니다"**(1코린 9,22)라고 했다. 아마도 지금 그분 제자로서 우리가 그리스도의 친밀함을 가장 효과적으로 발견할 수 있는 길은, **찾는 이들과 함께 구도자가 되고 묻는 이들과 함께 질문자가 되는 것**이다. 벌써 목표에 도달했다고 선언하며 이미 만들어져 있는 겉핥기식 대답들을 내어 놓는 이가 너무 많다. 그리고 안타깝게도 이들도 예수님의 이름을 부르는 이들 가운데 있다. '나뭇잎 사이로 내다보는' 우리 시대 자캐오들을 우리 이웃으로, 예수님께서 말씀하시는 의미의 **이웃**으로 삼는다면 우리 신앙이 훨씬 더 쉽게 그들에게 다가갈 수 있을 것이다.

'구도자와 의심자를 위한 책'이라는 부제가 달린 어느 주교의 책을 접한 적이 있다. 내가 개인적으로 알고 좋아하는 분의 책이라서 호기심에 책을 집어 들었다. 그러나 몇 쪽만 읽어 봐도, 저자가 붙였는지 출판사가 붙였는지는 몰라도 그 부제는 순전히 광고 문구에 지나지 않는다는 걸 알 수 있었다. 저자는 자신은 원하는 것을 이미 찾아낸 사람의 태도로 구도자를 대했고, 의심자가 품고 있는 의심들을 자신이 쉽게 확신으로 바꿀 수 있다고 여기고 있음이 책의 전반적 어조에서 분명히 드러났다.

그때 나는 이와는 다른 책을 쓰리라, 의심자들 가운데 있는 의심자, 구도자들 가운데 있는 구도자로서 책을 쓰리라 결심했다. 그러자 곧 주님께서 정말 그 지향을 이미 받아 주셨고, 처음 이런 생각이 들었을 때의 나보다 훨씬 더 진지하게 받아들이셨다는 느낌이 들었다. 그러나 이 책이 엉터리가 되지 않도록 하느님께서는 내가 갖고 있던 종교적 확신들 가운데 많은 것을 허물어 주셨다. 그렇게 하시면서 하느님께서는 매우 귀한 깜짝 선물을 선사해 주셨다. '틈'이 생기던 순간, 확신들이 흔들리고 무너지던 순간, 점점 더 많은 물음과 의심이 숫던 순간, 바로 그때 하느님께서는 그 어느 때보다 더 분명하게 당신 얼굴을 보여 주신 것이다.

나는 '하느님과의 만남', 다시 말해 하느님께서 당신을 계시하시고 교회가 그 계시를 전달하는 방식에 신앙으로 동의하는 회심이 여정의 끝이 아님을 깨달았다. 신앙을 갖는다는 것은 '발자취를 따른다'는 뜻이다. 이 세상에서 그것은 끝없는 여정의 형태를 취한다. 지상의 참된 종교적 신앙은 결코 이런저런 대상에 대한 추구의 성공, 곧 발견과 소유로 끝날 수 없다. 신앙이 지향하는 것은 물리적 종점이 아니라 바닥을 드러내지 않는 무한한 신비이기 때문이다.

교회의 가시적 울타리의 가장자리 또는 그 너머에 있는 물음들과 의심들의 영역, '마음이 완고한 이들'(자기 확신에 찬 신자들과 자기 확신에 찬 무신론자들)이 요새처럼 성벽을 쌓아 올린 두 진영 사이의 그 독특한 공간에 있는 오늘날 자캐오들을 향해 가면서, 나는 신앙과 신앙이 이야기하는 분을 새롭게 이해할 수 있었다.

우리가 그리스도의 제자라면 오늘날 자캐오들이 그분을 만나기를 바라야 마땅하다. 사제인 나는 오늘날 누군가를 그리스도께, 그리고 그리스도를 통해 하느님께 이끈다는 것은 무엇을 뜻하는가 하고 이 책을 쓰는 동안에도 스스로에게 물음을 던져 보았다. 일부 광적인 그리스도인들이 믿는 것처럼 그렇게 간단한 문제는 아닐 것이다. 사제는 능숙한 구호로 남들을 노련하게 조종하는 선동가나 선전가가 되어서는 안 된다. 사제가 할 일은 정치인들이나 장사꾼들이 새로운 물건에 관심을 주목시키는 방식으로 '사람들을 우리 편으로 끌어들이는 것'이 아니라, 다른 이들을 동행하고 어떤 일들이 벌어지는지 알려 주며 신비의 문으로 데리고 가는 것이어야 한다.

사람들에게 말을 건네는 방식에서부터 이것이 명백하게 드러나야 한다. 우리가 말하는 방식과 우리가 쓰는 언어에서 이런 태도가 분명하고 뚜렷하게 드러나야 한다. 결국 우리가 하는 말은 우리 마음에 있는 신념의 열매다. 우리 언어가 알맹이 없는 공허한 말이나 함부로 내뱉는 상투어가 아니라면, 그 자체로 매우 유익한 몸짓이 될 수 있다. 그런 의미에서 '열매를 보면 알 수 있다'는 말은 우리의 담화 방식에도 적용할 수 있다.

어쩌면 우리의 담화나 기치들에 쓰이는 '신앙 언어' 상당수를 버려야 할 때가 왔을지도 모른다. 줄곧 써 오고 또 가끔은 경솔하게 쓰면서 그 말들은 우리에게 본디의 온전한 의미를 상실했다. 무겁고 딱딱하거나 낡아서 복음의 메시지를 표현하기에는 너무 길고 복잡한 말들도 있다. 몇몇 신앙 언어는 이미 '찢어진 북'이 되어 더 이상 하느님께 찬미 노래를 부르지 못한다. '춤출 줄 아는 신이라면 믿을 수 있겠다'고 한 니체의 말마따나, 이 표현들은 '춤출 수 없게' 되어 버린 것이다. 목사 집안에서 태어난 니체는 그리스도교 설교들을 '맥 풀린 넋'이라 했으며, 특히 그리스도교 윤리를 두고는 비관적이고 고통스러운 도덕주의의 독이라는 혹독한 진단을 내렸다. 해학과 자연스러움과 내적 자유의 결핍을 드러내는 그 오만하고 무뚝뚝하며 **허울뿐인 엄숙함**을 생각하면 나는 늘 사울의 딸 미칼이 떠올랐다. 미칼은 계약 궤 앞에서 춤추었다고 다윗 임금을 나무랐다. 이런 유형의 신심은 미칼이 그랬던 것처럼 불임의 벌을 받게 마련이다(2사무 6,16-23 참조).

그러나 다윗이 계약 궤 앞에서 춘 춤은 오늘날 종교적인 서커스에서 직업 광대들이 보여 주는 쇼맨십과는 전혀 닮은 구석이 없다. 언젠가 미국 텔레비전에서 어느 개신교 목사의 '부흥회'를 처음 봤을 때, 나는 한참을 그 프로그램이 그저 종교를 희화화하는 코미디이기를 바라며 지켜보았다. 그토록 천박하고 뻔한 방식으로 하느님에 관하여 이야기하고, 유명 브랜드의 자동차를 선전하듯 복음을 선전할 수 있다고 진지하게 믿는 사람이 있다는 사실을 믿고 싶지 않았다. 오늘날 영적 기쁨은, 대중 '연예 산업'의 생각 없는 소비자들의 입맛에 맞추는 저급한 예능이라는 값싼 대용품으로 대체된다. 예언자가 되어야 할 이들이 꼴사나운 광대로 변하는 것을 지켜보는 건 참으로 슬프다.

예언자들은 진리의 사람이어야 한다. 그러나 복음의 진리는 과학 이론의 진리와 같지 않다(과학만능주의와 실증주의 옹호자들이 이해하는 그런 의미의 과학적 진리라면 말이다). 복음의 진리는 갈등의 여지가 없는 폐쇄적인 체계와 언어적 정의들 안에 갇혀 있지 않다. 예수님께서는 진리와 길과 생명이라는 세 가지 개념과 영원히 연결되어 계신다. 길과 생명처럼 진리도 계속해서 꿈틀대며 나아가지만, 이러한 나아감이 한 방향의 발전과 진보로 해석될 수는 없다. 성경은 우리를 진리로 이끈다. 언어적 정의나 신학적 체계가 아니라 이야기들과 크고 작은 드라마들을 통해서 그렇게 한다. 자캐오의 이야기가 그렇고, 그것 말고도 수많은 이야기가 있다. 성경 이야기들을 이해할 수 있는 가장 좋은 방법은 **이야기 속으로 들어가는 것**이다. 최소한 고대 그리스의 종교극에서 직접 연극에 동참했던 이들처럼이라도 성경의 드라마들 속에 빠져드는 것이다. 그리고 이를 통해 카타르시스와 자신의 변화를 체험하는 것이다.

오늘날 거룩한 문제들에 관하여 이야기하려면, 어떤 낱말들은 치유해서 되살려야 한다. 그 낱말들은 오랜 세월을 거쳐 오는 동안 사람들이 올려놓은 여러 다른 의미의 무게에 짓눌려 있기 때문이다. 이 작업은 고대 교회 찬가의 가사를 연상시킨다. 하느님 영에 뜨겁게 청원하는 것이다. 차디찬 마음 데우시고, 메마른 땅에 물 주시며, 굳은 마음 풀어 주소서. 여기에 우리의 청을 하나 더 덧붙일 수 있다. 멀리 있는 이들을 가까이 모아들이소서!

2
행복하여라, 멀리 있는 이들!

자캐오가 군중 가운데 있지 않았던 것은 우연이 아니다. 자캐오는 세관장이라는 중요하고 돈 잘 버는 지위에 있었다. 그러나 자캐오를 만나기 바로 전, 예리코로 가는 길에 예수님께서 치유해 주신 눈먼 거지처럼 자캐오도 **사회의 가장자리**에 있었다. 그는 세리라는 사실 때문에, 말하자면 정치적·민족적·제의적·도덕적 이유로 꺼려하는 직업을 갖고 있다는 사실 때문에 이웃들과 소원했다. 세리들은 미움받는 로마제국 정복자들을 위해 세금을 거두어들였고 황제의 모습이 새겨져 있는 주화를 취급해야 했는데, 엄격한 라삐들의 가르침에 따르면 신심 깊은 유다인은 이 주화를 만져서도 안 되었다. 무엇보다, 세리들은 불법으로 자기 주머니를 채울 수도 있었다. 부자라고 부러워한 이들도 있었을지 모르지만, 어쨌거나 자캐오는 같은 민족 사람들에게 멸시받았다.

예수님과 자캐오의 대화는 신약성경에서 뜬금없는 사건은 아니다. 이 사건은 '복음의 축소판'이라고 말할 수도 있을 것이다. '잃어버린 양들'을 회심시키고 치유하며 찾아내고 환대하는 예수님의 사명을 몇몇 짧은 문장에서 정확하게 그려 보여 주기 때문이다. 아마도 이런 까닭에

성 암브로시우스, 성 대 알베르투스, 에라스무스, 마르틴 루터 등 위대한 그리스도교 사상가들이 설교와 글에서 이 사건을 즐겨 주제로 삼았는지도 모른다. 그뿐인가, 이 주제는 초기 그리스도교 석관에서 신성로마 제국 황제 오토 2세와 헨리 2세의 복음서, 산탄젤로 인 포르미스 성당의 중세 프레스코화, 아토스 산의 판토크라토로스 수도원의 시편집에 이르기까지 수천 점의 예술 작품에 등장한다. 우리 주변 곳곳에서도 키 작은 세리의 모습을 찾아볼 수 있다.

예수님께서는 '멀리' 있는 이들을 찾아 나서기를 결코 멈추지 않았다. 나자렛 출신 스승께서는 비유를 들려주실 때면 사마리아 사람들, 미움받던 세리들, 창녀들, 죄인들과 같이 손가락질받던 무리들에 으레 긍정적인 역할을 맡기셨다. 그분은 나병 환자들, 장애인들, 사회에서 소외된 이들에게 헌신하셨다. 그분의 관심은 '밑바닥 층'에 대한 낭만적인 편애나, 분노한 젊은이의 현실에 대한 저항에서 비롯된 것이 아니었고, 오늘날 우리가 생각하는 '사회복지'나 가난한 이들, 억눌린 이들, 착취당한 이들과의 정치적 연대도 아니었다. 그분의 관심 한복판에는 가난한 이들과 나란히 병든 이들, 온갖 '죄인들', 그리고 자캐오 같은 부유한 세리들과 세관장들도 있었다. (자캐오가 회심한 뒤에도 예수님께서는 그에게 세관장 직업을 버리라고 재촉하지 않으셨으며, 자캐오가 자신이 약속한 보상을 다 치른 다음 가난해졌을 것이라고 추측할 수도 없다.) 이들의 공통점은, 이유는 달라도 그들은 모두 예수님께서 활동하시던 환경의 **가장자리**에 있었다는 점이다. 다시 말해 그들은 우리에게 익숙한 이름의 지방이나 나라나 교회로 분류하기 어려운 공간, 신약에서는 흔히 '이 세상'이라고 지칭되는 그 장소의 가장자리에 있었다.

그분의 현존에 비추어 볼 때, 예수님께서 들어오신 세상은 병약하고 공허하고 자기에게만 골몰하는 세상, **지각없는**(예레 5,21 참조) 세상이었다. 그 세상에서 높은 자리를 차지한 이들은 **살로 된 마음이 아니라 돌로 된 마음**(에제 11,19; 36,26 참조)을 지니고 있었다. 그들의 마음은 **할례 받지 않고 완고하며**(에제 44,7; 에페 4,18 참조), 더러운 것으로 가득 차 있는 **회칠한 무덤**과도 같았다(마태 23,27 참조). 그 세상에는 **목자 없는 양들**처럼 버림받았다고 느끼는 이가 많았다(마르 6,34 참조). 그 세상에서는 예수님도 집을 찾지 못해 당신 머리를 기댈 곳조차 없었다(루카 9,58 참조). 이런 이유 때문에도 그분은 특히 '가장자리에 있는 사람들'에게 말을 거시고 그들과 당신을 동일시하신다(마태 25,31-46 참조).

예수님은 중심부의 개인들, 무리들, 제도들, 상징들, 그 사회의 엘리트들과 항상 긴장 상태로 살아간다. 성전과 성전 사제들, 종교적 판관들과 고관들, "모세의 자리에 앉아 있는" 이들, 특히 도덕적·지적 권위의 화신인 율법 학자와 바리사이들과 긴장을 유지했다. 그런 대결을 피했음에도 결국 그분은 로마제국의 정치권력과 치명적인 갈등에 빠진다.

게리 윌스Garry Wills가 베스트셀러가 된 그의 책 『예수는 그렇게 말하지 않았다』What Jesus Meant에서 예수님을 당시 이스라엘의 영적 중심이었던 '성전 엘리트들의 종교'에 분명히 맞선 반대자로 묘사하고, 예수님과 환전상들의 그 유명한 장면뿐 아니라 복음의 다른 부분들도 이런 맥락에서 풀이한 것은 의심할 바 없이 타당하다. 일례로, 열매 맺지 못하는 무화과나무를 저주하시는 부분이나, 곧이어 제자들의 믿음만 있다면

"이 산", 곧 성전 산도 들려서 바다에 빠질 수 있다고 공언하는 부분이 그러하다(마르 11,22-24). 기도하면 들어주리라는 약속으로 이 구절이 귀결되는 것은 우연이 아니다. 믿음과 기도가 하느님과 소통하기 위한 조건의 전부이기 때문이다. 성전의 봉헌은 더 이상 필요치 않다.[1] 이와 비슷하게, 요한 복음에서도 예수님께서는 사마리아 여인에게 진실한 예배자들이 영과 진리 안에서 예배를 드리게 될 것이기 때문에 예루살렘에 있는 성전도, 그리짐 산에 있는 사마리아 성전도 필요치 않을 때가 오고 있다고 말씀하신다(요한 4,21-23).

예수님의 사명 전체, 그분의 가르침과 활동은 니체식으로 말하자면 '가치의 재평가'라고 특징지을 수 있다. 이는 루카 복음에서 '하느님의 혁명'을 찬미하는 마리아의 노래에서 예고된다. "그분께서는 당신 팔로 권능을 떨치시어 마음속 생각이 교만한 자들을 흩으셨습니다. 통치자들을 왕좌에서 끌어내리시고 비천한 이들을 들어 높이셨으며 굶주린 이들을 좋은 것으로 배불리시고 부유한 자들을 빈손으로 내치셨습니다"(루카 1,51-53). "첫째가 꼴찌 되고 꼴찌가 첫째 될" 것이라는 유명한 말씀처럼(마태 19,30), 행복과 그 맞수인 '불행'도 역시 역설적으로 표현된다.

행복하여라, 가장자리에 있는 사람들! 그들은 가운데에, 심장부에 올 것이다. 예수님의 말씀과 행적은 이 말로 잘 요약된다. 예수님께서는 사람들이 통상적으로 요지부동의 중심이라고 여기던 것을 깡그리 무시하셨다. 이는 율법의 의례 규정을 대하는 그분 태도에서 특히 뚜렷이 드

---

1   Gary Wills, *What Jesus Meant* (New York: Viking 2006) 66-75 참조. [게리 윌스 『예수는 그렇게 말하지 않았다』 돋을새김 2007 참조]

러난다. 대신 그분은 당신께서 절대적으로 여겼던 단 하나의 가치를 중심에 놓으셨다. 바로 사랑이다. 그런 다음 그분은 '가장자리에' 있는 모든 이를 그 중심으로 초대하셨다.

그분이 선포하러 오신 나라, 시간의 끝에 온전히 모습을 드러낼 약속된 종말론적 미래는 **지금 여기**에 있다. **그리스도를 통하여, 그리스도와 함께, 그리스도 안에서,** 그분 안에 있다. 이것이 복음의 기쁜 소식이다. 가장자리에 있는 이들이 이제 중심이 된다. 예수님께서 그들과 같은 식탁에 앉으셔서 그들을 당신 마음속에 담으셨기 때문이다. 그러나 그분의 마음은 성화들을 보고 상상할 수 있는 것보다 훨씬 더 숨겨져 있다. "너희의 보물이 있는 곳에 너희의 마음도 있다"(루카 12,34)고 예수님은 말씀하신다. 의심하는 이들과 구하는 이들, 그렇게 **가장자리에 있는 이들**이 모두 그분의 보화가 아니겠는가?

※

교회 역사를 통틀어 가난한 이들과 사회적으로 불우한 이들과의 연대, 병자와 장애인들에 대한 돌봄, 억눌린 이들, 착취당하는 이들, 박해받는 이들을 옹호할 수 있는 용기는 이 세상에서 그리스도교 증언의 고갱이가 되어 왔으며, 지금은 그 어느 때보다 이런 증언이 더 필요한 시대다. 그러한 임무들을 수행함으로써, 세상의 빛이 됨으로써, 어둡고 퀴퀴한 세상 구석구석에 천상의 향기를 전함으로써 우리는 그리스도와 수많은 옛 성인의 발자취를 따라 걸을 수 있다.

그러나 예수님과 자캐오의 만남을 비롯하여, '가장자리에 있는 이들에 대한 그분의 우선적 관심'을 보여 주는 몇몇 사례를 더 묵상하면서 나는 오늘날 그리스도의 발자취를 온전히 따르기 위해서는 뭔가 더 필요한 것은 아닐까 하는 생각이 들었다. 아직 교회 밖 대기실에 있는 이들을 지근거리에서 실제로 교회 안으로 들어오게 하려면, **신앙의 가장자리에 있는** 이들에 대한 관심, 나아가서는 우선적 관심이 필요하다. 그것은 종교적 확신과 무신론 사이의 '회색 지대'에 있는 이들에 대한 관심, 의심자와 구도자들에 대한 관심이다.

물론 거의 모든 종교와 교회, 종파의 선교사들은 이미 이 '구도자들'의 바다에서 낚시를 하고 있다. 오늘날 수많은 사제, 율법 학자, 바리사이는 나의 관심을 분명 칭찬할 것이다. 그러나 이 가장자리에 있는 이들에 대한 관심은 편협한 선교적 관심이 아니다. 나의 주된 관심은 그들을 '회심'시키거나 불확실한 것에 '확신'을 심어 주는 것이 아니다.[2]

물론 구도자들을 가르치고 설득하고 회심시키며 그들의 질문에 대답할 필요는 있다. 결국 예수님께서도 병자들을 고치시고 굶주린 이들에게 배를 채우는 법을 일러 주셨다. '자비의 영적 활동' 목록에는 '모르

---

[2] 북유럽 종교심리학의 고전에서 얄마르 순덴Hjalmar Sundén이 제시하는 폭넓은 심리학 연구 결과는 매우 흥미롭다. 자신의 신앙을 자녀에게 전달하는 부모의 유형에 따라 어떻게 결과가 달라지는가를 알아보는 연구였는데, 신앙 전수가 가장 안 되는 유형은 '지나치게 확신이 넘치는' 부모가 권위적으로 자녀들의 말에 귀 기울이지 않는 경우였고, 부모 자신의 신앙이 너무 흐릿하고 불안하여 '지나치게 확신이 부족한' 경우도 마찬가지였다. 가장 성공적인 유형은 '약간 확신이 없는' 이들이었다. 이들은 비판적 물음들과 의심들도 관용으로 받아들이고 인격적 모범으로 교육하는 경향이 있었다. Nils G. Holm, *Scandinavian Psychology of Religion* (Abo Akademi: Finland 1987) 참조.

는 이들을 가르치라'는 명령도 들어 있다. 그러나 예수님께서는 굶주린 모든 이를 배불리시지는 않았고(실제로 그분은 돌을 빵으로 바꾸어 보라는 악마의 유혹을 뿌리치기도 했다), 소외된 이들을 강하고 부유하게 만드는 사회혁명을 통해 그들을 중심부에 세우지도 않았다. 그분은 슬퍼하는 이들에게 즐거움을 주거나 박해받는 이들에게 지상의 천국을 주지 않았다. 가까운 미래에 정의로운 사회가 온다거나 위험과 장애물과 십자가가 없는 장밋빛 인생을 펼쳐 주신다는 약속은 더더욱 하지 않으셨다. 그분은 가난한 이들, 슬퍼하는 이들, 박해받는 이들은 **행복하다**고 선포하셨다. 역설의 대가께서는 그런 이들을 축하해 주셨다.

예수님께서는 가난한 이들을 축복하셨다. 참행복 선언을 두고 마르크스주의자들이 해석하는 것처럼 — 그리고 일부 그리스도인들이 이따금 실제로 보여 주는 것처럼 — 사후에 받을 보상에 대한 약속을 아편처럼 던져 줌으로써 가난한 이들을 지금 자리에 가만히 있게 하기 위해서가 아니었다. 그분은 가난을 하느님의 은총을 향한 **개방성에 비유하셨다**. 자기 안에 닫혀 만족하는 배부른 이들, 확신에 찬 이들, 자신만만한 이들 무리에 끼지 않고 **가난한 마음**을 간직할 필요가 있다.

이와 마찬가지로, 영적으로 **추구하는 마음**을 간직해야 한다(동방의 영적 스승들은 '초심자의 마음'이라는 용어를 쓴다). 선교나 선포에 반대하는 것이 아니다. 굶주린 이들을 먹일 필요가 있듯이 선포는 필요하다. 이는 다른 문제다. 가난한 마음을 지녀야 하듯 **추구하는 마음을 간직해야** 한다. **늘 열려** 있어야 한다. 그것만이 하느님 나라에 이르는 길이다. 이런 의미에서 예수님께서는 이 가난한 사람들, 슬퍼하는 사람들, 의로움에 주리고 목마른 사람들을 축복하신다. 비록 그들의 주머니와 속은 비어 있고 얼굴은 눈물로 얼룩져 있지만, 그분의 축복은 냉소적 축하가 아니다.

가난한 이들을 돌보고 그들과 가까워지는 것은 그들뿐 아니라 **우리에게도** 이롭다. 그들 덕분에 우리도 가난한 마음을 가르치고 간직할 수 있게 된다. 구도자들과 가까워지면서 개방성도 배워야 한다. 그들을 가르치고 교화할 생각만 해서는 안 된다. **우리도 그들에게 많은 것을 배울 수 있다**. 자신에 차서 자기 종교에 '만족해'하는 교회 안의 사람들에게 우리는 교회의 가장자리에 있는 이들에게 다가가야 함을 가끔씩이라도 보여 주어야 한다. 그들을 '개종'시키고 흡수하려고만 해서는 안 된다. 추구하고 의심하며 질문하는 이들이 바라보는 하느님은 어떤 모습일지 들여다볼 수 있는 일, 이는 새롭고 흥미로우면서도 꼭 필요하며 유익한 **종교적 체험**이 아닐까?

※

해방신학은 매우 중요한 도전을 제기했다. 가난한 이들의 눈으로 복음을 읽으라는 것이다. 해방신학의 주창자들은 성경과 전승의 증언을 **가난한 이들의 관점에서** 가난한 이들을 위한 메시지로 읽도록 요구했고, 몸소 가난한 이들이나 가난한 이들과 적극적으로 연대하는 이들만이 이 메시지를 권위 있게 이해할 수 있다고 보았다. 그러한 정신에서 그들은 신학 전체를 새롭게 검토하고 재해석할 것을 제안했다.

그러나 이제 우리는 성경과 그리스도교 메시지를 새롭게 이해할 또 다른 열쇠, 또 다른 해석학 규칙을 제안할 수 있다. **종교적 구도자들, 그리고 숨어 계시는 초월적 하느님을 '반대쪽에서' 체험하는 이들과도 깊이 연대하는 관점에서** 성경을 읽고 신앙을 실천할 필요가 있다. 우리는 '자캐오의 귀'로 하느님의 부르심을 들어야 한다! 자캐오가 숨어 있는 자리에서, 자캐오만큼 떨어져서 하느님을 바라보아야 한다. 그러나 그 자리 또한 관찰하고 기대하는 자리다.

이 '새로운 해방신학'은 **내적** 해방신학이 되어야 한다. 말하자면, 질문하지 않는 무신론의 확신이든 껍데기가 돌처럼 굳은 독실함의 확신이든 종교에 관한 모든 '확신'에서 벗어나는 해방신학인 것이다. 파울 틸리히Paul Tillich에 따르면 큰 경계선은 자칭 신자와 자칭 비신자 사이에 있는 것이 아니라, 무관심한 상태로 하느님께서 그냥 놔두신 이들 — '무심한 무신론자'이든 습관적 그리스도인이든 — 과 '하느님 문제'에 실존적 관심을 기울이는 이들 — 신비가들처럼 열정적으로 하느님을 추구하는 이들이든, 니체처럼 '하느님과 씨름하는' 이들이든, 신앙을 목말라하지만 지금까지 접한 종교들에서는 찾지 못한 이들이든 — 사이에 있다.

교회가 사회적으로 가난한 이들의 세계에서 선교 활동을 펼치기 위해서는 과시하는 태도를 버려야 하듯이, 종교적 불확실의 세계로 들어가고자 한다면 기존의 확신들을 털어 내야 한다. 제2차 바티칸공의회의 권고처럼 바로크식 개선주의의 외양적 표징들을 없애야 할 뿐 아니라, 무엇보다도 진리의 유일한 보고를 자처하는 독점적인 내적 개선주의를 떨쳐 버려야 한다. 또한 온갖 유형의 종교 장사꾼이 매혹적으로 자기 제품을 떠벌리는 오늘날, 하느님은 **그렇게 '손쉽게 손에 넣을' 수 없다는**

사실을 진지하게 받아들이는 일이 유익하고 필요하다. 침묵하며 멀리 숨어 계시는 하느님을 마주한 이들을 — 그 체험 때문에 종교를 부정하게 된 이들까지도 — 우리가 이해할 수 있다면, 무신론자의 비난을 받아도 할 말이 없는 얄팍한 풋내기 신앙보다 훨씬 성숙한 신앙에 이를 수 있을 것이다. 라틴아메리카 신학이 '죄의 구조'라는 개념을 신학과 교황 문헌에까지 끌고 들어온 것처럼, 우리의 해방신학도 몇몇 '죄스러운' 사고 구조와 표현 방식, 신앙을 해치고 하느님에게서 멀어지게 하는 수많은 '종교적 고정관념'을 강조해야 한다. 그 범위는 순진한 '하느님 입증'에서 일종의 신정론神正論(악과 불행 앞에서 '하느님을 정당화하기')에 이르기까지 다양하다. 요한 밥티스트 메츠J. B. Metz에 따르면, 그러한 신정론은 "고통 받는 인류 구성원들 등 뒤에서 하느님과 합의를 보려는" 시도와도 같다.

라틴아메리카 해방신학은 '제3세계' 상황에 정면으로 부딪쳤고, 확실히 신학이 '대서양 지평'을 뛰어넘을 수 있게 했다. 이로써 맥락 신학의 발전을 이끌고, 신학자들의 사고는 그들이 살아가고 활동하는 장소와 시대와 사회와 문화의 영향을 받는 태도로 제한을 받는다는 사실을 성찰할 수 있게 했다. 이와 대조적으로 내적 해방이라는 '새로운 해방신학'은 서구 세계와 그 독특한 세속주의 현상과 현대 무신론 현상을 건드려야 한다.

이러한 신학 성찰을 위한 영감의 마르지 않는 원천, 토마스 아퀴나스를 비롯한 고대의 신학자들과 위대한 신비가들 대부분이 의존했던 원천은 이른바 **부정신학**否定神學이 될 것이다. 이 신학은 일종의 '언더그라운드' 그리스도교 신학을 이룬다. 부정신학은, 하느님께 이르는 가장 확실한 길은 그분에 대한 모든 긍정적 증언을 부정하는 부정의 길이라고 강조한다. 하느님께서는 우리의 사고와 상상력과 언어의 범위를 초월하시기에 우리가 그분에 대해서 이야기할 수 있는 최선은 '그분이 아닌 것' 뿐이다. '그분인 것'을 표현하려 들면 자칫 우상을 만들어 낼 수 있다. 파울 틸리히가 익히 알고 있었듯이 이 신비신학의 관점에서 보면 '하느님 부정'이라는 특정한 무신론은 하느님에게서 멀어지기보다는 하느님께 더 가까워지는 경향이 있다.

언젠가 어느 강연[3]에서 나는 부정신학과 유사한 '부정종말론'否定終末論이라는 개념을 선보인 바 있다. '종말'에 관한 그리스도교의 전통적 가르침은 위기에 빠졌으며 그 공백을 메우기 위해 — 마르크스의 공산주의 사회 개념처럼 종종 매우 위험한 — 수많은 '세속 종말론'이 나타났다는 이야기를 우리는 자주 듣는다. 실제로 최근 하버드 대학에서 두 가지 종말론 전망이 제기되어 전 세계에서 숱한 말들이 쏟아져 나왔다. 새뮤얼 헌팅턴Samuel Huntington의 '문명의 충돌' 이론과 프랜시스 후쿠야마 Francis Fukuyama의 '역사의 종말', 말하자면 자유 민주주의의 승리로 역사가 종결되었다는 이론이다. 내 견해는, 지금이 바로 그리스도교 신학이 우리 기대의 마지막 지평, 곧 우리의 모든 개념을 참으로 초월하는 신비인 '절대적 미래'(라너가 즐겨 쓴 표현대로)를 가리키는 순간이라는 것이다. 부정신학이 하느님에 관한 개념들을 부정하는 것처럼, 본질상 종교적이든 세속적이든 — 우리 자신의 갈망과 두려움의 투사인 — 이러한 개념

---

3   2004년 4월 독일 만하임 강연. Tomáš Halík, *Vzýván i nevzýván* (Prague: Nakladatelství Lidové noviny) 131-45 참조.

들을 부정할 필요가 있다. 이와 동시에 우리는 우리의 인지를 뛰어넘는 이 절대적 미래를 향한 개방성을 길러야 한다. 그러한 '부정종말론' 개념은 두 가지 기능을 할 수 있다. 하나는 자기들 나름의 구상을 절대화하려는 온갖 이념들의 시도에 맞서 비평의 가시가 되는 것이고, 다른 하나는 사회와 교회에게 ─ 그들이 지금 알고 있는 것들을 포함하여 ─ 그들의 현재 상태는 그저 일시적인 것일 뿐 그들이 나태한 자기만족으로 잠들어 있는 곳이 정상은 아니라는 사실을 일깨워 주는 '거룩한 조바심'과 희망의 가시가 되는 것이다.

19세기 중반 무렵, 키르케고르는 이미 새로운 종교 사상으로 나아갔다. '하느님 공부'가 아니라, 실존적 신앙 체험, 달리 말하면 가장 급진적 실존 체험인 신앙의 해석학으로서의 철학적 신학이었다. 당연히 우리는 그러한 전통에 의지해야 한다. 모든 신학 분야 가운데 그러한 신학적 흐름은 아마 영성신학에 가장 가까울 것이다. 결국 영성은 오늘날 서구 사회의 영적 분위기에 가장 관련 깊은 그리스도교 신앙의 차원이다. 그러나 내가 제시한 신학적 자극이 실천적 신앙과 영성 안에서 실현된다면, 이 **해방 영성** 또는 **탈출 영성**은 우리가 살아가는 사회에 대한 책임을 회피하도록 이끌지는 않을 것이다. 오히려 그 본질적 임무는 오늘날 세상의 문화적·정치적 환경에서 **시대의 징표**에 대한 민감성이 될 것이다. '구도자들과의 연대'는 그들의 추구와 질문을 함께 나눈다는 뜻이다.

이곳 고요한 암자에서, 어떤 인물과 개념이 우리 시대에 필요한 신학과 영성을 쌓아 갈 밑거름이 되고 영감을 불어넣어 줄 수 있을까 묵상하다 보니 지난 세기의 가장 유명한 은수자가 떠오른다. 가톨릭으로 개종한 뒤 트라피스트회 수도자가 되어, 영성 생활에 관한 영향력 있는 책들을 쓰고 종교 간 대화의 선구자 역할을 한 토마스 머튼Thomas Merton이다. 머튼은 정치적 좌파의 환상이 팽배했던 1960년대의 방식과 정신 속에서 관상과 활동을 연결시키고, 해방신학의 자극을 영성에 접목시켜 영성 생활의 길을 제시함으로써 현대 세계에 대한 책임을 실현하고 '타자'를 향한 발걸음을 내딛기를 간절히 바랐고 또 이를 위해 실로 부단히 노력했다. 머튼이 특히 그의 삶의 막바지에서 깊은 연대 의식을 가졌던 '타자'들은 동방의 영적 여정을 따르는 순례자들이었다. 종교 간 대화를 이어 가고 발전시키는 임무는 오늘날에도 여전히 가장 중요한 임무 가운데 하나다. 그러나 이국적인 극동 지역에 대한 환상에 사로잡힌 나머지, 우리가 살아가는 도시의 거리들에서, 대학교에서, 모임에서, 일터에서 밤낮으로 만나는 저만치 떨어져 있는 '타자들'을 간과해서는 안 된다.

토마스 머튼이 방콕에서 불의의 죽음을 맞기 바로 전에 그와 대화를 나눈 드그륀de Grumne 신부의 증언에 따르면, 머튼이 이 세상에서 남긴 마지막 말은 이러하다. "오늘날 우리가 해야 할 일은 그리스도에 관하여 이야기하기보다는, 우리 가운데 살아가시는 그분을 사람들이 느끼고 발견하도록 그분을 우리 안에 사시게 하는 것이다."[4] 그러니 우리는 자캐오의 — 또한 머튼과 나와 수많은 다른 이의 — **이름**을 부르셨던 분을 어떻게 맞아들이고, 멀리 있는 이들이 어떻게 우리 안에 확실히 자리 잡고 살아가게 할 수 있을지 계속 물음을 던져야 한다.

---

4 James H. Forest, *Living with Wisdom: A Life of Thomas Merton* (New York: Orbis Books 1991).

3
모든 태양에서 멀어져

'가장자리에 있는 사람들', 의심하는 이들과의 연대를 생각하다가 사실 교회만큼 두드러지게 중심부와 가장자리를 따지는 곳이 있는가 하는 생각으로 이어졌다. 그러다 자신의 일기에 이런 말을 적어 놓았던 젊은 여인이 생각났다. **"저의 소명은 교회의 심장에서 사랑이 되는 것입니다."**

리지외의 데레사 성인은 오랫동안 나에게 큰 관심의 대상이 아니었다. 일부러 그리 고른 것은 아니었지만 '지하 교회'에서 나의 사제 서품 준비가 본격적으로 시작된 것이 데레사 축일이었던 것으로 기억한다. 나는 프라하의 성 이냐시오 교회에서 한 남자를 기다리고 있었고, 약속된 표시로 그를 알아보아야 했다. 앞으로 몇 년간 내 서품 여정의 길잡이가 되어 줄 사람이었다. 그때 내 안에서, 또 나를 둘러싼 주변에서 벌어지던 일들을 또렷이 기억한다. 가슴에 장미를 안은 채 서 있는 데레사 성인의 유명한 초콜릿 색 조각상과, 데레사 축일이라 그 조각상 앞에서 타고 있던 큰 초도 기억난다.

그 당시에 내가 데레사 성인에 관해 뭘 알았겠는가? 나는 그저 19세기 종교 신심을 떠올리게 하는 성인상과 성화들로만 그녀를 알고 있었다. 그 시절 나는 데레사 성인의 어록이나 교회 안에서의 사명에 관심을 기울일 시간이 없었던 것 같다. 온갖 서정적인 사랑의 탄식으로 가득한 일기를 남긴 신심 깊은 수녀는 수없이 많지 않았는가! 오늘날 우리는 그런 고백과 신음을 성본능(libido)의 승화라는 프로이트 이론의 관점에서 해석하려고까지 한다.

    데레사가 가르치는 '작은 길'이나 '어린이의 길'에 관한 글들을 처음 접했을 때, 나는 — 물론 수녀원에서 자주 견뎌야 했을 언짢고 속상한 순간들에 나온 말이겠지만 — 어린이가 장난감을 다루듯 하느님께서 자신을 얼마든지 마음대로 다루셔도 된다고 한 성인의 말에서 턱 걸렸다. "한순간 못 본 척했다고, 구석에 처박아 두고 잊어버렸다고 장난감이 아이를 탓할 수는 없지 않습니까?" 나에게는 그걸로 충분했다! '우리가 하느님 손에 들린 장난감이 되어야 하는가? 하느님은 곧잘 잊어버리고는 하는 아이가 되고?' 나는 혼잣말을 중얼거리고 넌더리를 내며 금세 책을 덮었다. 그러고는 그런 유치한 은유에 시간을 허비하지 않겠다고 결심하며, 읽고 있던 하이데거의 책을 다시 잡았다. 수년이 흐른 뒤, 여전히 하이데거에 대한 존경을 잃지는 않았지만 어떤 상황에서는 하이데거의 『존재와 시간』*Sein und Zeit*보다 데레사의 말들이 더 도움이 된다는 것을 알게 되었다. 그 안에는 수많은 자기 겸손의 말이 있었고, 실패의 순간들에 자신을 동정하고 싶은 유혹, 왜 하느님께서 이런저런 일들이 일어나게 하시고 왜 나처럼 훌륭한 사람을 보호하지 않으시는지 쓸데없이 캐묻고 싶은 유혹, 하느님을 포함한 주변 모든 사람에게 슬쩍 탓을 떠넘기려는 유혹에 맞서는 데 도움이 되는 유익한 유머들이 가득 있었다.

그러나 그것은 '데레사와 함께하는 모험'의 시작에 불과했다. 신학 논문을 남기기는커녕 그 자신이 받은 신학 교육조차 미심쩍은데도 요한 바오로 2세에 의해 '교회 박사'로 선포된 이 여인에게 나는 점점 더 매혹되었다. 데레사의 여러 글과 자서전을 읽은 나는 결국 성인의 무덤까지 순례했다. 내가 글을 쓰는 책상에는 데레사 성인의 사진이 붙박이로 자리를 차지하고 있다.

몇 해 전 '위대한', '흔들림 없는', 자기 확신에 찬 믿음과 대조되는 '작은 믿음'을 옹호하는 도발적인 책을 쓰고(이 책 끝 부분에서 그 개념들을 다시 짚어 볼 생각이다), 전혀 새로운 무언가를 발견하지 못했음을 곧이어 깨달았을 때, 그것은 나에게 온유함에 관한 큰 가르침이 되었다. 그리스도교와 로마 가톨릭교회를 내 영적 고향으로 삼도록 한때 나를 설득했던 것, 곧 그리스도교가 **역설의 종교**라는 사실, 그리고 파스칼과 키르케고르, 체스터턴, 그레이엄 그린의 발자취를 좇아 내가 복잡한 방식으로 숙고하고 표현해 왔던 것들은 모두 '작은 꽃'이라는 데레사 성인 고유의 언어와 방식으로 발견되고 체험되고 설명되었다. 실제로 내 신념들은 다른 각도에서 보면 그녀의 '작은 길'이었고, 그녀가 말한 영적 어린이의 길이었다. 그 영적 어린이의 길은 종종 유치함과 일맥상통하는 것으로 제시되고 알려지는 경향이 있지만, 실은 전혀 그렇지 않다.

몇 해 전 어느 강연에서 나는 '소화' 데레사를 프레드리히 니체와 비교하고, 이 전혀 다른 현대의 두 영성가를 '오누이'라 일컬은 적이 있다. 당시 나는 내가 처음으로 또는 유일하게 그런 비교를 생각해 낸 사람인 줄은 전혀 몰랐다. (더구나 나는 역설을 매우 좋아하는지라, 종종 내가

'알아낸' 무언가를 어떤 현자가 나보다 앞서 알아냈다는 것을 알게 되면 역설적이게도 만족과 불만, 자부심과 겸손을 동시에 느끼고는 한다.)

니체와 데레사는 둘 다 19세기에 살았다. 과학과 진보로 자신만만하던 19세기는, 비록 당시에는 이를 깨달은 이가 별로 없었겠지만 순진한 착각으로 가득했고 곧 다른 시대로 대체될 것이었다. 한편으로 달콤하고 서정적이면서도 온갖 침울한 도덕주의, 엄격함, 공로 획득, 덕목 함양(옛 펠라기우스 이단의 신심 버전)을 강조하는 신심의 시대이자, 강박적이고 신경질적으로 죄에 매혹되던 시대이기도 했다. 방식과 환경은 서로 전혀 달랐지만 니체와 데레사 두 사람 모두 그러한 시대의 특징들과 그러한 영적 분위기 안에 자리 잡고 있던 미묘한 유혹들에 등을 돌렸다.

가르멜회의 젊은 수녀 데레사는 죽음을 앞두고 엄청난 영적 갈등과 내적 어둠을 체험했다. 그 **시련의 밤**에, 임박한 죽음은 ─ 그녀의 표현대로 ─ '**무無의 밤**'으로 모습을 드러냈다. 교회 박사는 이렇게 적었다. "저는 더 이상 영원한 생명을 믿지 않습니다. 이 죽을 운명의 삶 너머에는 아무것도 없음을 느낍니다." 다른 표현도 있다. "제 마음은 가장 고약한 물질주의자들의 주장에 사로잡혔습니다." 데레사가 그때까지 내내 누려 왔던 감미로운 신심 생활이 무너졌을 뿐 아니라, 하느님의 친밀함에 대한 깊은 감각은 안개와 어둠과 공허함에 집어삼켜지고 말았다. 니체의 광인이 신의 죽음을 요약한 격렬한 암시적 은유들을 빌려 데레사의 체험을 감히 묘사하자면, 데레사는 "모든 태양에서 멀어진"[1] 자신을 발

---

1 Friedrich Nietzsche, *The Gay Science*, ed. Walter Kaufmann (New York: Vintafe 1974) 181-82 참조.

견했다. 데레사는 그리스도께서 어떻게 자신을 "햇살이라고는 전혀 없는" 지하 공간으로 이끌고 가셨는지 묘사한다.

죽음 앞에서는 신앙이 깊은 이들이라도 분명 예외 없이 비슷한 시련을 겪게 마련이다. 어쩌면 그런 시련은 그리스도의 극심한 고통의 신비에 동참하는 것인지도 모른다. 복음사가들 중에서도 한 사람만이 용감하게 기록으로 남겨 놓은 "저의 하느님, 저의 하느님, 어찌하여 저를 버리셨습니까?"라는 외침에서 우리는 그 단말마의 고통을 어렴풋이 짐작할 뿐이다. 그러나 여기에 한 가지 쟁점이 더 있다. 죽어 가던 데레사와 마지막 대화를 나누었고, 데레사가 쓴 글들을 처음으로 엮고 — 또 열심히 검열한 — 아녜스 원장 수녀는 데레사의 정신 상태를 가르멜 신비주의 전통에 따라 '영혼의 어둔 밤'으로 이해하고, 데레사의 말들을 그런 상태에 걸맞게 구성했다. 하지만 이 때문에 리지외의 데레사에 관한 참으로 독창적이고 새로우며 독특한 것, 아빌라의 대 데레사나 십자가의 요한에게는 없는 그 무언가를 놓치고 말았다.

'작은 데레사'의 원칙은 하느님에 대한 사랑으로 **"가장 낯선 생각들이라도 받아들이는 것"**이었다. 그러므로 데레사의 탁월함은 하느님과의 씨름, 어둠과 황폐함과의 씨름, 하느님의 부재 체험, 신앙이 빛을 잃는 체험을 어떻게 받아들이고 인식했는가에 있다. 데레사는 이러한 체험을 **비신자들과의 연대의 표지**로 받아들였다.

신심 깊다기보다는 편협한 작은 마을의 집안에서 성장하고, 언니 셋도 이미 차례로 들어가 있던 수녀원에 들어갈 때까지 주변 환경에서 벗어나 본 적 없던 이 젊은 여인은 아마도 평생 무신론자를 가까이에서 본

적이 없었을 것이다. 1896년 그 운명적인 부활절을 앞두고 성금요일에 각혈을 하면서 자신이 이미 불치병의 십자가에 못 박히고 죽음이 가까이 왔음을 깨달은 그때의 일기를 보면 **그녀는 무신론자가 존재한다는 사실을 믿지 않았다**. 그녀는 그저 그들을 "자신의 확신들에 모순되는" 이들로만 여겼다. (지금도 서구 문명 밖에 있는 수많은 사람이 무신론자에 관해서 들으면 여전히 이런 식으로 반응한다. 그런 것이 있을 수 있다고 상상조차 하지 못하는 것이다.)

그러나 그리스도께서는 아무 신앙 없이 살아가는 사람들이 실제로 있다는 사실을 데레사에게 계시해 주셨다. 무신론이 그저 '환상'이나 죄스러운 자기기만이나 타인을 속이는 것이 아니며 이 문제를 매우 심각하게 고려해야 한다는 사실은, 데레사가 자기 신앙의 확신을 잃어버렸을 때 확실해졌다. 데레사는 더 이상 예전 같은 종교적 확신을 가질 수 없었고 어린이다운 신앙의 빛과 기쁨을 누리지 못했다. 그녀의 전기 작가 중 하나는 그녀가 여기에서 쓴 '향유, 기쁨'이라는 말이 본디 당시 언어에서는 자산을 사용할 수 있는 상태 또는 무언가를 소유함으로써 즐거움을 얻는 것을 뜻했다고 지적한다. 데레사는 더 이상 신앙을 **갖고** 있지 않았고, 신앙의 확신을 더 이상 **소유하지** 못했다.[2]

데레사는 **비신자들을 자신의 형제들**로 인식하며 그들과 함께 **같은 식탁에 앉아 같은 빵을 먹고 있다**고 선언한다. 그리고 거기서 자신을 쫓아내지 말라고 예수님께 간청한다. 믿지 않는 이들과는 달리 데레사는

---

2   Jean-François Six, *Vie de Thérèse de Lisieux* (Paris: Seuil 1975).

이 빵의 **쓴맛**을 잘 알고 있다. 그들과 달리 그녀는 하느님의 친밀함의 기쁨을 맛보았기 때문이다. 허나 그 기억은 현재의 고통을 더 깊게 할 뿐이다. 반면 하느님께 무관심한 이들은 대체로 자신이 얼마나 무겁고 비참한 상황에 놓였는지 잘 모른다. 실제로, 과거에 신앙의 체험이 있었기 때문에 데레사는 하느님께 버림받은 비극을 깊이 체험할 수 있었고, 많은 이가 그저 기정사실로 받아들이는 무신론의 숨은 얼굴을 발견하고 체험할 수 있었다. (나중에 살펴보겠지만 니체의 광인도 이와 비슷하게, **신을 믿지 않으며** 무신론에 전혀 문제를 느끼지 못하고 당연하게 받아들이는 사람들에게 그들이 **신을 죽인 것**이 실로 어떤 짓이고 어떤 결과를 낳았는지 보여 주기 위해 온다.)

비신자들에 대한 그런 태도는 당시 교회에는 낯선 것이었다. 당시 교회는 무신론을 오류와 착각으로, 무엇보다 죄로 여겼다. 비신자들을 위해 기도하며 그들의 **어머니**가 되고 회심의 대모가 되어 주고 싶은 마음에서 희생을 바치는 수녀들도 간혹 있었을 수 있다. 그러나 데레사는 그들의 **자매**가 되기를 원했고, 대놓고 그들을 자신의 형제들로 여겼다.³

그 시대 프랑스 교회는 급증하는 무신론에 맞서 방어적 태세를 취하는 데 몰두했다. 교회는 자신의 무미건조한 신학이 당시 세속주의에 얼마나 일조하는가를 깨닫고 인정하지 못하는 만큼, 외부의 적과 내부의 스파이를 찾아내는 데 더 필사적으로 매달렸다. 모든 것을 전 세계 유다교와 프리메이슨의 탓으로 돌렸다. (그 시기에, 드뤼몽Drumont은 군

---

3 장 프랑수아 시스Jean François Six도 데레사 성인의 전기에서 당시 교회 환경에 관하여 이렇게 말했다.

사적 반유다주의와 민족주의를 고취했고, 구즈노 데 무소Gougenot des Mousseaux의 '반유다주의 성경' 독서 열풍이 일었으며, 프리메이슨은 '그리스도교를 파괴하고 사탄의 교회를 세우기 위한 유다교의 도구'로 여겨졌다.) 교회 안에서는 오로지 '에워싸 방어하는 것' 말고는 현대 사상에 대한 다른 모든 접근을 거부하는 편집증적인 반反'모더니즘' 운동이 일어났다. 많은 사제가 호교론 논문을 쓰고 무신론에 격렬히 반대하는 설교(그것이 그들 직무의 일부이기도 했거니와 자신의 의심을 씻어 내기 위한 것이기도 했다)를 하던 시대에, 노르망디 출신의 이 젊은 여인은 독특한 방식으로 **무신론자들과의 연대를 보여 주고** 있었으며, 무신론을 고난의 잔으로 여기며 자신의 겟세마니의 밤에 이 잔을 기꺼이 들이키고 있었다.

『예수의 생애』Vie de Jésus에서 프랑수아 모리아크François Mauriac는 겟세마니에서 사도들이 잠에 빠져 있는 동안 피땀 흘리며 기도하는 예수를 묘사하며 이렇게 썼다. "사람의 아들이 인간의 무력함과 하느님의 부재, 곧 부재하시는 아버지와 잠들어 있는 벗들 사이에서 왔다 갔다 흔들리는 추가 되었다." 그렇게 데레사도 믿지 않는 세상과 귀먹은 천국 사이를 오가는 추가 되었다. 이것이 그녀의 메시지이고, **우리 시대의 교회 박사가 주는 교훈이다.**

그러한 불확실성의 지점에서만 '은총의 비', 데레사가 지상에 보내기로 약속했다고 하는 장미꽃 비가 내릴 수 있다. 전 세계 어느 성당에서나 흔히 볼 수 있는, 지나치게 달콤하게 묘사된 그 조악한 데레사 조각상에 함께 새겨져 있는 그 장미꽃 말이다. 이 장미는 향수를 뿌린 조화가 아니다. **가시 없는 장미는 없다.**

작년에 나는 미국 신학자 토마스 네빈Thomas Nevin이 쓴 데레사 전기를 읽었는데, 아마 데레사 전기로는 가장 완전하고 깊이 있는 것 같다.[4] 이전 전기들이 지니고 있던 달콤한 신심 미화에서 벗어나, 이 저자는 데레사의 글을 무삭제판으로 꼼꼼하게 연구한 끝에 이 교회 박사 성녀가 신앙 없이, 말하자면 문자 그대로 천국과 영생에 대한 **믿음 없이 죽었다**는 다소 충격적인 결론에 확신을 갖게 되었다. 네빈은 죽어 가는 여인의 정신 상태 분석에만 그친 것이 아니다. 그가 던진 주제는 더 심각하고 보편적인 신학 문제를 제기한다.[5] 신앙이 우리의 고통과 의심과 대답 없는 문제들의 십자가에서 죽어 갈 때, '신앙을 대체할' 수 있는 것이 있는가?

죽음의 문턱에서 데레사는 '신앙'과 모든 확신과 빛을 '잃었다'고 고백한다. **이제 그녀는 그저 사랑할 수 있을 뿐이다.** 그녀는 신앙의 빛 안에서 하느님을 '보지 못하지'만, 그럼에도 열렬한 사랑으로 하느님에 관해 말한다. **교회의 심장 안에서 사랑이 되겠다**던 어린 시절의 결심은 갑자기 모든 서정적인 빛을 잃는다. 하느님은 끔찍이도 멀리 계신다. 죽어 가는 여인은 끝이 보이지 않는 공허함만 경험할 뿐이다. 그녀는 이 공허를 신앙으로 채울 수 없다. 안개 속에서 신앙이 '대상'을 잃어버렸기 때문이다. 건너편 강기슭에 가 닿지 못한 아비뇽 다리처럼 말이다. 그럼에도 그녀의 깊은 고통 속에는 어른이 되기 전까지 헌신했던 것, 수녀원 자

---

4 T. R. Nevin, *Therese of Lisieux, God's Gentle Warrior* (New York: Oxford Press 2006).

5 그러나 20세기 가장 위대한 신학자 가운데 하나인 칼 라너Karl Rahner는 리지외의 데레사 탄생 백주년에 즈음한 짧은 논문에서, 교회가 공식 시성과 한 세기 동안 계속된 열렬한 공경을 통해서 이러한 낯선 어둠의 죽음을 '거룩한 죽음'으로 인식한 것이 가장 중요하고도 주목할 만한 점이라고 보았다.

매들의 온갖 앙심에 부딪칠 때에도 꾸준히 실천한 것, 곧 참고 기다리는 사랑이 남아 있었다. "사랑은 참고 기다리고, 사랑은 친절하며, 사랑은 시기하지 않고, … 사랑은 모든 것을 견디어 낸다"(1코린 13,4 이하 참조)고 바오로 사도는 적고 있다.

 죽음의 문턱에서 데레사는 코린토서에서 바오로 사도가 말하는 그 최종 상태, 모든 것이 아무것도 아닌 것이 되는 그 궁극 상태를 얼마간 맛본 것일까? 바오로 사도의 말은 믿음과 희망에 적용할 수 있을 것이다. 이 둘은 이 모호한 세상의 그늘진 골짜기에서 우리를 동행하는 '임무를 완수할' 것이기 때문이다. 그러나 사랑은, 사랑은 견디어 낼 것인가? 데레사의 고통과 내적 어둠의 지옥은 역설적이게도 '천국'으로 들어가는 문이 되었는가? 향주삼덕 가운데 하나만 살아남아 천국까지 가는가?

 데레사는 역설의 대가다. 우선 '작은 길'은 데레사를 사로잡은 역설이자 바오로 서간들에서도 익숙한 역설이다. 위대한 것은 작은 것에서 드러나고, 하느님의 지혜는 인간의 어리석음에서 드러나며(반대도 마찬가지다), 하느님의 힘은 인간의 약함 안에서 드러난다고 바오로 서간은 말한다. 데레사가 가르친 신앙이 창의적인 것은 그것이 **삶의 상황들을 재해석**하며 그 안에 숨어 있는 새롭고 더 깊은 의미, 그런 상황들을 밖에서 바라볼 때와는 종종 정반대로 드러나는 의미를 찾을 수 있기 때문이다.

 당시 교회가 죄에 대한 두려움과 더불어 최고의 덕, 영적·도덕적 완덕으로의 체계적 상승을 설파한 반면, 데레사는 바오로 서간의 정신에 따라 나의 약함은 하느님의 자비와 자애가 들어올 수 있는 자리가 되므로(덕행으로 우쭐해하면 이런 것들이 들어올 여지가 없다) 이 **나약함을 기쁘고**

감사하게 받아들여야 한다고 가르쳤다. 데레사에 따르면, 오랫동안 덕행의 동산 꼭대기를 향해 올라가고 있던 이들은 자신의 무너짐과 — 하느님께서 뜻하신 — 걸려 넘어짐을 겸손하고 기쁘게 받아들여야 한다. 하느님께서는 그들이 꿈꾸던 '정상'이 아니라 맨 밑바닥, '겸손이라는 비옥한 골짜기 저 아래'서 그들을 기다리고 계시기 때문이다.

영성 지도자들이 신자들에게 선행을 차곡차곡 모으고, 세고, 꼼꼼하게 적어 두라고 가르치던 시대에 데레사는 그러한 셈법을 단호하게 거부했다. "**나는 아무것도 헤아리지 않습니다.** 나는 그저 모든 일을 사랑에서 합니다. 자신들의 공로를 차곡차곡 쌓아 세어 두고 기록한 이들의 무리 가운데서 나는 완전히 빈털터리가 되어 가난해진다면, 그것이 결국 그리스도께서 산상수훈에서 말씀하시는 가난이 아닌가요? 가난한 이들이 행복한 이들이 아닌가요?"

한스 우르스 폰 발타사르는 이 젊은 수녀를 타고난 전사로 보았으며(데레사는 수녀원 연극에서 자신이 가장 좋아하는 여주인공 잔 다르크를 맡아 그 의상을 입고 사진을 찍기도 했다), 그녀의 글들에는 전투의 상징들이 가득하다고 설명한다. 그녀는 바리사이들의 흔적이 느껴지는 모든 것에 맞서, 곧 "하느님 홀로 위대하심을 인정하는 대신 자기 자신의 위대함을 확신하도록 몰고 가는 종교의 탈을 쓴 권력의지에 맞서, … 하느님이 아니라 자기 나름의 '완덕'을 목표로 삼기에 한낱 영적 미용술에 지나지 않는 온갖 수덕 실천에 맞서" 싸웠다.[6]

---

6   Hans Urs von Balthasar, *Therese of Lisieux*, trans. Donald Nicholl (New York: Sheed and Ward 1954).

그런 맥락에서 데레사는 하느님께 버림받은 아픈 체험마저도 영적 선물이자 도전으로, 또한 십자가로 **재해석**하려 애쓰며 그 십자가 아래에서는 무릎을 꿇고 만다. 결국 그녀는 저속한 성인전의 방식으로 자신의 죽음을 '영웅적 고통'으로 묘사하려 한 동료 수녀들의 노력을 거부했다. 데레사가 하느님께 버림받은 자신의 상태를 비신자들과 함께 나누는 식탁으로 해석한 것은, **그들의 무신론을 재해석**할 여지를 마련했다는 뜻이다. 비신자들이 — 니체의 광인에게 신이 죽었다는 소식을 듣는 시장 사람들처럼 — 기정사실로 무심하게 받아들이는 것이 사실은 "모든 태양에서 멀어진" 어둠의 상태다.

니체의 경우, '신의 죽음' 이후 열린 심연을 들여다본다는 것은 그 비어 있는 공간을 새로운 인류 유형, 곧 초인으로 채울 수 있는 기회와 도전을 상징했다. 데레사의 경우에는 자신이 몸소 겪은 심연의 체험을 죄 많은 비신자들을 교회의 품으로 되돌리기 위한 희생으로 여겼을 것이라고 추측할 수 있으며, 그러한 해석을 뒷받침하는 데레사의 글들도 찾아볼 수 있을 것이다. (신심 깊은 편집자들의 검열과 곡해와 수정 속에서 데레사의 진정한 목소리를 어느 정도까지 알아볼 수 있는가 하는 다소 복잡한 문제를 여기서 깊게 다룰 생각은 없다.)

무신론자들이 그들 무신론의 숨겨진 얼굴에 관한 데레사의 해석을 '청하지도 않은 호의'로 거부한다고 해도 놀라운 일은 아니다. 또는 무신론자들은 데레사가 그들의 자기이해와 특수성과 자기다울 권리를 존중하지 않은 채 그들이 바라지도 않는 곳으로 다시 끌고 가려고 — 어쩌면 일종의 정서적 협박까지 동원해 — 조종함으로써 데레사 자신의 이미지를 낭만적으로 투사했다고 여길지도 모른다.

그러나 내가 데레사를, 또 역설과 끊임없는 재해석을 통한 그녀의 길을 제대로 이해했다면 그녀의 관심은 다른 것에 있었다. 그녀의 관심은 단순히 이 비신자들을 교회의 심장으로 다시 데려오는 것이 아니라, 그들이 겪은 어둠의 체험까지 포함시킴으로써 그 심장을 더 넓히는 것이었다. 비신자들과의 연대를 통해 그녀는 그때까지 꼭꼭 닫혀 있던 교회를 위한 **새로운 영토**(거기에 사는 이들까지)를 정복한다.

데레사는 무신론이 도전해 올 때 확실성의 요새 안으로 비겁하게 몸을 숨기지 않는 신앙, 안전한 곳에 숨어 참호 너머로 무신론자들을 향해 공격적인 호교론자들의 주장을 발포하지 않는 신앙, 그보다는 언젠가 술탄의 진영으로 들어간 프란치스코 성인처럼 훨씬 더 용감하게 '무장해제' 상태로 '비신자들의 진영'으로 들어가, 멀리 계시는 하느님에 대한 무신론자들의 체험이라는 새로운 '트로피'를 **신앙의 보물 창고**로 옮겨 오는 신앙을 우리에게 불어넣어 준다. 그럴 때 '무신론에 담긴 실존적 진리', 곧 예전에는 '무신론의 바위'였던 그 고통스러운 체험도 신앙의 보물 창고의 일부가 된다. 이 길을 이해하고 깊은 밤 속에서도 참고 기다리며 이를 실천한 신앙은 자기 안에 실존적 체험을 지니게 된다. 그러한 신앙은 인간 조건의 한 부분에 관하여 잘 알고 있고, 사람들의 밤도 견디어 낸다.

데레사가 "교회의 심장에 있는 사랑", 신앙의 밤에도 빛나는 사랑, 신앙이 "죽어 버린" 곳에서도 버티어 낸 사랑이라는 사실은, 이 사랑이 — 곧 신비로운 "교회의 심장"과 그 깊고 숨겨진 차원이 — 과거에 생각하던 것이나 밖에서 보는 것보다 훨씬 더 넓고 깊고 열려 있다는 사실을 입증한다. 이러한 사랑은 자신의 확신, 특히 '종교적 확신'이 흔들리고 뿌리 뽑히고 어둠 속에 처박힌 적 있는 이들까지도 품어 줄 수 있다. 이 사람들은 사실 마이스터 엑카르트Meister Eckhart가 말한 "아무것도 모르고 아무것도 가지지 않고 아무것도 아님"을 뜻하는 저 복된 '영적 가난'과 종이 한 장 차이 아닌가?

허기와 포만의 변증법은 그리스도교 신비가들을 비롯한 많은 신비가에게 익숙한 것이다. 하느님만이 이러한 가난을 온전히 채우실 수 있다. 이 깊은 심연 속에서만 우리는 "너비와 길이와 높이와 깊이를" 어렴풋이 보고 "인간의 지각을 뛰어넘는 그리스도의 사랑을 알" 수 있다(에페 3,18-19 참조). 최종 목적지로 가는 길에서 사랑이 신앙을 앞지르고 심지어 '신앙의 죽음'보다 더 오래 살아남는다면, 사랑은 비신자들과 그들의 불신앙까지 끌어안을 수 있다. 이 책에서 진지한 숙고를 통해 다양한 각도에서 명백해질 것을 여기서 밝히자면, **신앙은 불신앙을 끌어안음으로써만 불신앙을 극복할 수 있다**는 것이다.

그렇다, 데레사는 신학 논문 한 편 쓴 적 없지만 마땅히 우리 시대 교회의 교사다. 그녀가 겪은 멀리 계시는 하느님 체험과 비신자들과의 관계는 교회의 다른 교부들과 교회 박사들의 수많은 책보다 우리에게 훨씬 더 와 닿을 수도 있다. '작은 데레사'는 교회의 심장이 어디인지, 그 안에서 무슨 일이 일어나고 있는지를 그 어느 성인보다 훨씬 더 분명하게 보여 준다. 그 어느 때보다 지금 우리가 절실하게 배워야 할 것을 데레사가 바로 교회의 그 심장에 가져다줄 수 있다.

한스 우르스 폰 발타사르는 — 행실, 공로, '완덕' 함양, 수덕 실천을 강조했던 당시 경향과는 대조적으로 — 은총을 강조한 데레사와 루터를 비롯한 개혁주의자들의 관심사에서 엿보이는 유사성에 주목하며 이렇게 덧붙인다. "루터의 오류는 하느님과 인간의 친밀한 사랑의 교류를 전제로 삼는 신비적 진리들을 모독하고, 이를 죄인과 하느님의 관계의 통상적 방식으로 여긴 것이다. … 데레사의 실수는 하느님과 영혼의 거대한 드라마를 자신에게만 일어난 특수한 경우로 국한시킨 것이다."[7] 이 문제에 관해 폰 발타사르가 한 말은 이 문장으로 집약된다.

루터의 신비적 '탑실 체험'(Turmerlebnis)은 신뢰하는 신앙을 바탕으로 한 의화義化 신학을 낳았다. 데레사의 신비체험이 교회의 기억에 남겨 준 것은 개인 영성의 한 형태로서의 '작은 길', 곧 개인이 영적 성숙에 이르는 길이다. 데레사 영성의 길과 특히 '비신자들과의 연대'가 **오늘날 사회의 영적 분위기와 교회의 시대적 사명을 새롭게 신학적으로 성찰하기** 위한 해석학적 열쇠가 되어야 할 때가 오지 않았는가?

이는 제2차 바티칸공의회의 도전을 그 어느 때보다 훨씬 더 철저히 받아들이기 위한 새롭고도 낯선 길을 제안하지 않는가? 우리 시대의 무신론과 대화하라고, 말하자면 '비신자들'을 악마로 묘사하던 관행에서 벗어나고, 최소한 특정 '불신앙'에 대해서는 불가해한 하느님 신비라는

---

7   같은 책

'구름 덮인' 가파른 산꼭대기의 '맞은편에서' 보이는 전망으로 재해석하라고 제안하지 않는가? 무신론은 **거짓말**이 아니라 **불완전한 진리**임을 보여 주라고 제안하지 않는가? 살아 있는 신앙은 케케묵은 계명들이 아니라 '하느님 침묵'의 골짜기까지도 받아들이는 성숙의 길임을, '확신'을 날라 주는 이들과는 달리 그런 골짜기를 에둘러 가지 않고 더 깊이 탐색하기를 포기하지 않으며 인내심 있게 계속 나아가는 길임을 보여 주라고 제안하지 않는가?

'비신자들을 악마로 묘사하지 않는다'는 것은 '죄와 죄인을 구별'해야 한다는 원칙을 실천한다는 뜻이다. 무신론이 죄인가? 그렇다, 다만 **빚**이라는 의미에서 그렇다. (「주님의 기도」 예전 번역들이나, 라틴어 'debitum'이나 독일어 'Schuld'처럼 '죄'와 '빚'이 한 단어인 여러 언어가 있다.) 무신론은 아직 완결되지 않은 작업, 풀리지 않은 문제, 완공되지 않은 건물이다. 아직 완성되지 않아 맛이 밍밍한, 그래서 신앙이라는 소금을 한 줌 뿌려야 하는 요리다. 무신론은 순진하고 저속한 유신론에 맞서는 유익한 반대급부이나, 종합하여 성숙한 신앙으로 한 걸음 더 나아가야 한다. 성숙한 신앙은 쉼 없는 날숨과 들숨으로 이루어지지만, 무신론은 하나의 파편일 따름이다.

그러나 우리는 이러한 성찰에서 개선주의나 자만에 빠져서는 안 된다. 우리의 '성숙한 신앙'도 이미 우리가 소유하고 있거나 우리의 '자산'으로 여길 수 있는 것이 아니라 아직 완결되지 않은 작업임을 명심해야 한다. 그리고 이 임무를 완수하려면 무신론의 체험을 진지하게 받아들여야 한다. 히브리서에서 던져 주는 과제가 여전히 우리에게도 남아 있다. "그리스도에 관한 초보적인 교리를 놓아두고 성숙한 경지로 나아갑시다. … 하느님께서 허락하시면 우리는 성숙한 경지로 나아갈 수 있을 것입니다"(히브 6,1.3).

✡

멀리 있는 이들을 향한 데레사의 영적 연대를 묵상하다 보니 여기 비길 만한 또 다른 인물이 떠오른다. 꼰벤뚜알 성 프란치스코회 사제이며 아우슈비츠에서 순교한 막시밀리아노 콜베 성인이다. 그가 숨 가쁘게 종교 부흥 운동을 펼치는 과정에서, 데레사 시대에 프랑스 가톨릭교회의 국가주의와 반유다주의 진영에 팽배했던 '유다계 프리메이슨'에 맞서 치열하게 투쟁했다는 사실은 오늘날 종종 교묘하게 간과된다. 그의 이러한 투쟁은 사탄이 로마 성 베드로 대성당 위로 무정부 상태의 검은 깃발을 휘두를까 하는 두려움 때문이었다. 결국 역사의 기묘한 아이러니로, 하느님께서는 그 '의로운 욥'을 그가 예상한 것과는 전혀 다른 사탄인 독일 국가사회주의의 손에 의해 홀로코스트의 지옥으로 보내시어, 그가 단순히 영적 환시를 통해서가 아니라 수백만의 유다인을 비롯하여 공산주의자, 자유주의자, 그리고 한때 그가 그토록 두려워했던 많은 '믿지 않는 이'를 포함하는 모든 나치 희생자와 더불어 순교함으로써 연대할 수 있게 하셨다.

막시밀리아노 콜베 신부가 다른 포로 대신 자진해서 죽음을 받아들임으로써 극한의 사랑과 연대의 순교자로서 시험받은 그 밤은, 죽어 가는 젊은 수녀가 겪은 시련의 밤과 똑같지는 않았다. 콜베 신부의 '모든 태양에서 멀어진' 어두운 심연, '신이 죽은' 이후의 세계의 상태는 끔찍한 역사적 현실이 되었다. 그의 '어둔 밤'은 집단의 밤이 되었다. 진보와 합리성을 그토록 자랑스러워하는 20세기는 물론 그 이후 우리 시대에 이르기까지 그의 체험이 유일한 것도 아니었다.

노르망디 출신의 젊은 수녀가 19세기 후반의 '지적 무신론'이라는 어둠 속으로 보내졌다면, 이 폴란드 사제는 선택된 민족을 쓸어버리기 위한 사탄의 도구인 아우슈비츠의 지옥 속으로 보내졌다. 현대의 지성 문명으로부터 회심한 유다인 가르멜회 수녀 에디트 슈타인도 마찬가지다. 이런 물음이 떠오를 수밖에 없다. 걷잡을 수 없는 '종교 테러리즘'이라는 악의 어둠 속에서 하느님의 빛이 될 이는 누구인가? '하느님의 이름으로' 하느님에게서 멀어지는 이 교묘한 형태의 고립을 겪도록 하느님께서 보내실 이는 누구인가? 우리는 폭력에 폭력으로만 대답해서는 안 되며 하느님 없는 '성전'聖戰에 하느님의 이름을 불러서는 안 된다는 것을 오늘날 그리스도인들에게 보여 줄 이는 누구이며, 어떻게 보여 줄 것인가? 특히 지금과 같은 이 극적인 순간에, 우리는 어떻게 **멀리 있는 이웃들과 연대**하며 죄와 죄인을 구분하여 죄를 그에 걸맞은 고유한 이름으로 불러 줄 것이며, 우리와 가장 멀리 떨어져 있는 이들에게 **비록 그들이 우리를 형제로 보지 않을지언정 우리는 그들을 형제라 부를 수 있음**을 말뿐 아니라 행동으로도 어떻게 보여 줄 것인가?

당시 그리스도인들에게, 그리고 지금 우리에게 이렇게 말한 이는 바로 아우구스티누스 성인이었다. "예언자는 이렇게 말하는 사람입니다.

'남들이 그대에게 당신은 우리 형제가 아니라고 말할 때, 그대는 그들에게 당신은 우리 형제라고 말해야 합니다.' 이 말이 누구를 가리키는지 생각해 보십시오." 그렇다, 우리는 정말 생각해야 한다. 진지하게 생각해야 한다!

※

데레사의 병상으로 잠시 돌아가 보자. 데레사가 신앙을 잃은 것이 아니며, 그저 하느님이 가까이 계신다는 종교적 확신을 잃었을 뿐이고, 그녀의 신앙은 십자가의 예수님처럼 발가벗겨졌을 뿐이라고 반박할 이도 있을 것이다. 데레사와 같은 수도회의 위대한 스승인 십자가의 성 요한은 가장 깊고 가장 참된 신앙은 발가벗은 신앙이라고 말하기도 했다. 아무 생각 없이 '세상 속에서 신앙이 녹아 버린' 사람들처럼 데레사의 신앙이 사라지지는 않았을 것이다. 그보다 데레사는 '사랑 안에 신앙이 녹아 버린' 경우에 더 가깝다. 그러니 우리는 성인보다 더 신실하려고, 신앙의 박사보다 더 지혜로워지려고 애쓸 것이 아니라, 삶과 죽음의 경계에서 겪은 그녀의 영적 체험이 오늘날 우리를 위한 '시대의 징표'가 될 수 있는가를 자문해 보아야 할 것이다.

앞에 언급한 바오로 사도의 말이나 특히 묵시록의 마지막 구절들을 포함한 신약성경의 몇몇 종말론적 환시는 하늘나라에 종교가 없으리라고 명백하게 말한다. 신앙은 사라질 것이고 성전도 더 이상 없을 것이다(묵시 21,22 참조). 얼핏 정신 나간 소리나 신성모독으로 들릴 수 있겠지만,

이런 맥락에서 한 가지 물음을 던지고 싶다. 하느님에 대한 사랑에서 **가장 낯선 생각까지도 받아들일** 준비가 되어 있다고 데레사도 말하지 않았던가?

내 물음은 이것이다. 그렇다면 우리 시대에 신앙을 잃어버리는 이들 가운데 몇몇은 하늘나라를 '미리 맛보고' 있는 것은 아닐까? 누군가는 명백히 그렇지 않다고 대답할 것이다. 기껏해야 무신론은 하늘나라를 사탄이 희화한 것일 뿐일 수도 있다. 하늘나라에는 더 이상 신앙은 없지만 '지복직관'이 있을 것이다. 마침내 하느님 얼굴을 마주 뵙게 될 것이다. 하늘나라에는 성전이 없을 것이다. 종말론적 희생양이신 그리스도 자체가 하늘나라의 성전이고 빛이 되실 것이기 때문이다.

포스트모던 철학자 지안니 바티모Gianni Vattimo는 현대 세속 사회는 바오로의 찬가(필리 2,6-11 참조)에서 말하는 그리스도의 자기 비움(*kenosis*)으로 가득 차 있기에, 지금은 그리스도교 역사의 정점이자 피오레의 요아킴Joachim de Fiore이 예언한 '성령의 시대'라고 주장한다.[8] 독일 작가 게르트루트 폰 르포르Gertrud von Le Fort는 소설 『마그데부르크의 혼인』*Die Magdeburgische Hochzeit*과 『바르비 처녀의 황홀경』*Die Abberufung der Jungfrau von Barby*에서, 종교전쟁 시대에 교회들이 파괴된 것은 '성상 없이' 하느님을 뵙는 경지에 이르러야 한다는 신비가들(특히 마이스터 엑카르트)의 전망을 어느 모로 실현한 것이라는 암시를 주기도 했다.

믿음의 유형만큼 무신론의 유형도 수없이 많다. 에사우처럼 죽 한

---

[8] Gianni Vattimo, *After Christianity*, trans. Luca D'Isanto (New York: Columbia University 2002).

그릇에 신앙 유산을 팔아 버리는 경솔한 무신론이 있다. '하느님을 잊고' 그 빈자리를 하느님을 대체하는 온갖 우상으로 채우는 무신론도 있다. 신의 자리를 차지하려고 애쓰는 인간 자아의 위대함을 하느님이 가려서는 안 되기에 '하느님이 존재해서는 안 된다'고 하는 교만한 무신론도 있다. '신이 있다면 내가 어떻게 신이 될 수 있겠는가?'라는 교만이다. 자신이 투사해 놓은 상상의 신 때문에 오랜 세월 겁에 질려 있다가 마침내 그 신을 없애고 해방되는 무신론도 있다. 슬프고 고통스러운 무신론도 있다. "믿고 싶기는 한데, 내 고통과 세상의 고통 때문에 마음이 너무나 괴로워서 믿을 수가 없군요."

우리 마음속에 있는 '신앙의 상실'도 이와 비슷하다. 우리 세계의 십자가 위에서 신앙이 죽어 버리고, 개인들은 '모든 태양에서 멀어져' 내적·외적 어둠에 빠져 버린 것이다. 이것이 우리 세계가 바라보는 십자가의 모습이고, 십자가의 어두운 그림자가 드리워진 개인들의 모습이다. 많은 이가 역사의 특정 사건이나 자기 삶의 특별한 순간들에 이를 체험한다. 십자가에서 예수님께서 "저의 하느님, 어찌하여 저를 버리셨습니까?" 하고 외치는 순간, 복음 이야기와 이러한 무신론이 서로 만난다. 체스터턴은 이를 훌륭하게 표현했다. "무신론자들이 스스로 신을 선택하게 놔두자. 그들은 자기가 겪은 고립감을 입 밖으로 내뱉었던 유일한 신을 발견하고, 한순간이나마 하느님이 무신론자처럼 보였던 유일한 종교를 찾아낼 것이다."[9]

---

9   Gilbert K. Chesterton, *Orthodoxy* (New York: Dodd, Mead & Co. 1908).

그러나 복음의 근본 메시지에 따르면 이것이 유일한 가능성은 아니다. 이것이 마지막 말은 아니다. 이는 단지 '성금요일의 진리'일 뿐이다. 그 이후, 성토요일의 기나긴 침묵의 기다림 이후, **또 다른** 진실한 **메시지**가 들려오는 아침이 온다. 비록 많은 이가 늦잠을 자서 그 이른 새벽을 놓쳐 버리기는 했지만 말이다.

영혼의 어둔 밤의 신비가이며 뛰어난 시인이고 음악가이자 화가인 십자가의 성 요한은 **위에서 바라본** 십자가형, 성부의 관점에서 바라본 십자가를 그렸다. 이 스케치는 수세기 후 살바도르 달리에게도 영감을 주었다. 위에서 내려다본 그 어둠의 순간은 사뭇 다른 모습이다. 패배가 승리가 된다. 이것은 '죽음의 죽음'이다. 사람은 끝없는 어둠에 빠지지 않고 집으로, 진리의 충만한 빛으로 돌아간다. 신앙은 이미 그 순례 임무를 다 마쳤다. 이제 사랑만이 가득하다. 그러나 이 사랑은 **신앙을 지워 버리지 않고 오히려 신앙을 완성**할 것이다. 신앙이 '죽는다'면, 사랑 안에 녹아 버림으로써만 그렇게 된다. 심지어 이 죽음조차도 무無의 어두운 골을 지나는 통과의례로 체험될 수 있다.

'자연종교', 기복 종교와는 달리 그리스도교 신앙은 **부활 신앙**이다. 십자가에서 죽고, 묻히고, **새로운 형태**로 부활해야 하는 신앙이다. 이 신앙은 하나의 과정이다. 그리고 사람들은 살아가면서 이런저런 순간들에 이 과정의 여러 단계를 거치게 될 것이다.

신앙은 다리를 저는 허약한 사람들에게만 도움이 될 뿐이고 건강한 이들에게는 필요치 않은 '목발'이라고 비꼬는 소리를 종종 듣게 된다. 신앙은 '목발'이 아니지만, 삶의 여정에서 우리를 지탱하는 순례자의 지팡이에 비길 수는 있다. 집 문지방을 막 넘어서려 할 때, 지팡이가 더 이상 필요치 않을 때, 지팡이는 손에서 빠져나간다. 한순간 잠시 몸의 균형을 잃어버리는 것도 당연하다. 문지방 너머 '반대편에서 보면', 곧 여기 이승에서는 믿음과 희망으로만 느낄 수 있는 그 관점에서 보면, 우리가 모든 지지와 확신을 송두리째 잃어버리는 그 순간에 우리를 기다리고 있는 것은 우리를 허무하게 만들지 않을 사랑의 포옹이다.

믿음은 사랑으로 바뀐다. 때로는 마지막 문에 이르러서야 그렇게 되고, 때로는 그보다 일찍 그렇게 될 수도 있다. 믿음이 죽어 버린 곳에서도 어둠이 최종 승자가 될 수 없도록 사랑이 계속해서 불타고 있다. 그 사랑은 우리의 사랑인가, 그분의 사랑인가? 이런 물음은 무의미하다. 사랑은 오직 하나이므로.

⚜

우리는 세속주의와 무신론과 '많은 이의 신앙이 차갑게 식어 버리는' 시대를 두려워해야 하는가? 아니면 이 시대를 성토요일의 침묵과 파스카의 드라마로 신비롭게 이어지는 역사적 시간으로 인식해야 하는가? 다시 말해, — 체코 교회의 전통에서처럼 — 감실을 열어 놓고 제대를 비우고 신자들은 '하느님의 무덤' 앞에 무릎을 꿇고 있어서 겉으로는 아무 일도 일어나지 않는 듯 보이지만 '저 아래' 어디인가에서는 생명과 죽음의 격렬한 투쟁이 벌어지고 있는 시대로 인식해야 하는가? 우리는 이른바 '종교의 귀환'이라고 여길 때마다 드디어 약속된 부활절 아침의 빛이 비쳐 온다고 성급하게 인식하지 않으면서 이 시간들을 견디어 내고 그 의미를 찾을 수 있는가?

나는 체코의 근현대사에서 종교와 교회가 공공 생활에서 실질적으로 뿌리 뽑혔던 시기를 겪었다. 국가 무신론, '지상의 도성'(civitas terrena), '세속 도시'가 승리한 것처럼 보였다. 내가 처음으로 살아 있는 교회를 접한 것은 막 성인이 되던 무렵이었다. 나는 여전히 일부 교회들에서는 '뭔가 벌어지고 있음'을 느꼈다. 그 교회들이 그저 박물관은 아닌 것 같았고, 지난날의 세계, 신자들의 세계에서 여전히 살아남은 무언가가 어딘가에 있을 것 같았다. 그렇다고 그것이 언젠가 내 세계와 내 삶에 어떤 의미를 지니게 되리란 생각은 전혀 못했다. 그러나 바로 그 분위기, 그 시기, '성상들 없는' 그 세계 속에서 내 신앙이 처음 태동했다.

꿈 많은 열여덟 살에 처음 성경을 읽기 시작했을 때(그때에는 성경을 소설처럼 첫 페이지부터 마지막 페이지까지 읽는 일이 얼마나 어리석은지 나에게 일러 주는 이도 없었다), 하느님을 믿을 것인지 말 것인지 결정을 내리기 위해 처음으로 교회 안에 발을 들여놓았던 순간을 생생하게 기억한다. 당시 체코 국경 지대의 여느 교회처럼 헐어 빠진 건물에 지붕은 내려앉은 교회였다. 맞다, 금방이라도 무너져 내릴 듯한 그 교회, 성상 하나 찾아볼 수 없고 심지어 제대도 없던 그 교회가 하느님께서 구도자에게 말씀하실 수 있던 자리였다.

물론 그때 나를 신앙으로 이끈 생각들은 갑자기 하늘에서 툭 떨어진 것은 아니었다. 세대에서 세대로 전해져 온 성경이 있었고, 그리스도교 서적들도 있었다. 음악이나 건축, 회화에서도 신앙의 흔적을 찾을 수 있었다. 물론 나중 일이지만, 나는 그런 것들을 차츰 '신앙의 표징'으로 해독할 수 있게 되었다. 소위 말하는 '교회에 다니는 사람'은 아니지만 정서나 행동에, 또는 기억이나 무의식 속에 '무언가'를 간직하고 있는 사람들이 있었다. '불똥이 튀고' 나자, 우리 주변 모든 것에 그리스도교의 흔적이 아직 많이 남아 있는 것이 내 눈에 점점 더 선명하게 보였다.

나는 **예수님이 지나가실 때** 나무 꼭대기에 숨어서 호기심 어린 눈으로 살며시 바라보기 시작했다. 마침내 내가 그분 목소리를 분명하게 듣고 그분께서 내 이름을 부르고 계심을 깨달을 때까지, 그분은 인내심 있게 몇 번이고 여러 모습으로 나타나 주셨다.

물론 여기에 교회가 있어야 했다. 그래야 나나 나 같은 사람들이 밭에 묻힌 보화를 다양한 방식으로 '우연히 마주칠' 수 있기 때문이다. 교회가 그 오랜 세월 동안 여기 있어야 했고, 박해의 시기를 견디고 살아남아야 했다. 타협을 대가로 사회 가장자리에서 살아남든, 순교까지 각오하는 엄청난 위험을 대가로 치르고 지하에서 살아남든 해야 했다. 그리고 내 여정도 '지적 회심'에서 출발하여 피와 살로 된 그리스도인들을 향해 나아갔다. 그들 가운데 많은 이는 나보다 훨씬 더 극적인 회심을 체험한 이들이었다. 그들은 나보다 훨씬 더 멀리 떨어진 곳에서 다마스쿠스까지 와야 했고, 더 이상 적대심이나 적의를 갖고서가 아니라 기꺼이 알고 싶고 받아 주기를 바라는 마음을 지니고 바오로처럼 거기서 그리스도인들을 발견해야 했다.

비록 나의 회심은 '신앙 가족' 안에서가 아니라 대부분 교회의 가시적 울타리 밖에서 이루어졌지만 교회를 평가절하하고 싶지는 않다. 그리스도교 신앙은 분명히 합당한 교회적 차원을 지니고 있으며 순전히 사적인 문제가 아니다. 그러나 나는 신앙에 관한 모든 대화를 교회라는 주제로 몰아갈 뜻이 없으며, 교회 안의 추문이나 교회 정책에 관한 추측들, '교회의 미래'를 논하고 싶지도 않다. 어떤 의미로든 교회가 쇠퇴하는 곳이 있더라도 나는 절망하지 않는다. 어쨌거나 나도 개인적으로 많은 일을 겪어 왔고, 20세기 그리스도인들은 나보다 훨씬 더 많은 것을 보고 겪어 왔을 것이다.

나는 폭풍이나 다른 시련들이 교회 지붕에 내어 놓은 구멍들을 겁내지 않는다. 내가 처음으로 어슴푸레 하느님의 얼굴을 뵌 것은 그 쩍 갈라진 구멍들을 통해서였음을 기억하기 때문이다.

4
맨발로

하느님은 신비다. 이것이 모든 신학의 첫 명제이자 마지막 명제가 되어야 할 것이다. 하느님에 관한 글을 쓰거나 하느님 이야기를 할 때, 우리의 모든 구절에는 전장으로 행진할 때 노래 부르는 이들을 앞세웠던 이스라엘 전사들처럼 "신비로다, 신비로다!"라고 외치는 두 천사가 함께해야 한다(동방교회 전례가 그러하다). 프라하에 있는 내 집무실 책상에는 나무로 만든 천사상이 있는데, 나에게 늘 이렇게 일깨운다. "하느님에 관해 쓰려거든 네가 수수께끼의 구름 속으로 들어가고 있음을 기억하라. 하느님의 신비를 충분히 들여다볼 수 있게 되었다고 한순간이라도 착각하지 마라. 네가 바랄 수 있는 최선은, 예수님의 옷자락 술에 손을 댄 하혈하던 여인처럼 등 뒤에서 하느님을 살짝 스치기라도 하는 것이다."

우리가 하느님에 관하여 뭐라고 말할 수 있을까? 시편을 관통하는 주제는 이 구절에 있다. "구름과 먹구름이 그분을 둘러싸네"(시편 97,2). 신앙과 무신론은 숨어 계시는 하느님, 하느님의 초월성, 불가해한 하느님의 신비라는 똑같은 실재를 바라보는 두 시각이다. 같은 실재를 정반대 방향에서 바라보았을 뿐, 둘 다 가능한 해석이다.

성 토마스 아퀴나스에 따르면, 우리는 하느님의 현존을 지적으로 확신할 수는 있지만 하느님이 **누구이신지**('그 자체로' 무엇이신지), **어떻게** 그분이신지, 하느님을 가리킬 때 '있다'라는 동사는 무슨 의미인지는 모른다고 말해야 한다. 이는 우리의 모든 체험과 온 상상력, 우리 이성의 영역을 훌쩍 뛰어넘는다. 안셀모 성인이 가르쳤듯이, 하느님은 우리가 상상할 수 있는 어떤 것보다도 크시다. 하느님은 우리 인간이나 사물이나 세상이 **존재한다**는 그런 의미로 **존재하시지 않는다**. 그분의 현존과 세상 속 우리의 현존은 근본적으로 다르며, 바로 이러한 차이로 말미암아 무신론과 불가지론이, 그리고 신앙이 자리 잡을 여지가 생긴다. 하느님이 일상적이고 '쉽게 손에 닿을' 수 있는 분이라면 열정적인 신앙은 아무런 의미가 없을 것이며, 헤아릴 수 없는 것 앞에서, 우리에게 '안 돼' 하고 체념하거나 기껏해야 회의적으로 '아마도' 정도로 말하도록 몰아붙이는 모든 것 앞에서, 확신을 갖고 '그렇다'라고 말할 수 있는 인간적 희망의 용기도 없을 것이다.

그럼에도 성경은 역설의 책이다. 성경의 거의 모든 문장은 그것과 정반대로 말하는 문장, 또는 상반되는 것처럼 보이는 문장으로 반박할 수 있다. 이는 우리로 하여금 껍데기에 게으르게 안주하거나 지나치게 안이한 확신의 좁은 구렁텅이 속에 머물지 않도록 해 준다. 그러한 성경의 역설 가운데 하나는, 매우 신중하게 읽어야만 서로 무리 없이 어우러질 수 있는 두 단언이다. 하나는 "하느님은 꿰뚫을 수 없는 신비이시다"(하느님은 다가갈 수 없는 빛 속에 머무신다)라는 것이고, 다른 하나는 "하느님과 인간은 **비슷하다**"(하느님은 당신 모습으로 사람을 창조하셨다)는 것이다.

"하느님께서는 당신 모습으로 사람을 창조하셨다. 하느님의 모습으로 사람을 창조하셨다." 우리는 성경 첫 페이지에서 이렇게 읽는다. 그러니 하느님과 인간은 어느 모로 비슷하다. 그러나 우리가 이 진리를 과장해 버리면 초보적인 하느님 의인화에 그치고 말 것이며, 사람이 자기 모습대로 하느님을 창조했다는 무신론자들의 주장과도 거의 다를 바 없게 된다.

그럼에도 하느님과 인간은 '어느 모로' 비슷하다. 이는 우리에게, 특히 우리 자캐오 이야기에 매우 중요하다. 하느님의 모습은 해부학 교과서나 윤리 교과서에 그려진 추상적이고 이상적인 인간, 또는 신학자들의 상상 속에나 존재하는 실제 세계와 역사 속에는 없는 '인간 본성'이나 인간 개념이 아니다. 당신과 나, 과거와 오늘날의 자캐오인 모든 인간은 하느님의 모상이다. **하느님의 무한하심은 인간 세계의 무한한 다원성을 통해서만 표현될 수 있다.** 그 하느님의 초상화들은 제각각 다르다. 그러나 작가가 하나하나에 서명해 놓았기에, 모든 인간은 진품이다. 진짜이다! 하느님께서 새겨 놓으시고 담아 놓으신 **독창성**을 간직하는 한, 우리는 다른 이들의 복제품, **모조품**이 될 수 없다. 우리는 저마다 자신의 분명한 독창성을 통하여 하느님과 그분의 무한한 신비에 관하여 새롭고 참된 것을 선포할 것이다.

그러면 자연스럽게 이런 질문이 나온다. 숨어서 지켜보던 자캐오(이미 알아차렸겠지만, 우리 모두는 아니라도 적어도 많은 이에게 자캐오는 우리의 모상이다)는 어떤 면에서 하느님의 거울, 하느님의 닮은꼴, **하느님의 초상화**가 아닐까? 말하자면 자캐오는 **숨어서 지켜보고 계시는 하느님**이 아닐까?

오랜 옛날부터, 사람들, 특히 신학자들은 **있는 그대로**의 하느님의 모습을 구름 사이로라도 어렴풋이나마 보기를 갈망해 왔다. 정말 그런가? 정말 토마스 아퀴나스 성인이 생각했던 것처럼 하느님을 뵙기는 전혀 불가능하다는 것이 확실한가? 아니면 '숨어서 지켜보고 계시는' 하느님께서는, 스콜라 신학자들의 이해력보다는 역사적 사건들을 통해서 당신을 더욱 친밀하게 알아볼 수 있게 해 주시는가? 결국, 그분께서는 선택된 민족의 역사에서 여러 차례에 걸쳐 당신의 얼굴과 격노와 당신 마음의 고통을 보여 주셨다. (그분께서 외아드님의 삶을 통해 당신을 어떻게 드러내셨는지는 나중에 따로 살펴보자.) 많은 이가 하느님은 **멀찍이 물러나 계신다**고 여기는 지금 이 시대에, 그분은 매우 구체적인 방식으로 당신을 드러내고 계신 것은 아닌가? 오늘날에도 계속해서 그분을 찾고 있는 이들이 새로운 영적 통찰과 이해를 얻을 기회가 드문 것은 아닌가?

어느 기회에[1] 나는 하느님의 신비에 우리 자신을 더 철저히 열어야 한다고 말한 적이 있다. 그때 나는 하느님에 관한 여러 익숙한 개념을 "괄호 안에 넣고", 아레오파고스에서 바오로가 그랬듯이 "알지 못하는 신에게 바쳐진 제단"(사도 17,23 참조)을 찾아야 한다고 말했다. 그런 뒤로 참석자 하나가 나와 비슷한 견해를 피력한 현대 프랑스 신학자 조제프 무앙Joseph Moingt의 짧은 글을 보내 왔는데, 거기서 이 주제를 더 깊이 성

---

[1] 2006년 8월 25일 파리에서 열린 세계선교대회에서였다. 이 책 7장에서 이 생각들을 다시 다룰 생각이다.

찰하기 위한 영감을 얻을 수 있었다.

무앙은 어찌 하느님께서 '있는 그대로' 발견되실 수 있냐고 대담하게 묻는다. 하느님께서 우리를 위하여 우리 언어로 우리 세계에 존재하실 수 있는 유일한 길은 우리가 그분을 '우리의' 하느님으로 존재하시게 하는 것이다. 그러나 그분께서는 당신 스스로 존재하시고 우리는 그분께, 있는 그대로의 그분께 다가갈 수 있다. 단 우리가 그분을 '우리 하느님', 우리의 유산, 우리가 상상하는 하느님, 우리 과거의 관리자, 우리 공동 신원의 중요한 확증으로 만들려는 시도를 기꺼이 포기할 수 있을 때에만 그분께 다가갈 수 있다. 그분이 타자他者가 되게 하고 타자들을 위하여 존재하게 놓아 드릴 준비가 되어 있을 때에만 가능한 것이다.[2]

"내가 떠나는 것이 너희에게 이롭다"(요한 16,7) 하신 예수님 말씀을 상기시키며 무앙은 우리에게 **하느님을 떠나보내라**고 촉구한다. 그분을 타자들에게 보내 드려라! 그분은 '우리 조상들의 하느님', 우리가 물려받은 유산일 뿐 아니라 '타자들의 하느님'이시기도 함을 깨닫자. 그럴 때 비로소 우리는 그분이 칼데아 제국의 여러 신 가운데 하나의 신이 아니라, 한 분이신 보편적 하느님이심을 알게 될 것이다. 한 분이신 보편적 하느님이시기에, 그분은 우리가 독점할 수 있는 하느님이 아니다.

'조상들의 하느님'을 잃어버린 다음 **자녀들의 믿음**(더 이상 '물려받은 종교'가 아니라, 오늘날 성령께서 움직이시는 방식에 자유롭게 응답하는 신앙)을 찾기까지, 그사이에 무신론이 나타날 수 있다는 사실을 겁내서는 안 된다고 무

---

2 Joseph Moingt, "Laisser Dieu s'en aller" in *Dier, Église, Société* (Paris: Centurion 1985).

앙은 덧붙인다. 다 비우고 낯선 이들과 교류하는 이 시기는 하느님 없는 시간이 될 수 있지만, 하느님께서 당신의 존재 방식대로 우리에게 당신을 제시하실 수 있게 하려면 이러한 부재의 시간이 필요하다. 다른 데서 오시는 분 안에서 우리 조상들의 하느님을 알아볼 수 없게 된다 해도, 우리는 하느님께서 당신의 새로움으로 오실 수 있게 해 드려야 한다.

무앙의 입장은 바오로 사도를 철저히 본뜬 것이다. 사도가 우리에게 제시하는 그리스도교는 과거와 단절할 수 있는 신앙, 낡은 관습과 확신을 떨쳐 버리고 특권주의(particularism)을 거부하며 **다른 이들에게 다가갈 수 있는 신앙**이다. 바오로는 그리스도교를 정통 이론(orthodox)이나 정통 실천(orthopraxis)의 한 측면으로가 아니라, 새로운 정치政治(politeia)로, 말하자면 사람들과 사회들 사이의 새로운 소통 방식으로 제시한다. 바오로가 **이스라엘의 울타리를 넘어 '민족들'(이방인들)을 찾아 여행을 시작한 것이 교회 역사 전체의 패러다임이 되어야 한다.**

이것이 바로 그리스도교다운 면모다! 교회는 끊임없이 그리스도교의 과거에서 벗어나 자신이 받은 '유산'의 상당 부분을 과감하게 두고 떠날 수 있는 역량을 키워야 한다. 이것이 교회의 임무였고 지금도 그러하다. 그러나 역사를 돌아보면 사뭇 다른 그림을 보게 된다. 교회는 자기 나름의 새로운 특권주의로 재빨리 숨어들고는 했다. '새로운 이스라엘'이라는 개념은 모든 경계를 과감히 뛰어넘어 언제나 **길 위에 있는 백성**이 될 수 있는 용기를 낳지 못했다. 우리 모습은, 고향을 떠난 아브라함이나 이집트를 탈출한 이스라엘 백성, 특히 **아무 차별 없이 모든 이를 찾아** 모세의 율법과 유다교의 울타리를 뛰어넘은 바오로처럼 선택된 백성의 신앙의 역동적 측면을 이어 가는 참으로 **새로운** 이스라엘은 아니었다. 그보다는 '또 다른 이스라엘', 곧 이스라엘과 **나란히** 있는 또 다른 개별 공동체에 가까웠다. 여러 집단 가운데 하나의 새로운 개별 집단처럼 된 교회는 자기 울타리에 보초를 세우고 자신의 신앙을 '조상들의 유산', 물려받은 자산으로 변질시키기 시작했다. 무앙에 따르면, 초기 교회가 편협한 단일민족 환경에서 벗어나 당시 세계의 훨씬 더 폭넓은 문화적 환경으로 들어설 수 있게 했던 그리스도교의 그리스화는 역설적이게도 그리스도교의 새로운 '유다교화'를 낳고 또다시 '단일 언어'에 고착하게 만들었다. 그러나 교회는 오순절 체험에서처럼 '온갖 언어로 말해야' 한다. 우리 그리스도교가 하느님께서 모두에게 말씀하시는 언어이기에 모든 사람이 이 언어를 이해해야 한다고 생각해서는 안 된다. 오히려 우리가 다른 이들을 이해하려 노력해야 한다. 그렇게 해야만 다른 이들이 알아들을 수 있는 언어로 그들에게 말을 건넬 수 있다.

무앙은 거듭 강조한다. '조상들의 하느님'을 포기하고, 예수 그리스도의 아버지를 찾자. 종이 아니라 자녀이고 친구이며 협력자인 이들의 자유에 관하여 예수님께서 말씀하시는 모든 것을 유념하며, **자녀들의 신앙**을 위해 '물려받은 종교'와 과거에 머무르려는 유아기적 집착에서 용감하게 떠나자. 바오로는 이전의 모든 '확신'과 '타협의 침묵'을 유혹으로 여겨 뿌리쳤다. 그리스도 십자가의 피를 통한 세상과 하느님의 화해 이외의 것에서 구원을 찾으려는 유혹으로 여긴 것이다. 과거에 집착하고 이전 전통의 편협한 경계 안에 안주함으로써 복음의 새로움을 가볍게 만들어서는 안 된다. 화해의 다리가 되어 과거의 장벽들을 허문 **그**

리스도의 십자가를 헛되이 만들어서는 안 된다.

언뜻 보면, 조상들의 하느님을 포기하고 그 자리를 예수 그리스도의 아버지로 대신하자는 호소는 가장 오랜 — 그리고 가장 위험한 — 이단 가운데 하나를 연상시킬 수 있다. 구약성경의 하느님과 예수 그리스도의 아버지를 대립시키려 한 마르키온 이단이다. 초기 교회는 이 이단에 맞닥뜨리면서 '이스라엘의 기억'을 거부했을 때 나타날 수 있는 뿌리와의 단절과 피상성의 위험을 깨달았다. 그리하여 그때부터 히브리 성경을 통합하고 유다교 전통에 대한 전혀 새로운 해석을 중심으로 새로운 신학을 구축하여 두 **성경**의 상호 보완을 가능케 한 정경을 확립했다. 그러나 무앙은 '조상들의 하느님'이 거짓 신이라고 주장하지 않는다. 오히려 그는 그러한 해석을 확실히 배제하고, 이 '조상들의 하느님'을 히브리 성경의 하느님과 어떤 식으로든 동일시하지 않는다. 그는 그리스도교 전통을 깨끗이 처분하는 '창고 정리 세일'을 다그치는 것이 아니다. 그의 관심은, **하느님**을 이른바 물려받은 동산動産처럼 취급하며 그것에 대한 특별한 권리를 주장할 수 있는 **'자산'으로 여기는 개념을 끊어 버리는 것**이다. 그분이 **다른 이들**의 하느님이시기도 하다는 사실을 발견할 때 비로소 — '우리 조상들의 하느님'이시기도 한 — 살아 계신 한 분 하느님을 발견할 수 있다. 이는 우리의 전통을 포기한다는 뜻이 아니라, 그 전통에 고착되지 않고 더 넓은 환경에서 이를 발견하는 모험에 기꺼이 뛰어들어 다른 이들과 대화를 나눔으로써 이 전통을 '다른 이들의 눈으로'도 바라보는 법을 배운다는 뜻이다.

이런 의미에서 조제프 무앙의 근본적 바오로 신학은 바로 우리 자캐오 묵상의 핵심 메시지와도 같다. 조금 다른 관점에서 바라보고 말마디만 다를 뿐, 핵심은 같다. 하느님을 '종교적 확신에 가득 찬 이들'에게만 맡겨 두지 말자! 이냐시오 신비주의가 가르치듯, 하느님은 언제나 더 크시다(semper maior). 아무도 그분을 독점할 수 없다. '우리의' 하느님은 구도자들과 그분을 모르는 이들을 모두 포함하는 타자들의 하느님이기도 하다. 그렇다, 하느님은 **무엇보다도** 구도자들의 하느님, 여정 중에 있는 이들의 하느님이시다.

모든 이에게 호소하는 모호한 추상적·철학적 개념의 '최고 존재'가 아닌 아브라함의 하느님을 고백하려면, 과거의 구체적 전통에 집착함으로써가 아니라 아브라함처럼 새로운 땅으로 들어감으로써 우리의 충실함을 증명해야 한다. '우리의' 하느님은 순례자 하느님, 영원한 탈출의 하느님, 설사 우리가 집과 고향에 머물며 높은 성벽을 쌓아 요새를 만들고 하느님을 우리 울타리와 우리 관념과 개념과 전통과 신조 안에 가두고 싶어 하더라도 집과 고향을 떠나도록 우리를 이끄는 하느님이시다.

하느님은 언제까지나 철저히 신비이시다. 그런 까닭에 하느님을 '조종'하려는 시도들은 신성모독만큼이나 터무니없다. 그러나 하느님은 숨어 계시기만 한 것이 아니라 **지켜보고도** 계신다. 거룩한 지혜에 관한 성경 말씀처럼, 그분은 당신을 찾는 이들을 보고 계시며 그들에게 당신을 드러내신다.

하느님은 당신을 바라보는 이들을 주시하신다. 아마 이렇게 덧붙일 수 있을 것이다. **우리의 바라봄**, 우리의 영적 체험과 다른 이들의 영적 체험은 어떤 의미에서 **그분의** 주시이며 그분께서 우리 가운데 계시는 한 방식이다. **그분은 우리의 개방성 안에 계신다**. 그분은 우리의 '상대'가 아니라 우리의 **기초**이시다. 우리 현존의 원천이시며 우리 현존이 성취하는 것의 원천이시다. 그러므로 그분은 우리의 추구와 우리의 주시와 우리의 개방성과 자기 초월의 기초이며 원천이시다. 그런 의미에서 우리는 끊임없이 당신을 초월하시고 사랑에서 당신을 쏟아부어 주시는 하느님과 가장 '닮아' 있다. 그분은 우리의 추구 **안으로만** '당신을 쏟아부어' 주시는 것이 아니다. 그분은 쉽게 우리가 찾을 수 있는 **사물**처럼 그 안에 계시지 않는다. '사물들'과 객관적 존재들 사이에서는 결코 그분을 찾을 수 없을 것이다. 하느님께서는 **우리의 추구 자체** 안에 현존하신다. 또한 우리의 추구를 통해 세상 속에 현존하신다. 우리가 '하늘'에 기도를 바친다는 것은, 하느님의 신비란 우리가 다가갈 수 있는 울타리들 안에 국한되지 않는다는 말이다. 그러나 '하늘에서' 하느님을 찾을 필요는 없다. 그 기도들에서 하느님은 이미 참으로 지상에 현존하시기 때문이다. 바오로의 가르침대로, 우리가 기도할 때 하느님의 영께서 몸소 말로 다 할 수 없이 탄식하시며 우리를 대신하여 간구해 주신다(로마 8,26 참조). 하느님은 우리의 기도와 우리의 갈망과 우리의 추구와 우리의 물음 안에 계신다.

우리가 하느님을 우리 하느님으로 존재하실 수 있게 한다는 사실 덕분에, 하느님은 이 세상에, 우리 언어 안에 계신다. (인간 세상의 가장 중요하고 가장 본질적인 구조인 우리의 언어는 우리가 세상을 볼 수 있는 프리즘이다.) 앞에서 말한 무양의 생각은 하느님을 '순전히 인간적인 것'으로 격하시키는 것이 아니라 일관된 육화 신학의 결과일 따름이다. 우리만의 하느님으로 국한시키지 않고, 우리의 독점권을 주장함으로써 하느님 개념에 족쇄를 채우지 않으며, 타인들의 하느님도 되시도록 '허용함'으로써 '있는 그대로의 하느님'으로 풀어 드리자는 그의 생각에 나도 동의한다. 우리가 하느님의 초월성, 타인들에 대한 하느님의 개방성을 볼 수 있는 것은, 그리스도를 통하여 하느님의 가장 내밀한 신비가 계시되는 '파스카의 거울'을 통해서다(이 주제는 뒤에서 다시 다룰 생각이다). 예수님 안에서, 그분이 **'타인들'과 맺은 관계** 안에서, 마침내 십자가까지 이르러 거기서 비로소 온전히 드러나는 그분의 끝없는 철저한 사랑 안에서 하느님의 개방성을 볼 수 있다. 타인들을 향한 예수님의 사랑과 개방성은 **하느님의 가장 근본적인 계시**이며 우리 안에서 계속되어야 한다. 타인들, 우리와 다른 이들을 대하는 우리의 태도 안에서 이어져야 한다. 예수님께서는 우리에게 "내가 하는 일을 하고" "그보다 더 큰 일도 하라"(요한 14,12 참조)고 이르신다.

그러니 우리도 무앙을 따라서 타인을 향한 우리의 개방성은 하느님을 향한 개방성이라고 말할 수 있다. 하느님께서는 그리스도를 통해 **타인들**과의 연대를 보여 주시기 때문이다. 우리가 하느님과 이웃에 열려 있다는 것은, 하느님께서 우리와 세상을 향해 열려 계신다는 것이다. 그리스도를 통해, 곧 강생의 신비를 통해, 하느님께서는 우리와 연대하심을 보여 주시고 우리가 하는 사랑의 증언을 통해 세상에 현존하고자 하시기 때문이다. 마이스터 엑카르트가 주장하듯이, 우리가 하느님을 보는 눈과 하느님께서 우리를 보시는 눈은 **똑같은 눈**이다.

무앙의 글에 나오는 한 문장으로 되돌아가 보자. 무앙은 바오로가 타인들과 이방인들과의 관계에서 교회에 인식의 전환을 가져오고 과거에서 벗어날 수 있는 용기를 주었다고 말하며, 우리도 다른 이들이 우리 식탁에 앉을 때까지 기다릴 것이 아니라 **우리가 그들의 식탁에 앉을** 용기를 내야 한다고 강조한다. 그러면서 그는 아마도 의도한 것은 아니겠지만, 리지외의 데레사가 죽음의 문턱에서 **비신자들과 연대**를 느꼈을 때와 똑같은 표현을 썼다. 데레사는 그리스도께서 자신을 믿지 않는 이들의 식탁에 앉히시고, 그들과 함께 먹으라고 그들의 빵을 주셨다고 말했다.

내가 갖고 있는 무앙의 짧은 글에서 그가 마음에 두고 있는 '타인들'이 누구인지는 분명히 드러나지 않지만, 그의 시선은 무엇보다 비유럽 문화들과 '가난한 나라들', 우리가 독특한 우리 서구 전통의 한계에 강하게 얽매여 있는 전통적인 종교 개념들이나 '우리 조상들의 하느님'을 전할 수 없는 이들에게 머물러 있는 듯하다. 그러나 무앙 자신이 얼마나 의도했는지는 모르겠으나 그의 호소는 또 다른 '타인들', 말하자면 '비신자들'이나 의혹을 품고 있는 이들이나 구도자들뿐만 아니라 다른 종교 신자들, '다른 방식으로 믿는 이들'에게까지 확장할 수 있다.

1960년대 초반 제2차 바티칸공의회는 가톨릭교회가 현대 세계에 가까이 다가감으로써 그리스도와 그분의 메시지를 현대인들에게 더 분명하고 더 쉽게 접근할 수 있게 제시하려는 커다란 시도였다. 교회와 '나머지 사람들' 사이의 간극을 메우는 임무를 떠맡은 공의회는 현대 세속 문화와 세속 인본주의, 다른 그리스도교 교회들, 비그리스도교 신자들, 불가지론자들과 무신론자들과 대화를 시작했다. 이전의 거의 모든 공의회와 차별되는 이 공의회의 새롭고 독특한 점은, 신앙을 굳건히 하고 신심에 불을 붙이며 도덕적 개혁을 함으로써 세상을 치유하라고 교회에 권고하지 않았다는 사실이다. 공의회는 다른 진단을 내리고 새로운 치료법을 제안했다. 교회는 무엇보다도 **현대인들**과, 현대 세계와, 현대 세계의 문제들과 **연대하는 모습을 보여 주어야 한다**는 것이었다. 가장 중요한 공의회 문헌의 저 묵직한 첫 문장은 기쁘게 힘주어 말한다. "기쁨과 희망, 슬픔과 고뇌, 현대인들, 특히 가난하고 고통받는 모든 사람의 그것은 바로 그리스도 제자들의 기쁨과 희망이며 슬픔과 고뇌이다."[3]

거의 반세기가 흐른 지금, 교회는 현대인들을 향한 사랑과 존경과 신의의 이 혼인 서약을 얼마나 실천했는지, **그리스도의 신부**(sponsa)인 교회가 현대인들 안에서 특히 가난하고 고통받는 이들뿐 아니라 의미를 목말라하며 찾고 있는 이들, 하느님에게서 멀어져 **씁쓸한 빵**을 먹는 이들 안에서 그리스도를 얼마나 알아뵈었는지 물어보아야 한다.

공의회 이후 열렬한 지지자들은 무엇보다 두 낱말이 새겨진 기치를 높이 내걸었다. '대화'와 '아조르나멘토'aggiornamento(현대화)였다. 요한 23세가 즐겨 써 지금까지 인용되는 이 표현은 성경이 우리에게 경고하듯 '이 세상 정신에 순응한다'는 의미의 피상적인 현대화를 뜻하지 않으며 결코 그런 뜻으로 쓰이지 않았다. 이탈리아어에서 '아조르나멘토'는

---

3   현대 세계의 교회에 관한 사목 헌장 『기쁨과 희망』Gaudium et Spes 1항.

단순히 갱신을 뜻한다. 가령 생일 파티에 초대할 사람 명단을 십 년 만에 다시 검토하면서, '이 사람은 세상을 떠났지, 이 사람은 이사를 갔지, 이 사람과는 사이가 틀어졌지, 지난 휴가 때 만난 그 재미있는 부부는 빠졌네' 하는 식으로 지울 이름은 지우고 더할 이름은 더해서 리스트를 업데이트하는 것과 같다. 공의회의 '아조르나멘토'는 교회가 강조해야 할 쟁점들을 개정하고, 이를 이행하기 위한 수단들을 갱신하려는 것이다.

예수님께서도 어느 비유에서 그러한 개정을 촉구하신다. 탑을 세우려는 사람은 경비가 충분한지부터 따져 보아야 비웃음거리가 되지 않으며, 싸우러 나가는 임금은 먼저 자기 군사를 헤아려 보고 충분치 않으면 평화협정을 맺는 편이 나을 것이라고 말씀하신 것이다(루카 14,28-33 참조). 아조르나멘토는 분명, 현대화에 맞서 전쟁을 치러 온 교회가 자신에게 전혀 승산이 없다고 현실적으로 판단하여 서둘러 '현대 세계와 평화협정'을 맺으려는 것이 아니었다. 안타깝게도 공의회 이후 개혁의 일부 열렬한 지지자들이 실제로 '아조르나멘토'를 그렇게 피상적으로 해석하는 바람에 전통주의 진영 안에서 이루어지던 개혁들에 훨씬 더 큰 불신과 저항을 불러일으켰다. 그런데 탑 쌓는 사람과 임금, 말하자면 **합리적으로** 행동해야 하는 사람들에 관한 예수님의 비유는 놀랍게도 전혀 다른 유형의 합리성에 대한 호소로 귀결된다. **잃는 것이 얻는 것**이라는 하느님 나라의 역설적 진리로 마무리된 것이다. "누구든지 자기 소유를 다 버리지 않는 사람은 내 제자가 될 수 없다"(루카 14,33). 교회 안의 많은 사람이 이 비유의 의미를 되새겨 보았더라면 공의회 이후 대다수의 기대와는 반대로 교회가 이런저런 것들을 '잃었다'고 해서 불안해할 필요는 없었을 것이다. 예수님의 가르침처럼 때로는 잃는 것이 얻는 것이다. 칼 구스타프 융의 말처럼 수많은 울음이 오히려 기회가 되듯이 말이다.

이 세상과 — '믿지 않는 이들'과 가장 근본적으로 다른 '타인들'의 세상과도 — 연대하라는 공의회의 촉구를 '복음화'의 수사학적·외부적 자원을 표면적으로 현대화하라는 지시로 받아들이기보다는, 리지외의 데레사가 임종의 병상에서 가르쳐 주었듯이 **'믿지 않는 이들'의 체험을 통하여 하느님께서 당신을 어떻게 '드러내시는지', 숨어 계시는 하느님**을 깊이 깨달으라는 뜻으로 이해한 이들이 더 많았더라면 세상과 교회는 지금 아주 다른 모습이 되었을 것이란 생각을 떨칠 수 없다. 데레사는 좋은 교사가 으레 그러하듯 그 길을 우리에게 제시하고, 충분히 생각하여 영적 여정을 무사히 마칠 임무를 남겨 주었을 뿐이다.

그러한 것들이 공의회 이후 가톨릭교회의 발전, 그리고 넓게는 그리스도교 전체의 발전을 앞당길 수 있지 않았을까? 이제는 한 전통의 관점에서만 그리스도교를 생각하는 것은 어리석기 때문이다. 교파 간 경계를 넘나드는 불꽃들이 얼마나 자연스럽게 일 수 있는지, 교회들이 어떻게 서로 긍정적·부정적 영향을 깊이 미치는지, 그리하여 사목 헌장 『기쁨과 희망』 서문에서 약속한 것을 더 실천적이고 일관되게 실현할 수 있는지를 보지 못한다면 어리석다.

⚜

물론 몇 걸음 진척은 있었다. 공의회의 위대한 교황 바오로 6세는(가끔씩 드러나는 네오 바로크양식 같은 교황청 특유의 어투만 눈감아 준다면 그의 글들은 매우 주목할 만한 대담한 생각들을 담고 있다) 우리 이웃들의 부족한 신앙을 통해서도 하느님 몸소 오늘날 교회에 말씀하시고 계신다고 선언했다. 20세기 전반에 프랑스의 '새로운 신학'에서 주로 발전시킨 이와 비슷한 주제들을 몇몇 공의회 문헌에서도 찾아볼 수 있다. 제1차 바티칸공의회 당시만 해도 무신론은 호교론과 형이상학적 증거들에 힘입어 뿌리 뽑아야 할 지적 오류, 또는 선의의 부족으로 말미암은 죄로 여겨졌다. 반면 제2차 바티칸공의회는 무신론의 주된 원인을 교회가 신뢰할 만한 증언을 충분히 하지 못한 탓이라고 보았다. 공의회는 또한 무신론을 여러 유형으로 구분하고, 그 원인과 의미는 물론 그것이 어떻게 어떤 의미에서 신앙에 도전이 되는가를 각각 구별했다. 공의회에서 가장 영향력 있는 신학 고문 가운데 하나였던 칼 라너Karl Rahner의 '익명의 그리스도인'에 관한 가르침(체코 출신 신학자로 로마에서 활동하는 블라디미르 보블릭Vladimír Boublík이 라너의 영향을 받아서 쓴 '익명의 예비신자들'에 관한 글도 마찬가지다)은 이제는 시대에 다소 뒤처진 면이 있을지 모르나, 타 종교 신자들뿐 아니라 비신자들, 반¥신자들, 세속 세계에서 다른 믿음을 지닌 이들을 향해 적극적으로 한 걸음 나아간 것이었다.

　프랑스의 '노동 사제들'이 소화 데레사를 자신들의 수호성인으로 삼고, 그들의 신학교 자리로 리지외를 상징적으로 고른 것은 우연이 아니다. 그들은 익숙한 교회 통치 조직을 포기했으며, 노동 현장과 시민 직업에 우호적인 사회에서 전통적인 성직자의 생활 방식을 버리고 노동자들의 희망과 근심을 몸소 자신들의 것으로 삼았다. (그러한 실험에 고무된

테야르 드 샤르댕Teilhard de Chardin은 현대 학문과 연구 분야에도 '노동 사제들'이 절실히 필요하다고 언젠가 지적했는데, 이 말은 나 자신의 삶과 성소에도 깊은 영향을 미쳤다.)

공산주의 정권이 체코를 통치한 40년 동안(이스라엘이 이집트의 종살이에서 자유의 땅으로 탈출하는 데 걸린 꼭 그만큼의 세월 동안),[4] 수백 명의 사제가 세속 직업을 갖고 일했다. 이 사제들은 '사제 직무 이행을 위한 국가의 허가'(그러한 승인 없이 어떤 식으로든 종교를 드러내면 범죄 행위로 여겨져 처벌받을 수 있다)를 공산주의 정권에 빼앗긴 이들, 또는 감옥이나 포로수용소에 갇혀 있었거나 노역에 강제징용되었다가 석방된 뒤에도 그런 허가를 되돌려 받지 못한 이들, 또는 '정치적으로 신뢰할 수 없어서' 그러한 허가를 받을 기회조차 없다가 '지하 교회'에서 비밀리에 서품을 준비하고 서품받은 이들이었다(나는 마지막 경우에 속했다). 서유럽이나 라틴아메리카의 '노동 사제'의 사목 경험에 견줄 만한 이런 세속 직업 체험은 실은 정치적 강압으로 말미암은 것이었다. 그러나 우리 가운데는 이를 단순히 외부에서 오는 강요로 여기지 않고 특별한 성소이자 기회이며 도전으로 받아들이는 이들도 있었다.

나치즘과의 대립이 그리스도교와 유다교의 독특한 '아우슈비츠 이후 신학'을 낳고, '제3세계' 가난과의 대립이 라틴아메리카의 해방신학을 낳았으며, 서구 세속 사회와의 대립이 '세속화 신학'과 '신의 죽음 신

---

[4] 일부 그리스도인들은 공산주의의 박해를 받은 시기를 '탈출'로 이해하고 받아들였다. 고통스러웠으나 물질만능주의 사회의 물질적 안정에서 벗어나 정화되는 뜻깊은 시간으로 받아들인 것이다. 공산주의 몰락 후, 교회와 사회를 기다리는 '약속된 땅'은 없고 또 다른 방식의 힘든 여정만이 기다리고 있다는 사실은 많은 이에게 뼈아픈 놀라움으로 다가왔다.

학'(死神神學)을 낳은 반면, 종교가 제도적으로 추방된 세계에서 '익명으로' 존재한 사제들의 체험과 공산주의와 대립한 경험은 **아직도 신학적으로 더 깊이 성찰하고 발전시켜야 한다.** 공산주의와의 대립 경험은 물론 요한 바오로 2세의 교황직에 지대한 영향을 미쳤다. 예컨대 요한 바오로 2세는 인권과 유럽 통합을 강조했을 뿐 아니라, 교회의 역사적 기억을 참회하고 정화하며 '과거의 상처를 치유하는 일'에도 관심을 기울였다. 이는 뉘우치고 '회개하라'는 복음의 요청에 응답한 것이기도 하지만, 그러한 역사적 부담 때문에 교회와 그리스도교를 싸잡아 거부하는 이들의 줄기찬 비판에도 응답한 것이었다. 그러나 나는 조금 다른 생각도 있다. 내 생각은 교회가 참으로 무릎 꿇려진 상황에서만 들 수 있는 생각(예컨대 폴란드에서는 가톨릭교회와 국가 정체성의 긴밀한 연결고리 덕분에 그런 사태는 벌어지지 않았다)이며, 교회가, 적어도 과거의 역사적 형태의 교회가 **사라진** 순간이 왔는가, 그리고 언젠가 비슷한 경험을 하게 될 이들에게 교회는 그 체험에서 무엇을 남겨 줄 수 있는가 하는 근본적인 물음을 던질 수밖에 없는 상황에서 나온 생각이다.[5]

그렇다, 나는 굳게 확신한다. 교회가 씨앗처럼 찌그러지고 짓밟혀 뭉개지는 바로 그런 상황에서 그 씨앗은 끝끝내 열매를 맺어야 한다. 그러나 그 열매는 우리가 온전한 교회와 신학교의 모습으로 그리고 예상

---

5   17세기 박해받던 보헤미아 형제단(Unitas Fratrum)의 주교 얀 아모스 코멘스키의 글에서 영감을 받은 이 물음은, 체코슬로바키아 공산 정권 시절 내 스승인 오토 마드르Oto Mádr 신부가 제기한 것이다. 마드르 신부의 짧은 글 "Modus moriendi církve"(교회의 죽음 방식) in Oto Mádr, Jolana Poláková, *Slovo o této době* (Prague: Zvon 1992)는 공산주의 통치를 받은 나라들의 독특한 해방신학을 논하는 몇 안 되는 시도 가운데 하나다.

하는 것처럼 외적으로 풍요로운 교회가 아닐 수도 있고, 새로운 신학적 사유의 환한 불꽃으로 굳이 드러날 필요도 없다. 아마도 '타인들'에게 다가가는 새로운 대담함 정도가 나올 수 있을 것이고 또 그래야 한다. '탈그리스도교적'인 동시에 '탈세속적'인 우리 유럽 – 대서양 문명 전체에 절실히 필요한 것을 성취하는 데 이런 대담함이 도움이 될 것이다.

종교를 정치적 목적에 활용하려는 공격적 **이슬람주의**에 직면하여, 공격적이고 근본적인 세속주의 또는 그리스도교 근본주의의 강화라는 '대응'뿐 아니라, **새로운 진실성**, 새로운 성숙함, 새로운 유형의 '신앙/비신앙' 대화도 나타날 것이다. 이렇게 될 때 신앙 세계의 — 근본적 변화나 새로운 탈출에 대한 갈망으로 나타날 — 영적 활력은 전통적 '종교'의 경계 너머 세계의 활력을 새로이 마주할 수 있을 것이다.

※

내가 태어나 살고 있는 나라는 '지구상에서 가장 무신론자가 많은 나라' 가운데 하나로 여겨진다. 그러나 자신이 교회에 속해 있다고 인정하고, 교회에 다니며, 스스로 신자라고 여기느냐는 설문에 그렇다고 대답하는 이들의 숫자에 따라 단순히 신앙을 계량화하고, 나머지는 자동적으로 무신론자라 여길 수 있는가? 그 많은 '자캐오'는 어떻게 분류할 것인가?

종교를 대하는 대다수 체코인들의 태도를 가리켜 나는 언젠가 '소심한 신심'이라는 말을 만들어 쓴 적이 있다. 체코의 가톨릭 작가 야로슬라프 두리흐Jaroslav Durych는 어느 책에서 제2차 세계대전 직전에 스페인을 방문했던 경험을 들어 스페인과 체코의 신심 방식을 비교한 적이 있다. 스페인 사람들이 바로크양식의 십자가상 앞에서 십자가 모양으로 두 팔을 극적으로 벌리고 기도하는 모습을 보면서, 그는 소심까지는 아니더라도 훨씬 더 절제되고 소박하며 조심스러운 체코인들의 신심 표현을 떠올렸다. 어쩌면 체코 가톨릭 신자들은 과거에 비신자들과 회의론자들이 그들을 쳐다보던 눈빛을 아직도 의식하고 있는 것 같다. 하기는 그 시절 체코 신자들 마음속 깊은 곳에는 회의론자가 하나씩 들어앉아 있었는지도 모른다. 그 '내면의' 회의론자 때문에 그들은 여전히 교회의 다양한 신심 표현들에서 주춤거리고 있을 수도 있다. 그러나 그렇다고 꼭 그들이 하느님에게서도 멀어지는가? '소심한 신심'이라는 표현은 일부 그리스도인들의 신심 형태뿐 아니라, 상당수 체코인들이(특히 사회적으로 영향력 있고 교육 수준이 높은 이들) 교회라는 형태의 그리스도교를 대하는 절제된 태도를 보여 주기도 한다. 그러나 절제된 태도와 무신론을 혼동해서는 안 된다. 많은 경우 이는 칼 라너의 표현을 빌려 '익명의 그리스도교'로 일컬을 수 있는 어떤 것이거나, 이 책에서 자캐오의 표상과 관련하여 다루고 있는 절제된 종교적 태도일 수 있다. 그러한 소심함은 분명 체코의 종교 역사에 깊이 기인할 것이다.

얀 후스Jan Hus(1372~1415)의 종교개혁으로 비롯된 격변과 위기, 그리고 이어진 종교 분열 이후 체코에서 가톨릭교회는 합스부르크 왕가의 승리에 이은 30년 전쟁 동안 주로 다시 승기를 잡았다. 가톨릭은 열정적인 선교사들과 예수회원들의 교육 활동, 바로크 문화의 매력을 통해서뿐만 아니라, 폭력과 억압, 승리자들의 신앙에 따르기를 거부하는 이들에 대한 무자비한 추방을 통해 다시 뿌리를 내렸다. 그러나 적과 적들의 문화를 난폭하게 억압하는 승리는 무익한 것이 되고 마는 법이다. '억압받고 쫓겨난' 것, 제대로 절차를 밟지 않고 통합되지 못한 것은 종종 다른 형태로 돌아온다. 지그문트 프로이트는 개인 삶의 관점에서 이러한 원리를 제안했고, 그의 이단아 제자 칼 구스타프 융은 문화적 충돌과 관련하여 이와 비슷한 기제를 제안했다.

고대로부터 이어져 온 이교 앞에서 초기 교회는 고대 그리스·로마의 많은 보화를 흡수하고 창의적으로 다듬어 통합했고, 그 뒤로는 켈트와 슬라브 문화의 여러 요소도 활용할 수 있음을 입증했다. 현대로 넘어오기 직전에는 중국과 일본 문화의 가치에 상당한 민감성을 보여 준 예수회 선교사들이 있었고, 현대의 문턱에서는 위대한 성인들과 신비가들, 창시자들, 사상가들, 예술가들을 아우르는 바로크식 '가톨릭 개혁'이 르네상스와 종교개혁의 영적 흐름과 나란히 — 때로는 창조적·역동적 긴장 관계를 빚으며 — 일어났다. 종교 생활은 새로운 활기와 활력을 찾았다. 다른 한편, 트렌토공의회 이후 가톨릭교회가 '반反종교개혁'의 형태(앞서 언급한 영적 흐름에 반대하는 문화)를 띠는 곳에서는 의기양양해진 가톨릭교회의 토대를 갉아먹는 것들이 있었는데, 이는 훗날 위험한 폭발물 또는 해로운 병충해로 드러나게 된다. 프랑스에서는 대혁명이 구질서를 폐지한 반면, 합스부르크 왕가의 지배 아래 있던 나라들에서는 형식주의와 외형주의와 위선이 유서 깊은 신앙의 기둥을 살금살금 좀먹고 있었다. 교회 안에는 민족 부흥 정서가 발붙일 자리가 없었다. 그 결과, 자신의 신앙을 매우 진지하게 여겼던 많은 이가 어느새 '호수 건너편'에 앉아 있는 자신을 발견하게 되었다.[6] 편협한 종교성에 공개적으로 불만을 표출하지 않고, 특별히 그 문제에 관심을 기울이지 않은 이들도 있었다. 그러나 그런 이들도 운명의 기로에 서게 되었고, ― 가장 폭넓은 의미에서 ― 그들의 영성 생활은 교회 신심이 제안하고 상징했던 것에서 서서히 조금씩, 그러나 확실히 결별해 갔다. 사람들은 이제 삶의 근본 물음들에 대한 대답을 강론대 아래가 아닌 다른 곳에서 찾는 데 점점 익숙해져 갔다. 예수의 이름으로 말한다고 주장하던 많은 이가 제시하고 해석하는 형태의 예수는 더 이상 당시의 구도자들에게 말을 걸 수 없었다.

지난 두 세기의 체코 문화를 성찰하다 보면, 전통적·공식적·제도적 영역의 교회 저 너머에 가장 활기차고 흥미로운 것이 존재한다는 사실을 발견하게 된다. 고전적인 종교 전통과는 미미하게만 관련 있을 뿐이지만 영적 감수성이 상당히 풍부한 이들을 찾아볼 수 있다. 특히 시인들 가운데 많다. 많은 문화계 인사가 모든 '공식적'·제도적 형태의 종교에 완강히 저항해 왔지만, 이는 무신론보다는 반성직주의反聖職主義에 가까우며 미묘한 애증 관계일 경우가 많다. [종종 사랑의 좌절에서 증오가 싹트기도 한다. 독일어에는 이를 가리키는 적절한 표현 'Hass–liebe'(증오–사랑의 합성어)가 있다.] 19세기와 20세기 체코 문화계의 주요 인물들의 면면을 머릿속으로 쓱 훑어보면('철학자 대통령'인 토마시 마사리크Tomáš Masaryk와 바츨라프 하벨Václav Havel을 포함하여) 이들 가운데 '무신론자'라고

---

6   체코에서 이를 단적으로 보여 주는 예는 19세기의 뛰어난 작가이자 언론인이며 현대 체코 정치사상의 창시자인 카렐 하블리체크 보로프스키Karel Havlíček Borovský이다. 시카고 미시간 호숫가에 그의 조각상이 있다.

말할 수 있는 사람은 없다고 단언할 수 있다. 그들은 저마다 '삶의 초월적 차원'에, 그리고 그 윤리적 결과에 어느 모로나 활짝 열려 있었다. 그러나 그들 누구도 초월적인 것에 관하여 기꺼이 교회의 전통적 언어로 말하지는 않았다.

체코어에서 가장 자주 쓰이는 어휘에서 '하느님'이 사라진 것은 단지 공산주의의 종교 박해와 수십 년간 지속된 국가 이념의 강요, 곧 '과학적 무신론' 때문만은 아니었다. 바츨라프 하벨 대통령이 하느님에 관해서가 아니라 '지평들의 지평'과 '우리 위의 무언가 또는 누군가'에 관하여 이야기한 것은, 단순히 '무언가주의'(somethingism: "나는 하느님은 믿지 않지만 우리 위에 '무언가'가 있음에는 틀림없다"는 것을 신조로 내세우는 우리 시대의 가장 흔한 종교)라고 비꼬아도 되는 그런 모호한 종교성이 아닐뿐더러, 이런 현상을 두고 체코 개신교 신학자 요세프 흐로마드카Josef L. Hromádka가 이름 붙인 것처럼 '종교적 취미 생활'도 아니다.

나는 교회의 많은 형식과 전통적인 종교 언어를 피하려는 이 '소심한 신심' 안에 **자캐오가 다시 살아가고 있고** 여전히 군중을 피하고 있음을 느낄 수 있다. 여러 기회에 나는 내가 속한 사회의 종교적 무관심과 '종교적 문맹'에 관하여 비판적인 쓴소리를 해 왔다. 그러나 나는 이러한 현상은 단지 겉모습에 불과하며, 그 아래로 깊이 파고 들어가 보면 실상은 다를 수 있고 분명 다르리라는 확신을 갖고 있다.

언젠가 로마에서 마드리드로 가는 비행기 안에서, 옆에 앉은 미국인과 대화를 나눌 기회가 있었다. 제2차 세계대전 참전 용사였고 로마에서 오랫동안 언론인으로 일하다가 막 은퇴하고 여생을 보낼 곳을 알아보고 있는 사람이었다. 그가 주미 교황청 외교관인 한 이탈리아인 사제에 관하여 이런 이야기를 들려주었다. "그분은 미국에서 태어나지 않았거나 미국에서 생애의 대부분을 보내지 않은 사람들은 거의 들어갈 수 없는 영역까지 깊숙이 들어가셨어요. 사람들은 미국인을 바라보면서 시끌벅적함, 호들갑스러운 칭찬과 명랑함, 틀에 박힌 과장된 미소, 파티와 별 의미 없는 잡담을 떠올리지요. 그렇지만 그건 단지 우리의 가면이나 껍데기일 뿐이에요. 다른 사람들이 들어오지 못하게 둘러싸고 있는 우리의 성곽 같은 거죠. 그 신부님은 거기에 속지 않았어요. 그분은 그 껍데기를 뚫고 들어가셨고 아메리카 정신의 **열세 번째 방**(체코 전래 동화에서 유래한 열세 번째 방třinácta komnata이라는 표현은 큰 비밀과 금기들을 간직하고 있는 방, 신비롭고 감추어져 있는 것을 가리킨다 – 역자 주)을 이해하게 되셨어요."

아직 소비에트연방 시절이었던 어느 날 나는 러시아 문학 전문가와 함께 안드레이 타르코프스키 감독의 영화를 한 편 보았다. 그가 내 쪽으로 몸을 기울이더니 이렇게 속삭였다. "러시아라는 나라의 껍데기를 어디든 조금만 뜯고 들어가 보면 언제나 종교를 만날 수 있다는 걸 알게 되실 거예요." 모든 국가는 영혼의 '열세 번째 방'을 갖고 있을 것이다. 나의 '무신론적' 조국도 그러하다.

⚜

그리스도인들과 교회, 신학자들은 그러한 자캐오들에게 어떻게 다가가고, 우리 나라의 정신과 문화의 얼에서 '열세 번째 방'에 어떻게 다다를 수 있을까? 이 물음은, 내가 어느 라디오 토론에서 그런 주제들을 슬쩍 지나치듯 언급했을 때 어느 청취자가 전화로 물어온 것이다. 스튜디오의 시곗바늘이 재깍재깍 프로그램 종료 시간을 향해 가는 상황에서 길게 설명할 시간이 없었다. "맨발로요." 나는 이렇게 대답했다. 그리고 아달베르토 성인의 일화를 짧게 들려주었다. 10세기 중반 프라하의 주교였던 아달베르토 성인은 주교좌에 오르기 전에 겸손의 표시로 주교좌성당 앞에서 신발을 벗고 맨발로 제단까지 나아갔다고 알려져 있다.

아달베르토 성인의 행동은 우리 시대, 특히 체코 교회에 본보기가 된다. 흔히 거론되는 교회 재산 문제, 과시적이고 역겨운 개선주의 같은 문제들에만 관련된 것이 아니다. 이런 문제들을 과소평가하는 것은 아니지만 어쨌거나 이런 것들은 부차적이다. 이 시대에 우리가 보여 주어야 할 가난과 겸손은 그보다 더 깊고 더 근본적인 문제들과 연관된다.

바오로 사도의 발자취를 따라 타인들에게 담대하게 다가가는 것, 사람들의 마음과 문화들의 심장 한가운데에 있는 '열세 번째 방'에 들어가는 것, 하느님 신비의 구름 안으로 들어가는 것, 이들은 사실 모두 똑같은 길이며 **맨발로만** 걸을 수 있는 길이다. 불타는 떨기나무 앞에 선 모세처럼 우리는 신을 벗도록 부름 받는다. 우리가 설령 짐작하지 못했더라도, **우리가 서 있는 곳은 거룩한 땅이기 때문이다**(탈출 3,5 참조).

5
둘시네아의 아름다움에 관한 논쟁

'교회에 나가지 않는' 사람들을 이해하는 마음은, 나도 사제가 된 후에, 아니 더 정확히 말하면 불법 '지하 교회'에서 벗어나서 프라하에 본당을 세우고 사목하는 임무를 맡게 된 이후에 — 내 본당을 제외하고는 — 교회를 그리 자주 찾지 않는다는 사실에서 생겨났다고 할 수 있다. 나는 내 강론 말고는 거의 강론을 들을 일이 없다. 내 강론만 물릴 만큼 듣다 보니 다른 강론에 또 귀 기울이기가 어려운 것이 사실이다. 그러나 이는 사제가 져야 할 십자가 가운데 하나이리라. 어느 독일인 동료 사제는 — 주로 주일 점심 식사를 거하게 한 후에 — "사제의 삶은 희생의 삶"이라고 말하곤 했다.

그러다 최근에 동료 사제가 하는 강론을 들을 기회가 있었는데, 주제는 '교회의 표상인 마리아'였다. 예수님의 어머니가 교회의 표상이라는 생각은 요한 바오로 2세가 각별히 아낀 주제였고 내게도 낯설지 않다. 동방교회의 정신과 성화상학의 관점에서 이 비유를 발전시킨다면 더욱 그럴 것이다. 그러나 강론은 지나치게 감상적이고 표면적일 뿐 번뜩이는 생각이라고는 찾아볼 수 없어서 나는 나중에 그에게 다른 비유를 제안하고 싶은 생각이 들었다. '둘시네아 델 토보소와 같은 교회'다.

단순한 사회학이 아닌 신학의 관점에서, 단순한 행정 체계가 아닌 신비의 관점에서 이해한다면 교회는 우리에게 신비다. 무엇보다도 우리는 교회의 울타리가 어딘지 알지 못한다. 교회가 어디에서 시작되어 어디에서 끝나는지, 그 안에 누가 속해 있고 누가 속해 있지 않은지 알지 못한다. 아우구스티누스 성인은 스스로 교회 안에 있다고 여기는 많은 이가 사실은 교회 밖에 있고, 그 반대도 마찬가지라고 했다. 제2차 바티칸공의회는 교회가 성사라고 강조했다. 교회는 상징이며, 그리스도 안의 모든 백성과 민족의 일치, 인류의 일치를 위한 도구라는 것이다. 그러한 일치는 역사 안에서 완전히 성취될 수는 없기에 이는 '종말론적 염원'이다. 모든 인간은 육화의 신비를 통하여 이미 '어느 모로' 교회와 연결되어 있다. 사람들은 자신의 인성 덕분에 그리스도의 인성과 연결되어 있고, 지상에 있는 그분의 '신비체'에 어느 모로 동참한다. 오늘날 사람들은 교회와 교회의 문제를 논할 때, 인간 사회의 역사 안에 신비롭게 머무르시는 부활하신 그리스도와 그분의 변화시키는 힘 가운데 단지 겉으로 드러난 부분만을 이야기하는 경향이 있다. 이는 거의 그림자에 지나지 않는다고 말할 수 있다. 어쨌거나 그림자도 역사 안에서 교회의 실제적·'물리적' 현존이 드러나는 방식이겠지만.

우리가 과거와 현재의 교회에 관하여 온갖 서로 다른 이야기들을 듣고 읽으며, 저마다 갖고 있는 교회 체험이 전혀 상반될 수도 있고, 특히 세계 여러 지역과 다양한 문화 환경에서 교회를 만날 때면 더욱 다양한 면모가 드러난다는 사실은 우리에게 놀랍거나 당황스럽거나 불편한 것이 아니다. 교회는 언제나 다면적이었고 지금도 그러하며 앞으로도 그럴 것이다. 또한 우리는 그러한 다면성을 체험함으로써 교회에 대한 선입견, 그리고 제한적이고 지나치게 단순하며 피상적일 수밖에 없는 개념을 막을 수 있을 것이다.

말하자면, 우리는 교회가 실제로 어떤 것인지, 교회가 실제로 어떤 모습인지 진정으로 알지는 못한다. 꼭 저 둘시네아 델 토보소처럼 말이다. 둘시네아는 산초 판사 눈에 보이는 것처럼 거칠고 더러운 잡부인가, 아니면 돈키호테가 흠모하는 귀족 여인인가?

세르반테스 작품의 권위자들은 이미 오래전부터 이 유명한 소설의 뛰어난 변증법에 주목해 왔다. 우리는 당연히 온화한 현실주의자인 산초는 옳고, 돈키호테는 몽상가이며 한심한 괴짜라는 인상을 오랫동안 받아 왔다. 그러나 이 작품을 더 꼼꼼히 읽어 보면 꼭 그렇지만은 않을 수도 있다는 것을 알게 된다. 산초도 그의 관점에서 놓치는 것들이 있다. 요컨대, 돈키호테와 산초 판사는 인간의 두 측면, 서로 다른 두 개의 세계관이다. 산초가 없는 돈키호테는 그저 얼간이일 뿐이고, 돈키호테가 없는 산초는 멍청한 속물일 뿐이다. 돈키호테도 산초도 둘시네아의 실상을 온전히 보지 못한다. 또는 두 사람 모두 옳다. 둘시네아의 외모에 관해서는 산초가 아주 정확하게 보고 있는 반면, 돈키호테는 그녀 안에 숨어 있는 것, 잠재적 자아를 본다. 가시적으로 드러나 있는 모습이 아니라, 그녀가 될 수 있는 것 그리고 마침내 될 것을 보는 것이다.

내 아버지가 당신 동료였던 유다인의 이야기를 들려준 적이 있다. 한 파티에서 어떤 사람이 거나하게 취해서는 그 유다인에게 물었다. "실버슈타인 씨, 어떻게 당신처럼 멋진 사람이 그렇게 못생긴 여자랑 결혼했나요?" 노老신사는 무례한 질문에도 차분하게 대답했다. "젊은 양반, 자네에게 나 같은 눈이 있다면 자네도 내 아내가 세상에서 가장 아름다운 여인이라고 생각할 텐데." 그렇다, 우리 교회의 역사 속에도, 우리가 사랑에 빠져 정신이 나가서 괴짜 기사처럼 보이면서까지 교회의 아름다움을 막 떠들어 대고 싶은 그런 시간과 공간이 분명 있다.

오늘날의 산초들이 교회에 관하여 타블로이드 신문에 쓴 글들을 읽으면서 우리는 그 안에도 얼마간의 진실이 있음을 의심할 수는 없다. 그러나 그것이 완전한 진실의 전부는 아니다. 신비가들의 방법을 좇아 교회를 아무 흠도 티도 없이 높은 곳에서 내려오는 종말론적 신부로, 또는 아가에 나오는 사랑스러운 처녀나 원죄 없는 동정녀로 관상할 때, 우리는 그런 관점의 타당성도 의심할 수 없다. 그러나 다시 땅에 발붙이라고 통찰력 있는 말로 설득하기 위해 산초가 우리 기도방의 문을 다시 두드리러 올 때 우리 귀를 닫지는 말자. 교회에 관한 진리 전체는 여기 아래 지상에 있는 것도, 저기 높고 신비로운 곳에 있는 것도 아니다. '그사이 어딘가'에 있는 것도 아니다. 둘시네아는 둘, 또는 셋이 아니다. 여러 각도에서 바라보는 단 하나의 둘시네아가 있을 뿐이다.

교회관은 시간이 갈수록 발전한다. 교회는 한편으로는 타블로이드 신문의 파파라치들에게, 다른 한편으로는 신학자들과 신비가들에게 비쳐지는 여러 면면을 통해 — 물론 정도는 서로 다르지만 — 자신을 드러낸다. 그러나 우리는 성경의 마지막 구절에 묘사된 그 순간, 곧 천상 예루살렘이 도래할 때까지는 교회의 참된 얼굴을 보지 못할 것이다. 우리는 돈키호테와 산초의 묘사를 비교해서 컴퓨터로 이를 완벽하게 합성하는 방법으로는 둘시네아를(또는 교회를) 그려 낼 수 없다. 둘시네아에 관한 진리는 상반된 두 관점을 평균 내서 얻어지는 것이 아니다. 그렇게 쉬운 일이 아니다. 아마 상반된 이 두 묘사를 나란히 놓는다면 어느 한쪽이 독점해 버림으로써 치우친 편견만 남게 될 것이다. 교회도 둘시네아도 ― 사실 모든 여자가 그렇듯 ― 신비다.

문학사가 바츨라프 체르니Václav Černý는, 체코 문학의 전형적 인물 가운데 하나인 '착한 병사 슈베이크'(Good Soldier Švejk)가 돈키호테 없는 산초 판사와도 같다고 말했다. 야로슬라프 하세크Jaroslav Hašek의 작품으로 체코 문학의 명성을 세계에 알리는 데 가장 크게 이바지한 『착한 병사 슈베이크』에는 세계 문학 사상 종교 예식을 가장 냉소적으로 묘사한 장면들이 있다. 가령 만취한 군종신부의 강론도 있다. 이는 말하자면 산초 판사의 눈으로 본 미사, 또는 교회다. 그러한 관점에도 분명 어떤 진실이 있다. 제1차 세계대전 동안 오스트리아 군대에 술 취한 군종신부가 더러 있었기 때문만은 아니다. 지나고 보니, 그 시기 유럽 전체가 술에 취해 인사불성이었던 것처럼 보인다.

같은 시기, 같은 전장의 반대편에서는 '현장 사제' 테야르 드 샤르댕이 전쟁이라는 끔찍한 대재앙을 '우주적 미사'의 신비적 요소로 풀이하는 글을 쓰고 있었다. 이런 대재앙도 세계가 변화하는 과정의 신비이며, 여기에서 인류의 새로운 일치가 비롯될 수 있다는 것이다. 누구의 생각이 맞았나? 오늘날 현실은 둘 가운데 누구 생각이 옳았다고 손을 들어 줄 것인가? 한쪽에서는 지금 전쟁터에서 술에 취해 있는 군종신부들의 수를 세어 보고, 다른 한쪽에서는 현 세대에 '새로운 자각'이 어느 정도 퍼져 있는지를 가늠함으로써 그 대답을 찾아야 하는가?

　오늘날 돈키호테들과 산초들 사이의 논쟁은 아직도 여전히 판가름 나지 않았고, 아마도 세상 끝까지 계속될 것이다. 혹시 세르반테스의 소설 속 두 주인공처럼 '그 두 편'도 세상을 함께 여행하며 서로를 바로잡아 줄 수 있을까? 그들의 공존 가능성뿐 아니라 그들의 논쟁과 차이를 통해서도, 우리는 한쪽으로 치우치려는 유혹을 극복하는 법을 배울 수 있을까? 우리 세상 한가운데의 역설들을 통해 드러나기도 하고 감추어져 있기도 한 신비들을 더 참고 기다리며 마침내 깨달을 수 있을까?

　모순에서 진리를 찾으려는 나의 노력, 진리에 대한 독점권을 내세우며 자신의 어쩔 수 없는 편협함은 깨닫지 못하는 해석들에 저항하려는 나의 지속적인 노력은 오늘날 흔해 빠진 상대주의가 아니다. 나의 노력은 '모든 진리는 타당하다'거나 진리는 단지 관습의 문제일 뿐이라고 체념하며 한숨짓는 것으로 귀결되지 않는다. 나는 내가 가르치는 학생들에게 사상의 역사를 운동으로 제시하려고 애쓴다. 그러나 그 운동은 일방적·불가역적 '진보'라기보다는, 경기장 양쪽 끝에 서 있는 두 선수들 사이를 왔다 갔다 하는 공의 지속적인 운동 같은 것이다. 나는 학생들에게 어느 한쪽 선수를 편드는 편견에 빠지지 말며, 공의 움직임에만 시선을 고정하지도 말라고 당부한다. 언제나 통찰의 결정적 순간은, 우리가 겨루는 경기장 위로 신비라는 무한한 푸른 하늘이 드리워져 있음을 깨닫는 바로 그때이기 때문이다.

　우리가 인간의 경기장에서, 계속 '움직이고 있는' 진리, 종종 복수의 진리들을 마주하더라도 안이한 상대주의나 체념, 진리이신 분에 대한 회의에 빠져서는 안 된다. 진리이신 분의 생명권은 이를 수 없이 깊고 다다를 수 없이 높은 신비이며, 그 본향은 역사의 지평을 뛰어넘는 절대 미래인 종말이고, 현재에서 그 주된 역할은 우리 나름의 개인적 — 곧, 보편적이지 않은 — 체험들로 한정되는 인간적 태도나 접근이나 의견들을 절대화하려는 시도들에 맞서 언제나 그 반대 상태에 서는 것이다. 심지어 우리 신앙도 종말론적으로 충만한 진리를 '하늘에서 지상으로' 끌어내릴 수 없으며, 하늘까지 닿는 탑을 세울 수도 없다. 그보다 신앙은 우리에게 체념과 회의주의와 개선주의의 유혹을 극복하면서 바라고 견디는 법을 가르친다. 진리이신 분께서 몸소 우리를 찾아와 말을 건네실 때 겸손한 열린 마음으로 귀 기울이는 법을 가르치는 것이다. 비록 진리는 모호한 "시대의 징표들" 속에서 "거울에 비친 모습처럼 어렴풋이"(1코린 13,12)만 말할 뿐이지만 말이다.

※

이제 교회와 신비로운 둘시네아라는 주제로 돌아가 보자. 현대의 많은 자캐오는 하느님이나 그리스도에게 거리감을 느낀다기보다 교회에 거리감을 느낀다. 몇 해 전 뉴욕 대학교에서 '중유럽의 종교·정치·문화'라는 제목으로 강의를 시작하면서 학생들이 종교에 관해 어떤 전이해前理解(Vorverständnis)를 갖고 있는지 알아보려 했을 때 학생들은 오히려 이렇게 물어왔다. "제도 종교를 말씀하시는 건가요?"

스스로 전혀 종교 문외한이라고 여기지 않는 이들을 비롯하여 오늘날 서구 세계의 많은 사람은 '제도 종교'에 관한 큰 거리낌이 있다. 교수 시절 교황 베네딕도 16세는, 그리스도인이라고 고백하는 모든 사람은 "그리스도 가족의 불편함을 감내할" 준비가 되어 있어야 한다고 역설했다. 몇몇 현대 영성 작가도 비슷하게 강조한다. 로널드 롤하이저Ronald Rolheiser는 특정한 역사적 교회 공동체 생활에서 분리된 신앙은 자신이 바라는 것들의 투사投射 또는 개인적 환상의 영역으로 쉽게 빠져들 수 있다고 경고한다. "비록 공동체들이 어떤 잘못들을 안고 있더라도 실제적이고 역사적인 그 공동체들에서 떨어져 나오면 우리는 허허벌판에 서서 아무 도전 없는 삶을 살아가며, 종교를 사적 환상으로 변질시켜 우리에게 도전이 절실히 필요할 때에도 절대 우리에게 맞서지 않을 몇몇 마음 맞는 사람과만 선택적으로 공유할 수 있게 된다. 교회들은 망가지고 죄로 더럽혀졌을지언정, 꼭 피붙이 가족처럼 실제적이다. 날마다 삶을 공유하는 사람들 앞에서 우리는 거짓말을 할 수 없으며, 특히 자신을 속이기는 더 어렵고, 우리가 너그럽고 고결하다고 착각할 수도 없다. 공동체 안에서 진리가 드러나고 환상은 깨진다."[1] 롤하이저의 관점에 따르면, 교회에 결함이 있어서 냉담하게 되었다는 말은 대부분 핑계 또는 합리화다. 실제로 사람들은 자신에 대한 환상들은 지키고 싶어 하는 반면, 가정이나 교회 안에서는 환상을 잃어버렸다고 느낀다. 이러한 분석에서 롤하이저는 사람들이 흔히 교회를 향해 품었다가 좌절하고 실망하게 되

---

1   Ronald Rolheiser, *The Holy Longing: The Search for a Christian Spirituality* (New York: Doubleday 1999) 137.

는 거짓 기대들을 꼬집고 있는데 이 목록은 매우 유용하다. 교회는 가족의 친밀감을 대신할 수 없으며, 마음 맞는 이들의 끈끈한 동아리가 될 수 없고, 거룩한 이들의 엘리트 집단도 아니다.

내 생각에도, 우리 문화에서 교회를 신앙생활 관련 문제들의 주범이자 주요 원인으로 자주 몰아세우는 경향은 손쉬운 근시안적 핑계다. 모든 청소년 문제와 비행을 부모 탓, 사회 탓으로 돌리는 경향과 다르지 않다. 찰스 사익스Charles Sykes가 미국을 "희생자들의 나라"[2]라고 일컬으며 모든 이가 자신을 제외한 다른 모든 것에서, 곧 남들과 외부 환경에서 문제의 원인을 찾는다고 한 지적은 현대 유럽에도 그대로 적용되며, 교회를 대하는 태도에도 분명 드러난다.

열정적이던 회심자들에게 언젠가 나타나는, 교회에 대한 환상을 잃어버리게 되는 일은 신앙의 성숙을 시험하는 매우 유용하고 필수적인 과정이 될 수 있다. 늦어도 청소년기가 되면 내 부모가 완벽하다는 환상이 깨지는 순간이 닥치는 것과 마찬가지다. 부모와의 관계에서 이러한 유아기적 투사의 붕괴는 아픈 위기와 반감의 단계와 연결되는 경우가 잦다. 그래도 우리는 이 단계를 딛고 조만간 부모와 새롭고 더욱 성숙한 사랑의 관계를 다시 맺어야 한다. 우리 부모가 완벽하지 않으며 잘못을 저지르기도 한다는 것을 알게 되고, 우리에게 전해 준 원리를 부모도 늘 지키며 살아갈 수는 없다는 사실이 드러날지라도 그 원리들은 더 이상 적용할 수 없고 구속력도 지니지 않는다고 모든 것을 무너뜨리는 결론

---

2   Charles J. Sykes, *A Nation of Victims: The Decay of the American Character* (New York: st. Martin's Press 1993).

을 내려서는 안 된다. 위기의 순간이 닥쳤을 때 '어머니 교회'에 필사적으로 매달리며 교회의 결함을 따지기를 완강히 거부하는 '보수주의자'이든, 분노와 혹평으로 접근함으로써 교회 당국자들과의 관계에서 과도한 '오이디푸스 콤플렉스'를 내팽개치려는 '진보주의자'이든, 양쪽 모두 서로 대칭되는 방식으로 성숙도 테스트에 실패한 셈이다.

나는 사실상 이런 '보수'와 '진보'의 양극단에 더 이상 관심을 기울이지 않는다. 나는 내 교회와 더불어 살아가는 법을 배웠다. ("사랑은 모든 것을 견디어 낸다.") 언젠가 어느 금혼식에서 바오로 서간을 읽으며 그 부부가 반세기에 걸친 혼인 생활 동안 겪었을 일들을 머릿속에 떠올려 보니, 교회 안에서, 교회와 더불어 사는 우리 삶에도 많은 인내와 충실성, 너그러움, 유머, 관용이 필요할 수밖에 없다는 생각이 들었다. 노부부 앞에서 노사제가 부끄러워서야 되겠는가?

여러 번 암시했지만 나는 현재 교회 내부의 논쟁들, 미디어의 흥미를 끄는 교회의 갖가지 속사정들을 크게 중요하게 여기지 않는다. 나는 자캐오들이 교회의 그러한 측면들에 대해서 유보적 태도를 취하고 견지한다고 해도 조금도 언짢지 않다. 그들이 제도 교회에 다소 '덜 투신하는' 태도를 지닌다고 해도 걱정스럽지 않다. 그렇다고 내 이상이 역사나 사회와 동떨어진 비현실적 불특정 '무교회 그리스도교'라는 말은 아니며, 모호하고 비밀스러운 뉴에이지식의 종교성은 더욱 아니다.

나는 자캐오들과 교회에, 그리고 그 교회와 자캐오들이 살아가는 사회에 똑같이 관심이 있다. 나는 자캐오 같은 '개별 구도자들'이 기존의 '표준 신자'라는 개념에 따르라고 누구에게도 강요받지 않고, 교회 영역

밖으로 쫓겨나지도 않도록 돌보아야 할 책임감을 느낀다. 간단히 말해, 오늘날 교회를 기반으로 하는 가시적 형태의 그리스도교와 어느 정도의 거리를 둘 것인지 스스로 결정할 자유가 그들에게 보장되어야 한다는 말이다.

적어도 체코에서는, 많은 사제가 교회에 관심이 있거나 공감하는 이들을 질서 잡힌 일반 교회 구성원으로 자리 잡게 하는 일종의 기술을 배워 왔고, 자신이 아는 기술 가운데 어떤 것도 '먹히지' 않으면 실패했다고 생각한다. 그러나 이는 그 사제들이 현재와 미래의 자캐오들을 수없이 만나면서 그 만남에서 씁쓸한 실망만 맛보게 되리라는 뜻이다. 나는 ─ 양쪽 모두에게 ─ 그런 부담을 덜어 주고 싶다. 우리는 결코 '표준 본당 신자'가 되지 않을 이들을 포함하여 모든 자캐오를 위한 공간을 만드는 법을 배워야 한다. 또는 최소한 그들이 자기 둘레에 쳐 놓은 공간을 존중하기라도 해야 한다.

대체로 자캐오들은 가시적 교회의 가장자리에 자리를 잡을 것이다. 특히 우리 교회들이 미래에도 지금과 크게 다르지 않을 것이라면 더욱 그렇다. (내가 아는 한, 하느님께서는 그런 면에서 우리에게 어떤 기적도 약속하지 않으셨다.) 그리고 그 가장자리는 자캐오들뿐 아니라 교회를 위해서도 매우 중요하다! 요컨대, 그 '가장자리'가 없다면 교회는 교회가 아니라 종파에 불과할 것이다. 교회와 종파의 근본 차이 가운데 하나는, 교회와는 달리 종파는 신원 확인이 완벽하게 가능한 구성원들로 이루어진 '핵심 집단'에 국한되어 있으며 때로는 그러한 소속을 이상적으로 여긴다는 점이다. 교회는 그보다 더 지긋하고 더 지혜로우며 더 노런하고 더 관용적이다. 교회는 '핵심 집단'이라는 뼈대뿐 아니라, 더 유연한 살도 필요하다는 것을 — 과도한 다이어트로 그 몸이 비쩍 마르지 않게 하는 것이 가장 이상적이라는 것도 — 알고 있다. 교회가 주로 끌어안는 이들은, 교회와 같은 유기체 안에서 핵심과 가장자리라는 개념은 상당히 상대적이며 "꼴찌가 첫째 될 것"이라는 그리스도의 말씀은 여기에도 적절히 끌어 쓸 수 있다는 사실을 아는 이들이다.

언젠가 로마의 성 베드로 대성당을 방문했을 때 그 성당이 보여 주는 교회의 이미지는 얼마나 훌륭한가 하는 생각이 들었다. 건축가는 대성당 내부 말고도 활짝 열린 품을 닮은 돌기둥들로 둘러싸인 광장이 예배의 중심 자리가 되도록 설계해 놓았다. 돌기둥들을 거쳐 광장에 들어서기만 하면, 굳이 성당 문턱을 넘어 무릎을 꿇지 않더라도 자기도 깨닫지 못하는 사이에 대성당 안에 들어서게 된다. 가톨릭교회의 모습은 이래야 한다. 돌기둥들 대신 두꺼운 장벽을 쌓아 올렸거나 아예 광장 공간을 포기했더라면 가톨릭의 보편성을 저버린 모양새가 되었을 것이다. (당연히 광장에서는 대성당 안에서처럼 조심스러운 행동이나 적절한 복장을 요구할 수 없다.) 가톨릭교회에 대해 자기 나름대로 갖고 있는 유별난 생각에 부합하도록 교회의 다원성을 엄격히 규제하려는 가톨릭 신자들을 보면, '주님의 집의 이 열혈당원들'은 사실 자신이 교회의 가장 핵심 기능 가운데 하나인 가톨릭의 보편성을 위협하는 위험한 암살범들이라는 사실을 모르고 있는 것 같아서 안타깝다. 이 보편성이 사도신경을 바치는 모든 그리스도교 교회의 이상이 되어야 마땅할 터다.

❦

오, 하느님, 모든 지체가 다양성 안에서 서로를 보완하고 각자의 독특한 역할을 존중하며, 눈이 손에게, 머리가 두 발에게 "나는 네가 필요 없다고 말하지 않는 한 몸이라고"(1코린 12,12-21 참조) 가르친 바오로 사도의 전망을 교회가 실현할 수 있기를 저는 얼마나 간청합니까! '그리스도의 몸'은 진보적으로 앞을 내다보는 눈과, 전통의 토양에 굳건히 서 있는 발과, 세상사에 적극적으로 개입하는 손과, 하느님 심장이 고동치는 소리를 고요히 관상하며 경청하는 주의 깊은 귀가 필요하다는 사실과 이 모든 것이 암시하는 것을 우리가 마침내 깨닫는다면 얼마나 좋겠습니까.

❦

구약과 신약성경에 풍요롭게 들어 있는 수많은 은유 가운데, 제2차 바티칸공의회는 자신의 신학을 담을 그릇으로 '나그네들의 공동체'(communio viatorum), 곧 신앙의 힘으로 역사를 가로질러 여행하는 하느님 백성의 이미지를 골랐다. 또한 공의회는 하느님 백성의 분명한 경계를 알지도 못하고 인정한 적도 없으며, 어떤 의미에서 모든 사람은 인성 자체로 말미암아 교회라는 신비체와 십자가에 못 박히신 분의 신비체에 속해 있다고 선포했다. 이는 여정의 공동체에, 또 공동 순례라는 "한낮의 뙤약볕"을 함께 나누고 견디는 영성과 윤리에 어떤 의미를 지니는가?
　언젠가 게르트루트 폰 르포르의 글을 깊이 공감하며 읽은 적이 있다. '교회일치운동 시대' 훨씬 이전에 개신교에서 가톨릭교회로 입교한 직후, 그녀는 자신이 가톨릭으로 들어온 것은 개신교를 거부한 것이 아니라 갈라진 두 교파를 잇는 것으로 이해한다고 했다. 자신은 여전히 종교개혁을 그 당시에 성령이 일으키신 활동으로 보며, 가톨릭을 개신교의 적이 아니라 고향으로 여겼다는 것이다.[3]

맞는 말이다. 두 그리스도교 전통의 치유를 위한 화해가 무던히도 중요한 나라에 살면서 나도 언제나 그렇게 생각해 왔다. 가톨릭이 종교개혁의 공헌을 완전히 무시한다면 온전히 보편적이 되지 못하고 빈약해질 것이다. 반대로, 개신교가 스스로를 '가톨릭 바탕'의 일부로, 말하자면 기존의 가톨릭교회를 보완하는 요소로 보지 않고 가톨릭교회의 적을 자처한다면 그 뿌리와 깊이를 잃게 된다. 나는 교회일치운동이란 거부하고 억누르며 두 전통의 수많은 은사적 차이를 허비하도록 강요하는 일치와 획일성의 길이 아니라, 서로에게 영감을 주고 풍요롭게 하는 그들 은사의 다양성을 인정하며 기쁨과 존중 안에 이루어지는 형제적 만남이라고 생각해 왔다.

조금 더 발전시켜 보자. 믿음이 있는 그리스도인들, 그리고 인류와 '세속 가치들'에 대한 세속적 믿음을 고백하는 이들의 관계도 이런 식으로 바라볼 수 있을까? 우리는 오랜 세월 동안 나란히 역사를 관통하며 여행해 왔다. 아마 지금쯤은 여정의 다음 단계를 어떻게 함께 여행할지

---

3   게르트루트 폰 르포르가 H. 폰 슈베르트에게 보낸 1926년 서한. M. von Schwarzkopf and Gertrud von Le Fort in B. Moser, *Grosse Gestalten des Glaubens* (München: Südwest Verlag 1982) 490에서 인용.

생각해 볼 때가 왔는지도 모른다!

이 임무는 탈공산주의 국가들에서는 특히 더 중요하다. 그 나라들에서는 한때 이 두 흐름의 주역들이 나란히 전체주의 정권에 맞섰지만, 일부 지역에서는 외부의 적이 사라지면서 두 흐름의 일치와 동맹도 끝나 버렸기 때문이다. '소극적 일치'를 '적극적 일치'로 재편하기란 종종 불가능하다는 것이 드러나기도 했다. 이와 비슷하게, '벗어나는 자유'에서 '나아가는 자유' 또는 적극적 자유로 옮겨 가는 일도 어렵다. 전체주의의 손아귀에서 벗어난 사회에는 자연히 변화가 뒤따르며, 모든 사람이 이를 당연하고 정상적인 발전으로 받아들이고 여길 수는 없다. 오랫동안 적대적 강압에 맞서 왔고 억압의 대척점에 섰던 많은 이가 더 이상 '적 없는 삶'을 살 수가 없어서 곧바로 이 간극을 메울 적들을 찾아 나서고 종종 예전의 친구요 동맹이었던 이들 가운데에서 적을 찾기도 한다.

공산주의 몰락 이후 그리스도인들은 종종 '서구 자유주의'에서 새로운 적을 찾았고, 지금은 세속 인본주의 지지자들에게 그 꼬리표를 만족스레 붙인다. 세속 인본주의자들은 그들대로 그리스도인들을 자유 사회의 적으로 간주하며 일종의 '성직자 전체주의'를 열망하는 이들로 몰아세웠다. 한때 그토록 친밀했고, 스탈린 시대 감옥과 포로수용소에서 동료 수감자로 지내기도 했던 이들이 이제 또다시 갈라진 것이다.

민주 사회는 그리스도인들과 세속 인본주의자들의 협력 없이는 버틸 수 없다. 두 전통 모두 매우 중요한 도덕적 잠재력이며, 이 둘이 상호 논쟁에 힘을 낭비한다면 매우 불행한 일이다. 게다가 이것은 탈공산주의 국가들에만 국한된 문제도 아니다. 최근 미국을 방문했을 때, 나는 그리스도인들과 '세속주의자'들이 서로 매우 날카로운 대립각을 세우고 있다는 인상을 받았다(좌파와 우파 그리스도인들의 관계도 마찬가지다). '문화 전쟁'이라는 표현이 얼마나 적절한지 또는 과장된 것인지는 단정하기 어렵지만, 특히 부시의 정책들과 이라크전에 대한 '종교적 우파'의 지지 때문에 더욱 그랬을 것이다. 나는 이런 현상은 미래에 대한 매우 위험한 경고라고 본다. 특히 이슬람 세계의 그나마 합리적인 이들에게 서방 세계가 '사탄의 나라'가 아님을 납득시킬 유일한 방법은, 종교와 세속 사회는 평화롭게 함께 살아갈 수 있을 뿐 아니라 서로를 매우 풍요롭게 할 수도 있음을 실제로 보여 주는 것뿐이기 때문이다.

그리스도교 인본주의와 세속 인본주의의 협력을 위한 전제 조건이라는 주제로 열린 어느 유럽 학술대회에서 강연을 요청받았을 때, 나는 체코 의회에서 했던 것처럼 복음의 '되찾은 아들의 비유'(루카 15,11-32 참조)에 대한 묵상을 제안했다.

두 집단의 공존을 위한 전제 조건은, 예수님의 유명한 비유에 나오는 형제처럼 서로가 서로를 필요로 한다는 깨달음과 인정에 있다. 탕자의 비유에서 큰아들은 질서를, 작은아들은 자유를 상징한다. 절대 자유를 갈망한 작은아들은 아버지의 죽음(혹은 하느님의 죽음일지도?)을 내다보고 자기 몫의 유산을 받아서 낯선 곳으로 떠난다. 모든 것이 완전히 실패로 돌아가자 그는 집으로 돌아온다. 그런데 그가 돌아오게 된 동기는 전혀 고결하지 않다. 굶주린 그는 더 나은 삶을 살고 싶은 바람에 이끌렸을 따름이고 심지어 아들 신분마저도 품팔이꾼 신세와 바꿀 기세다. 집으로 돌아오는 여정 내내 그는 참회의 변을 어떻게 할까 생각하며 마음속으로 몇 번씩 연습한다. "아버지, 제가 하늘과 아버지께 죄를 지었습니다. 저는 아버지의 아들이라고 불릴 자격이 없습니다. 저를 아버지의 품팔이꾼 가운데 하나로 삼아 주십시오. … 아버지, 제가 하늘과 아버지께 죄를 지었습니다. 저는 자격이 없습니다."

작은아들이 집에 돌아온다. 이제 작은아들뿐 아니라 아버지와 큰아들에게도 중요한 순간이 시작된다. 아버지가 결국 자기가 정신적으로 승리했다고 여기며 아들을 호되게 꾸짖기로 작정하고는 아들이 돌아오자마자 "드디어 누가 옳았는지 알게 되었구나!"하고 말했다면 어떤 의미에서 아들을 죽인 셈이 되었을 것이다. 그는 아들을 영영 잃어버리고 품팔이꾼 하나를 더 갖게 되었을 것이다. 그러나 아버지는 아들에게 뉘우치는 말을 입 밖으로 꺼내지도 못하게 하고 대신 아들을 꼭 껴안는다. 아버지는 너그러운 사랑으로 아들을 다시 살리고 구원했다.

이 순간은 다른 아들의 회심을 위해서도 소중한 기회였다. 큰아들이 동생을 아버지처럼 받아들였다면 모두 행복한 결말이 되었을 것이다. 질서 없는 자유는 늘 실패하고, 질서도 자유 없이는 살 수 없음을 둘 다 깨달았을 것이다. 그러나 큰아들은 동생을 형제로 받아들이지 못한다. 그는 아버지에게 원망과 질투로 가득한 말을 늘어놓으며, "창녀들과 어울려 아버지의 가산을 들어먹은 저 아들이 오니까 …" 하고 동생을 '아버지의 아들'이라고 지칭한다. (사실 이 이야기에 창녀에 대한 언급은 나오지 않는다. 이는 분명 신심 깊은 이들이 타인에게 투사하는 전형적인 성적 환상이다.)

아버지는 큰아들의 말에 대답하면서 "얘야"라고 부른다. 작은아들이 모험을 떠나는 용기와 처참한 실패를 통해, 그리고 무엇보다도 회심과 수용을 통해 어른이 된 데 반해, 큰아들은 반항심 때문에 여전히 어린애 같고 의존적이며 미숙한 채로 남아 있었다. 큰아들은 자기 생각만 하고 자신의 관심과 바람에만 골몰하며 동생의 미래 따위는 안중에 없다. 카인처럼 큰아들은 동생을 마음에서 지워 버렸다. 그는 자신이 동생을 "지키는 사람"(창세 4,9)이라고 여기지 않으며, 동생에게 일말의 책임감도 느끼지 않는다.

이 비유를 그리스도인들과 세속 인본주의자들의 관계에 어떻게 적용할 수 있을까? 이 둘은 '형제'다. 유럽이라는 같은 어머니와, 히브리 신앙과 고대의 지혜라는 같은 조부모를 두고 있기 때문이다. 현대의 그리스도교 인본주의와 세속 인본주의는 계몽주의라는 같은 아버지를 두고 있다. 그 덕분에 그리스도교 인본주의는 '인본주의'가 되고, 세속 인본주의는 '세속'이라는 수식어를 지니게 되었다.

'인본주의'라는 양가적인 마법어가 여전히 어떤 긍정적인 의미를 지니고 있다면, 인간은 인간일 뿐 하느님이 아니며 자기 재량에 맡겨진 얼마간의 인간적 능력과 제한적이고 유한한 관점만 갖고 있다는 깨달음을 바탕으로 한 세계관을 가리켜 써야 할 것이다. 인간은 '계시종교'를 고백한다 해도 '온전한 진리'를 소유하지 못한다. 그저 "거울에 비친 모습처럼 어렴풋이"만 알아볼 수 있는 진리를 찾는 순례자로서 하느님의 계시를 이해하고 받아들일 수 있을 따름이다. 르네상스와 계몽주의 시대 사이에, 일찍이 바오로 사도가 지적한 바 있는 그러한 태도(1코린 13,12 참조)의 적절한 결과를 암시한 것은 바로 인본주의였다.

그리스도교의 관점에서 세속 인본주의는 자유의 전망을 찾아 먼 땅으로 떠났던 말썽꾼 작은아들로 흔히 인식된다. 이제 작은아들이 망했으니 우리는 그가 뉘우치고 돌아오기를 — 거의 노골적으로 뿌듯해하며 — 기대하는 것이다. 그리스도교 전통과 하느님에게서 멀리 떨어진 '먼 고장'에 머무르는 동안, 세속 인본주의는 분명 숱한 악의 유혹에 빠졌을 것이다. 좌익 지식인들이 얼마나 쉽게 전체주의 공산주의 이념의 매력에 넘어가는지만 보아도 알 수 있다.

그러나 공산주의 체제라는 '바빌론 유배' 중에 그리스도인들도 온갖 모험을 겪었고, 많은 이가 처절히 실패했다. 이제 와서 차츰 밝혀지고 있듯이 많은 이가 악의 세력들과 결탁했고 온갖 유혹에 넘어갔다.

공산주의로 말미암아 중유럽 국가들이 천 년 문화 역사에 걸쳐 그들의 모태가 되었던 서구 세계에서 떨어져 나오게 했던 철의 장막을 상징하는 베를린 장벽이 붕괴되고, 곧이어 1989년 11월 벨벳 혁명이 일어났을 때 그 슬로건 가운데 하나는 '다시 유럽으로!'였다.[4] 그런 의미에서, 자신이 상대방보다 좀 더 큰 '거주권'을 갖는다고 생각하고 있을지 몰라도 — 예컨대 유럽 헌법 전문前文의 어휘 선택을 둘러싼 논쟁에서 보듯이 — 어쨌거나 두 아들 모두 '고향 유럽으로 돌아간다'.

우리가 얼마나 성숙한 그리스도인인지 가늠할 수 있는 가장 좋은 척도는 오늘날 세속 인본주의자들을 우리의 적이 아닌 형제로 — 자주

---

4 요한 바오로 2세를 비롯한 많은 이가 적절하게 지적하듯이, 공산주의 지배하에 있던 국가의 국민들은 심지어 소비에트연방 안에서도 스스로를 단 한 번도 유럽인이 아니라고 느낀 적이 없고 유럽인이 아닌 적이 없었다. 유럽의 통합과 새로운 국가들의 유럽연합(EU) 가입은 '유럽의 확대'가 아니라 '유럽 국가들의 유럽화'로 보는 편이 맞다.

화내고 그리 상냥하지 않은 형제라 해도 — 받아들일 수 있는 역량과 열린 마음일 것이다. 절대로 '의로운 큰아들'처럼 행동해서는 안 된다! 상대도 마찬가지다. 양쪽의 관계에 얽힌 역사에는 많은 상처와 불의와 오해와 상호 실망과 갈등이 있고, 아직도 온갖 편견과 두려움이 남아 있다. 그러나 지금은 서로 손가락질할 때가 아니다. 이제는 마음을 돌려 서로 공존할 수 있는 길을 모색할 때다.

우리는 과거의 공산주의에서 미래의 통합된 유럽으로 나아가는 아주 좁다란 다리를 건너고 있다. 양쪽 인본주의 지지자들이 서로 맞붙잡고 씨름하기에는, 우리가 건너고 있는 골짜기가 너무 깊고 위험하다. 그보다는 상호 지지와 도움이 필요하다. 성찰과 실천적 행동을 위해 우리가 맞닥뜨린 가장 중요한 임무는 종교적·민족적 근본주의라는 스킬라와, 이에 못지않게 편협하여 종교를 공적 영역에서 철저히 제외시키며 그 과정에서 스스로가 속 좁은 '종교'가 되어 가는 세속주의라는 카리브디스 사이에서 유럽이라는 공동의 배를 어떻게 조종해 나갈 것인가이다 (스킬라와 카리브디스는 그리스신화에서 좁은 해협 양쪽에 살면서 항해자들을 위협했다는 바다의 괴물들로, 오디세우스가 이 두 괴물 사이에서 어느 쪽을 선택할지 고민했다는 것에서 '스킬라와 카리브디스 사이'는 진퇴양난을 뜻하게 되었다 – 역자 주).

예전에는 앵글로 색슨 세계, 특히 미국은 신앙과 계몽주의의 유산이 반드시 갈등할 필요는 없다는 사실을 그리스도인들에게 보여 주는 본보기였다. 제2차 바티칸공의회에서 가톨릭교회가 현대 세계를 향해 문을 열어젖히고 양심의 자유, 민주주의, 종교적 관용, 인권, 비판적 합리주의와 같은 가치들을 긍정할 수 있도록 용기를 준 것은, 바로 예수회원 존커트니 머리John Courtney Murray나 미국 사회와 문화에 익숙했던 프랑스 철학자 자크 마리탱Jacques Maritian 같은 인물들을 통한 미국 가톨릭 신자들의 경험이었다. 미국은 오늘날 일각에서 자주 거론하는 '문화 전쟁'을 비껴가고 '근본주의'와 좌우 양 진영으로 치우치는 편향성의 유혹에 저항할 수 있을 것인가? 체코 감독 밀로시 포르만Miloš Forman이 만든 영화 「래리 플린트」The People vs. Larry Flynt를 봤을 때, 내 안의 모든 것이 "안 돼!"라고 외쳤다. "래리 플린트에게도, 그에게 총을 겨누는 사람들에게도 동의할 수 없어! 다른 길을 보여 줘!"

자유와 질서가 반드시 함께 있어야 하는 것처럼, 그리스도교 신앙과 '계몽주의의 유산'인 세속 인본주의와 비판적 합리주의도 마찬가지다. 서구 문화는 바로 이 둘의 공존 가능성을 바탕으로 삼는다. 그들은 서로 보완하고 바로잡아 주어야 할 형제다. 비판적 물음이 없는 신앙은 따분하고 맥 빠진 이념과 유아기적 편견, 또는 근본주의나 위험한 광신주의에 빠질 수 있다. 그러나 신앙 세계에서 비롯되는 영적·윤리적 자극이 없는 합리주의도 역시 편향적이고 위험할 수 있으며, 냉소적 실용주의나 악의에 찬 회의주의로 변질될 수 있다.

⚜

이 성찰을 시작하며 이야기했던 교회의 이미지로 돌아가 보자. 동정 성모만이 교회의 유일한 표상은 아니다. 고대 외경 문헌들에 따르면 예수에게 입을 맞추었다고 하고, 복음에 따르면 다른 제자들이 도망친 후에도 마리아와 요한과 함께 십자가 아래에 있었다고 하는 사도들의 사도 마리아 막달레나 같은 열정적인 여인이 교회의 표상이 될 수도 있다.

오늘날 마리아 막달레나는 『다빈치코드』류의 상업적인 키치 문학 작가들, 언론인인 양하는 가짜 역사가들에게 사랑받고 있다. 그런 문학에서 마리아 막달레나는 외경의 단편들과 전설, 비교秘敎 문헌들, 그리고 무엇보다도 고삐 풀린 상상력을 뒤섞은 연금술사의 용광로 안에서 녹아 얄궂게 재신화화再神話化된 복음서의 슈퍼스타로 태어난다. 그러나 모든 이단은 — 과거에는 이런 일이 이단으로 간주되고는 했다 — "미친 진리"라 하지 않았던가(체스터턴Chesterton). 모든 이단은 신학적 도전이다. 마리아 막달레나와 예수가 낳은 자식에 관한 베스트셀러 책들은 잊힌 지 오래지만, 이제는 우리가 마리아 막달레나에게 관심을 가질 충분한 이유가 있다.

우리의 성찰과 관련하여 마리아 막달레나라는 화두가 생각난 것은, 이곳 암자에서 마리아 막달레나 축일 날 성무일도에 나오는 교부 문헌을 읽으면서였다. 성무일도서에서 성 대 그레고리오 교황은 마리아 막달레나가 처음에는 혼란스러워하다가 부활하신 그리스도를 알아보는 익숙한 장면을 이야기하면서, 자캐오와 예수님의 만남을 직접 언급하지는 않았지만 두 장면이 흥미롭게 연결되는 구체적인 지점에 관심을 모은다. 마리아는 예수님께서 자신을 향해 "여인아"라고 부르실 때까지는 그분을 알아뵙지 못한다. 그분께서 마리아의 이름을 불러 주시는 그 순간 이 사건은 정점에 이른다.

복음서 강론에서 그레고리오 교황은 마리아 막달레나를 귀감으로,

특히 인내의 모범으로 제시한다. 그녀는 인내의 믿음, 인내의 사랑, 인내의 추구를 보여 준다. 다른 사람들이 다 떠났을 때에도 끝까지 무덤에 남아 있었기에 마리아는 부활하신 그리스도를 뵌 첫 사람이 되었다. 그레고리오 교황은 이렇게 풀이한다. "선행에서 가장 중요한 것은 항구심이기 때문입니다. 진리 자체이신 그분은 '끝까지 참는 자는 구원되리라'고 말씀하셨습니다. 마리아는 찾았지만 처음에는 찾아내지 못했습니다. 그러나 꾸준히 찾았기에 찾아냈습니다. 찾고 있는 동안 그녀의 애타는 소망이 이루어지지 못하자 소망이 더욱 강렬해져 마침내 그것이 이루어졌습니다. 거룩한 열망은 그 성취가 지체될 때 더욱 커집니다. 열망이 지체되어 시든다면 그것은 참된 열망이 아니었다는 표시입니다. 사람이 진리에 도달하게 되면 이는 그가 진리를 불타는 사랑으로 갈망했기 때문입니다. 다윗은 '내 영혼, 생명의 하느님을 애타게 그리건만, 그 하느님 얼굴을 언제나 가서 뵈오리까'라고 말합니다. 그리고 교회는 아가에서 '나는 사랑으로 말미암아 상처를 입었도다'라고 말하고, 다시 '내 영혼이 녹아 버렸노라'고 말합니다"(7월 22일 성무일도 독서기도).

'백산白山 전투'[5]가 끝난 다음 가톨릭 신자들은 개선하는 교회(ecclesia triumfans)의 표상으로 승리의 성모 교회를 옛 전쟁터 자리에 세웠다. 또 다른 마리아, 곧 그레고리오 교황이 제시한 마리아 막달레나는 찾아다니는 교회, 인내롭게 찾고 애타게 열망함으로써 개선하는 교회의 표상

---

[5] 1620년 11월 8일, 프라하 인근 백산白山(Bílá Hora)에서 바이에른 공작 막시밀리안 1세의 가톨릭 군대는 틸리 백작의 지휘 아래 보헤미아의 프로테스탄트 군대를 무찔렀다. 그 이후 보헤미아 왕국은 다시 가톨릭화되었다.

이 될 수 있다. 어쩌면 이 표상이 앞의 표상보다 지금 우리에게 더 많은 메시지를 줄지도 모른다. 신앙의 부족을 딛고 신앙이 '개선'할 수 있는 길이 있다면, 그것은 오직 인내와 진정한 갈망을 보여 주는 것뿐이다.

6
한 통의 편지

암자로 들어오기 전날 밤, 나는 프라하의 내 방 책상에 산더미처럼 쌓인 편지들을 조금이라도 읽고 처리하고 가려고 애썼다. 그때까지 3주 동안 아침부터 저녁까지는 학생들 시험을 치르고, 저녁에는 가끔 자정을 넘겨서까지 학생들이 제출한 과제들과 논문들을 읽느라 편지들을 그냥 책상 위에 쌓아 두기만 한 것이다. 그러나 처음 손에 잡힌 편지들 가운데 하나를 뜯었을 때, 이런 좋은 뜻은 무너져 버렸다.

처음에는 봉투가 두툼해서 눈길이 갔다. '내가 이렇게 긴 편지를 읽을 시간이 있을 거라고 생각하는 사람은 없을 텐데?' 편지를 보낸 사람은 자신은 토목 기사며, 확신에 찬 무신론자, 더 정확하게는 반反유신론자라고 자신을 소개했다. 반면 아내는 열심한 신자라서 자신도 꾸준히 종교 서적을 읽고 가톨릭 주간지까지 보는 처지인데, 확신하건대 아내의 넓은 서재에 있는 신학 서적과 영성 서적들을 아내보다 더 많이 읽었을 거라고 덧붙였다. 그는 내가 쓴 책들도 이미 읽어 보았고, 내 생각에 조금도 동의하지는 않지만 여느 책들과는 다른 구석이 있어서 아주 관심 있게 보았다고 했다. 그는 내가 어느 한쪽으로 치우치지 않고 여러 각도에서 생각하려고 애쓴다는 사실을 높이 평가하며, 나는 진심으로 내가 생각하고 느끼는 것을 글로 쓰는 것 같더라고 했다. 그래서 나에게 편지를 쓰게 됐다며, 자신이 예전에 쓴 글을 동봉했는데 혹시 시간이 있으면 읽어 보라는 것이다. 그 안에서 내가 제기한 물음들에 대한 대안들을 찾을 수 있을지도 모르고 적어도 자신의 관점과 내 생각을 비교해 볼 수 있을 것이라며, 답장은 보내지 않아도 된다고 적혀 있었다.

나는 지금 그 편지를 읽지 않으면 조만간 휴지통으로 들어가리란 것을 알았다. 나는 짐짓 종교 전문가인 척하는 다양한 사람들에게서 이와 비슷한 글을 수없이 받는다. 그들은 나에게 '평가'와 논평을 바란다며 매우 당혹스러운 문제들을 들이민다. 글들을 보면 대개 그들은 신실한 영적 구도자로서 격려받아야 하는 경우가 많고, 어떤 극적 회심이나 깨달음의 순간을 겪은 이들로서 존경심이 우러나는 경우도 더러 있다. 그러나 그들은 그러한 체험에 언어의 옷을 입혀 다른 이들이 이해할 수 있게 전달하는 일이 얼마나 어려운지는 미처 모르는 듯하다. 대체로 이런 글들을 쓰는 이들은 철학이나 신학 교육을 받은 적이 없기 때문에 그들이 능숙하게 다룰 수 없는 용어들을 종종 사용한다. 그러다 보니 서점의 '비교'秘敎 코너 책장들을 가득 채우고 있는 신영지주의 소책자들을 어설프게 흉내 낸 결과물이 나온다. 그들에게 답장을 쓰려면 나는 진실하지 않은 공손과 무례한 진실 사이에서 이러지도 저러지도 못하고 고뇌한다. 그들의 고귀한 정신과 진리에 대한 사랑과 영적 체험의 진정성은 의심할 바 없지만, 그들이 오랫동안 매달려 많은 것을 약속했던 그 글은 그만한 노력의 가치가 없는 것이라고 어떻게 말할 수 있겠는가?

답장을 요구하지 않아서 마음이 끌렸던 이 편지도 처음에는 어떤 대단한 영적 모험을 약속하지 않았다. 편지 도입부에서 그는 자신의 무신론을 자랑스럽게 선언하며, 그리스도인들의 신앙을 산산조각 내고 하느님이 존재하지 않음을 입증하고 성경이 얼마나 터무니없는지 보여 주겠다고 약속했다. 풋내기 개종자 시절 나는 공격적인 무신론자들에게 신앙과 교회에 반대되는 증거들을 내가 훨씬 더 많이 댈 수 있다고 내기를 걸고는 했다. 그런 치기 어린 경쟁심이 내 안에서 슬며시 고개를 들었다. 솔직히 말하자면, 내 앞에 놓인 편지는 읽기에 다소 따분했다. 거기 담긴 계몽주의 철학자들과 실증주의자들, 마르크스주의자들의 새로울 것 없는 낡은 주장들은 어느 시골 본당 신부나 신학교 1학년생을 데려다 놓아도 대답해 줄 수 있을 수준이었다. 그가 케케묵은 교리서들 대신 현대 성서 해석학에 관한 소책자 한 권만 읽었더라도, 아니 적어도 오리게네스의 훌륭한 격언만 알았더라도, 그는 성경에서 서로 모순되고 일관되지 않은 구절들을 하나하나 예로 드는 수고를 덜 수 있었을 것이다. 오리게네스는 이렇게 말했다. "하느님께서 모순되는 성경 구절들을 그대로 두신 것은, 성경을 자구적으로 해석해서는 안 되며 언제나 그보다 더 깊은 의미를 찾아야 한다는 것을 보여 주시기 위해서였다." 종교재판이 자행한 끔찍한 짓들과 교회 역사의 어두운 페이지들을 열거해 놓은 것도, 공산주의 선전 팸플릿의 '검은 전설'들과 교황 요한 바오로 2세가 새 천년기를 맞으며 참회하고 인정한 교회의 비극적 잘못들과 슬픈 역사를 마구 뒤섞어 놓은 꼴이었다. 지금 우리가 그 이상 무엇을 할 수 있겠는가? 조상이 인디언들에게 저지른 일들 때문에 미국인들이 언제까지나 도덕적으로 비난을 받아야 하며, 근대가 시작될 때 식민지 개척자들이 저지른 행동 때문에 현재의 유럽인들이 여전히 죄책감을 느껴야 하는가? 교황 알렉산데르 6세가 무법자였다고 해서 그것이 정말 교회와 신앙을 공격할 빌미가 될 수 있는가?

세상에 존재하는 악과 고통을 선하고 전능하신 하느님에 대한 믿음과 어떻게 조화시킬 것인가 하는 문제를 다루는 신학 분야인 신정론神正論의 영역에 속하는 물음들은 사실 매우 어렵다. 편지 저자의 지적처럼 수많은 고전 신학 이론도 이에 만족할 만한 대답을 내놓지 못했다는 점에 나도 동의할 수밖에 없다. 그러나 무신론이 그 대답을 주는가? 하느님이 계시지 않는다는 결론을 내리면 이 모든 문제가 우리에게 더 분명해지고, 우리가 악과 고통의 문제에 더 잘 직면할 수 있게 되는가? 세상은 정답이 없고 역설로 가득하다. 여러 대안적 설명 가운데 어떤 것을 선택할지는 우리가 책임 있게 결정해야 한다. 당신은 이것을, 나는 저것을 선택했을 뿐인데 당신과 무슨 논의가 더 필요하겠는가? 나는 도발적인 종교 비평가들을 좋아한다. 예컨대, 독창적인 아이디어들이 번뜩이고 신앙에 관한 새로운 생각들을 자극하는 니체가 그러하다. 나는 신앙과 비신앙 사이의 문제들이 얼마나 복잡한지를 보여 주면서 신앙이 무기력한 자기만족에 빠지지 않게 하는 이들을 좋아한다. 더 이상 반박할 말이 생각나지 않아 다시 한 번 신비의 깊은 골에 기댈 수밖에 없게 만드는 사람을 만나면 즐겁다. 그러나 이 편지는 그런 구석이 하나도 없었다. 그런 것과 전혀 거리가 멀었다. 이 편지는 그저 편협하고 진부하며 순진하고 자기 확신에 찬 평범한 무신론일 뿐이었고, 흔히 볼 수 있는 유치한 호교론 소책자들을 꼭 빼닮은 꼴이었다.

무신론은 흥미롭고 자극을 주는 비평 기능을 할 수 있다. 그러나 실증주의적 유물론과 마르크스주의처럼 그 자체가 교조적 형이상학으로 변질된다면 더할 나위 없이 따분하고 무익해진다. 무신론은 일종의 역신학逆神學으로, 역설적으로 신앙에 기대어 신앙을 토대로 살아간다면 유익한 맞수가 될 수 있으나, 대체로 자기 혼자서는 어떤 긍정적인 것을 세울 수 없다. (신앙 자체가 아니라 신앙의 지적 활동인 신학도 어느 모로 어느 정도는 '이단에 기대어 살아가며' 이단을 맞수로 필요로 한다고 말할 수 있다.)

왜 이 사람이 나한테 이 편지를 보냈을까? 나를 개종시켜서 하룻밤 사이에 자기 같은 무신론자로 바꾸기라도 하려는 것인가? 내가 그런 질문에 대답할 능력이 없는 얼간이라고 생각한 것인가? 그렇게 막 쏟아 낸 열 장짜리 편지에 허물어질 엉성한 종이 상자처럼 내 신앙이 허약해 보였던가? 아니면 자신의 회의론이 한결같지 못할까 봐, 그래서 결국은 ― 언젠가 나도 겪었듯이 ― 자신의 회의론에 회의가 들고 자신의 상대주의를 상대화하게 될까 하는 무의식적 두려움 때문에 이렇게라도 자기 관점을 강화해야겠다고 느낀 것인가?

편지를 휴지통에 막 던져 버리려고 할 때, 뒷장에 눈길이 갔다. 분명 다른 날에, 상당히 다른 어조로 쓴 것이었다. 적어도 자신의 관점에서는 하느님의 존재를 영구히 부정하는 것으로 결론을 내렸던 그가 갑자기 하느님께 엄청난 독설을 퍼붓고 있었다. 마지막 말은 이랬다. "당신은 손발에 피를 묻힌 폭군이야. 나는 당신을 저주한다고!"

한때 교황청 비신자대화평의회(현 문화평의회)에서 자문을 맡은 적이 있지만, 하느님을 저주한다니 이건 제법 강도가 높았다. 그래서 편지를 다시 읽기 시작했다. 왜 그가 이미 성공적으로 없애 버린 하느님을 다시 신중하게 부활시켜 이렇게 비극적인 임무를 맡겼는지, 건너뛰고 넘어간 페이지들에서 그 이유를 찾아보고 싶었다. 결정적인 단락이 있었다. 그리고 그 단락은 이 편지와 그 저자를 향한 내 태도를 싹 바꾸어 놓았다. 그는 자신의 어린 손녀딸이 암으로 죽었다고 털어놓고 있었다. 앞에서 했던 모든 이야기는 그 끔찍한 마지막 두 문장의 선언을 감추고 합리화하기 위한 것이었던 셈이다. 앞에서는 소책자들에서 빌려 온 언어로 이야기했다면, 마지막에는 처참하게 상처 입은 마음에서 우러나오는 자기 목소리로 이야기하고 있었다. 조금 전까지 삐딱하게 편지를 읽던 내가 부끄러워졌다. 비록 호전적인 무신론의 갑옷을 입고 있더라도 인간의 고통은 그리스도인들이 진지하게 받아들이고 조심스럽게 다루어야 하는 것이다. 고통은 성지聖地이기 때문이다.

무신론자의 주장들을 줄줄이 엮어 놓음으로써 그는 자신이 겪은 상실을 하느님께 보복이라도 하려던 것일까? 그는 정말 하느님이 존재하지 않는다고 짓밟고 싶었던 것일까? 아니면 그가 그렇게 정교하게 입증한 하느님의 부재로 생긴 공백을 "손발에 피를 묻힌 폭군"으로 곧바로 채운 것일까? 허공에 소리치며 욕하려면 더 비참해질 뿐이니까 자기 분노를 표출할 그런 하느님이라도 필요해서일까?

나는 "손발에 피를 묻힌 폭군"은 실제로 존재하지 않는다고, 그의 편지 여러 장을 꽉 채우고 있는 주장들은 그런 괴물에게나 걸맞은 말이라고 편지를 써야 하는가? 우리 모두 동의하듯이, 그런 신은 정말 존재하지 않는다! 그러면 그는 이제 어떻게 될까? 손녀딸의 죽음은 그저 '사고'였다고, 아무 의미 없는 부조리였다고 생각하면 그에게 도움이 될까? 손녀딸의 죽음에서 더 깊은 의미를 찾으려 애쓰지 말고, 악성종양의 통계상 치사율이 이러저러하다는 의학적 설명에 만족하며 '왜 많고 많은 사람 중에 내가?' '왜 하필 우리 아이가?'라는 해답 없는 물음을 꾹꾹 참기만 하라고 하면 그에게 도움이 될까? 아무도 탓할 사람이 없어서 하느님을 향해 삿대질하며 자기 고통을 모두 쏟아 낸 것이 그에게 위안이 되었을까? 상태를 너무 늦게 진단한 의사든, 제때에 병원을 찾지 않은 아이 엄마든 탓할 사람을 찾았던들, 그는 그들에게도 그렇게 거침없이 독설을 퍼부을 수 있었을까?

"다른 뺨마저 돌려 대고" 욥의 비난보다도 더 거친 울부짖음을 견뎌 주시는 것이 하느님께서 인류를 위해 하실 수 있는 봉사인가? 아니면 자신의 공포와 고통의 그림자를 붙잡고 씨름하도록 하느님은 정말 이 무신론자에게서 당신 얼굴을 감추고 계신 것인가?

아니면 그는 사실 한 번도 복음을 접한 적이 없으며, 그의 종교 세계는 신들이 인간사를 직접 관장하고 확고부동한 운명의 여신이 신들과 인간을 두루 다스리는 고대 비극의 세계 같은 것인가? 그렇다면 신들에 맞서는 프로메테우스적 반란이 의미가 있을 수도 있다. 그러나 성경의 하느님은 역사의 무대 뒤에 숨어서 우리 운명을 결정하는 비정한 연극 감독이 아니다. 그분은 우리의 불운한 역사 안으로 몸소 들어오셔서 우리 고통의 잔을 남김없이 비우셨다. 그분은 우리 십자가의 무게를 너무나 잘 알고 계신다! 고대 연극의 '데우스 엑스 마키나'deus ex machina('기계 장치에서 나온 신'이라는 뜻으로, 연극의 막다른 상황이나 어려운 결말을 해결하기 위해 필연성 없이 신을 등장시키는 기법 – 역자 주)처럼 우리 삶에 개입하지는 않는 하느님, "사람들과 같이 되시어"(필리 2,7-8 참조) 종의 운명을 짊어지고 "고통에 익숙한"(이사 53,3-4 참조) 분을 통해서만 다가갈 수 있는 하느님을 왜 욕하는가? 결국 그리스도교가 제시하는 하느님은 우리에게 아무런 역경 없는 삶을 선사하거나 역경에 부닥쳤을 때 우리 마음에 일어나는 모든 고통스러운 물음에 즉각 만족스러운 답을 주는 하느님이 아니며, 어둔 밤이 뒤따르지 않고 낮만 계속되리라고 약속하지도 않는다. 그런 깜깜한 밤에 우리와 함께 계시겠다는 것이 그분께서 우리에게 건네는 약속의 전부다. 우리는 이 약속에 의지하여 우리의 어둠과 무거운 짐을 견딜 뿐 아니라, 타인들, 특히 그분의 약속을 듣지 못했거나 받아들이지 않은 이들도 견딜 수 있도록 도울 힘을 얻어야 한다.

어쩌면 그는 사건이 있기 전에 우울한 무신론 편지를 썼다가, 그 때문에 하느님의 벌을 받은 것인가 하는 무의식적 두려움에 괴로워하고 있을지도 모른다. 거의 그럴 리는 없겠지만, 나는 예전에 많은 무신론자가 암묵적으로나 무의식적으로 아주 특이하고 종종 병적으로 작용하는 유사 신학 구조와 원시적 종교 개념을 갖고 있는 것을 알고 매우 놀랐던 적이 있다. 어느 체코 연극을 보면, 주인공이 자기는 너무나 확신에 찬 무신론자라서 하느님께 벌 받을까 겁날 때가 있다고 말하는 장면이 있다. 물론 이 연극은 희극이고, 관객들은 당연히 이 우스꽝스러운 대사에 박장대소한다. 얼마나 많은 '무신론자'가, 특히 어떤 정신적 외상 때문에 자신의 유아기적 신앙을 광적으로 억누르는 이들이 사실은 잠재의식 속에서 그러한 불안을 안고 있는지 알면 사람들은 놀랄 것이다.

그런가 하면 마법 같은 하느님이라는 유아적 개념을 오래도록 고수해 온 이들도 있다. 뻔한 위로와 얄팍한 낙관을 제시하는 신, 우리에게 봉사하는 '수호천사', 늘 모든 것이 다 잘되리라고 말해 주는 위로자, 우리가 비는 어리석은 소원들을 어김없이 들어주는 '심부름'만 하면 되는 가정 수호신으로 여기는 것이다. 작고 아늑한 방 같은 그런 신들은 삶에 심각한 위기들이 닥쳐오면 무너지기 마련이다. 그런 신에게서 벗어난 이들이 마침내 '현실 세계'에 관한 진리를 알게 된 것을 뿌듯해하며 스스로를 '무신론자'라고 선언한다. 그들은 '하느님은 아무 효과가 없다'는 것을, 그리고 세상이라는 무대 뒤에 숨은 위대한 협력자의 그늘 아래 무한 권능에 대한 유아적 갈망을 이런 식으로 투사하는 것은 우상이며, 이 우상을 무너뜨림으로써 비로소 살아 계신 하느님, 아브라함의 순례하는 신앙의 하느님을 만날 수 있는 대기실에 들어섰음을 깨달은 것을 축하해 줄 그리스도인이나 유다인, 무슬림을 만난 적이 아마 없었을 것이다.

아마 이 편지를 보낸 그는 결국 그 비극적 사건으로 말미암아 순진한 무신론에서 하느님과의 사투로 옮겨 갔을 것이다. 하느님을 모질게 비난함으로써 실은 신앙의 영역에 발을 들여놓았다는 것을 그는 알았을까? 폴란드 신학자 요제프 티슈너Józef Tischner 신부가 말하곤 했듯이, 하느님은 당신을 붙잡고 씨름하는 사람들에게 약한 구석이 있다는 사실에 대한 증언들은 성경 곳곳에 널려 있다.

확실히, 하느님 없이 고통을 겪는다는 것은 정말이지 끔찍하고 절망스러우며 어쩌면 불가능한 일이다. 이름조차 없는 부조리, 모든 것이 우연에 맡겨진 상태, 얼굴도 심장도 없으며 내 울부짖음과 반항과 분노를 들어 줄 수도 없는 냉혹한 운명의 심연 속에서, 맞설 상대도 없이 고통을 겪는 것이다. 그런 까닭에 어떤 '비신자들'은 깊은 고통을 지나면서 처음으로 하느님 목소리를 듣기도 한다. 폭풍 속에서 욥에게 말씀하셨던 하느님, 부드러운 소리 속에서 엘리야에게 말씀하셨던 하느님의 소리를 듣는 것이다. 그러나 주로 인내심이 부족한 이들은 이러한 순간에 맞설 상대가 필요해서, 더 정확히는 종종 피의자 자리에 앉힐 누군가가 필요해서 '자기 나름의 신을 만들어 내기'도 한다. 자기 불행에 책임이 있는 범인을 찾아 법정에 세움으로써 불행의 부조리와 무의미를 덜어 내려는 것이다. 자신이 받아들일 수 있는 어느 정도 익숙한 상황으로 끌고 가서, 도무지 꿰뚫을 수도 없고 이해할 수도 없는 아득한 막막함을 회피하고 싶은 것이다. 헤아릴 수도 이름 붙일 수도 없는 허공보다는 "손발에 피를 묻힌 폭군"이 낫다!

그러나 "손발에 피를 묻힌 폭군"이나 다른 '만들어 낸' 신들을 내내 붙들고 있을 수는 없다. 그것들은 결국 귀신일 따름이고, 내 안에서 몰아내거나 뿌리 뽑아야 한다. 그러다가 무신론, '신을 죽임', 종교에 대한 혐오에 빠진 이들도 있다. 그들이 없애 버린 신은 고통이나 근심을 겪은 뒤에 생긴 병적 응어리에서 스스로 만들어 낸 신일 수도 있고, 또는 안타깝게도 이런 유형의 왜곡된 신들은 양육이나 설교를 통해 다른 이들(특히 자녀들)에게 전파할 수 있기 때문에 '물려받은' 신일 수도 있다.

니체의 경우도 그럴 수 있다. 니체의 하느님 개념은 어린 시절 정신적 외상을 안겨 준 운명적 꿈에 늘 무겁게 짓눌려 있었던 것 같다. 아버지가 돌아가신 지 얼마 안 됐을 때, 그는 돌아가신 아버지가 오르간 소리가 들리는 가운데 무덤에서 일어나 집으로 돌아와서 어린아이를 데리고 다시 무덤으로 들어가는 꿈을 꾸었다. 다음 날 아침 그 끔찍하고 괴로운 꿈에서 깨자 남동생이 갑자기 죽었다고 니체는 털어놓는다. 아버지가 자기 대신 동생을 무덤으로 데려갔다는 죄책감과 불안이 그의 어린 시절 잠재의식에 박혀 있었던 것은 아닐까? 멀리 무덤 저편에서 살아 있는 이들을 위협하는 그런 '아버지 신'은, 『즐거운 학문』에서 니체의 광인이 말하듯 "죽어서 죽어 버린 채로" 있도록 결국 죽어 마땅하지 않은가?[1]

그런 종교를 버리고 그런 신을 자신의 내면에서 몰아낼 용기를 갖는 것은 물론 긍정적인 단계다. 그러나 이제 거기서 어디로 나아가야 하는가? 이런 물음이 여전히 남는다. "주님, 저희가 누구에게 가겠습니까?"(요한 6,68).

나는 편지를 보낸 이의 고통이 채 가라앉기도 전에 그에게 쉽게 "하느님은 당신을 사랑하신다"고 말할 수는 없다는 것을 알았다. 어떤 진리들은 말하는 시점이 좋지 않으면 당혹스럽고 공허한 상투어가 되어 버릴 뿐 아니라 실제로 모욕과 상처까지 줄 수 있다. 처음에 욥의 친구들은 고통받는 친구 곁에 밤낮으로 말없이 앉아 있었다. 그들이 계속 그렇게 함께 있어 주기만 하고 욥에게 '사목적 배려'를 베풀려는 어리석은 유혹

---

[1] 이와 비슷한 해석과 함께 니체의 생애와 작품의 배경에 관한 더 많은 정보를 보려면 Richard Elliott Friedman, *The Disappearance of God: A Divine Mystery* (Boston: Little, Brown 1995)를 참조하라.

에 빠지지 않았다면 나중에 주님의 호된 꾸지람을 받지 않았을 것이다. 욥기 마지막 부분에서 주님께서는 짐짓 경건한 척하는 그들을 가로막으시고, 당신께 따지고 당신을 비난한 욥만 죄가 없다고 하신다.

나는 아직 편지에 답장을 하지 못했다. 내가 비겁하고 게으르고 나약하고 내 신앙과 신학이 우유부단한 탓인지, 아니면 이 단계에서 어떤 말을 하더라도 불에 기름 붓고 상처에 소금 뿌리는 격이 되리라고 정확하게 판단했기 때문인지는 잘 모르겠다. 아주 멀리 살지 않는다면, 가서 그를 만나 보고 그의 손을 꼭 잡고 싶다. "당신 손녀딸이 죽어 갈 때 하느님은 어디 계셨냐고요? 나도 잘 모르겠습니다." 나는 그에게 정직하게 말할 것이다. "그렇지만 지금 이 순간, 당신 손을 잡고 있는 손에서 하느님을 느낄 수 있으면 좋겠습니다."

※

"누가 저의 이웃입니까?" 그들은 예수님 입으로 분명한 경계를 긋도록 할 심산으로 예수님께 그렇게 물었다. 자신의 종교적 의무를 다하는 올곧은 유다인만 이웃입니까, 아니면 자캐오 같은 세리와 죄인도 이웃이 될 수 있습니까? 유다인만 이웃입니까, 아니면 할례 받지 않은 이들 가운데도 우리 이웃이 있습니까?

예수님은 늘 하시던 대로 이야기를 들려주신다. 착한 사마리아 사람의 비유다. 예수님께서 되물으심으로써 질문자 스스로 물음에 대답하게 하신 이 이야기의 교훈은 이것이다. '너 자신이 이웃이 되어라.' 너의 이웃이 누구인지 고민할 필요가 없다. 너에게 대답을 줄 스승도 필요치 않다. 그 물음에 대한 대답은 네 행동과 태도로 네가 결정하는 것이다. 네 태도 여하에 따라 너는 어떤 경계도 넘을 수 있다. 이기심을 극복하고, 특히 어려운 사람들을 비롯한 타인들에게 가까이 다가감으로써 그들을 이웃으로 삼을 수 있으며 네 이웃의 범위를 아무 경계 없이 계속 넓혀 갈 수 있다.

사람들은 지구와 태양과 별들의 어떤 표징들이 하느님 나라가 왔음을 알리는 것인지 알고 싶어 했고, 예수님께서는 간혹 그들의 조바심을 받아 주시는 것처럼 보이기도 했다. 그러나 언젠가 예수님께서는 그들에게 말씀하셨다. 하느님의 나라는 이미 너희 가운데 있다. 예수님의 인격과, 무엇보다도 모든 경계를 뛰어넘는 그분의 사랑을 통해 이미 그들 가운데 있다. 그분을 좇아 '멀리' 있는 이들을 비롯한 타인들을 우리에게 더 가까이 모아들이는 모든 곳에서 지상의 하느님 나라는 넓혀진다. "너희도 서로 발을 씻어 주어야 한다"는 예수님의 명령을 실천하는 성목요일 전례는 "사랑이 있는 곳에 하느님 계시네"라는 고대 부속가의 노랫말로 이를 찬미한다.

⚜

그러면 사랑이 없을 때, 잔인함과 고통과 죄와 고통뿐일 때 하느님은 어디 계신가? 하느님은 그런 상황에서도 자신을 악에 넘겨주지 않는 이들의 참고 기다리는 믿음과 희망 안에 계신다. 잔인함과 고통과 무관심에는 그런 짓을 저지른 가해자들만 있는 것이 아니다. 우리 눈에 늘 보이지 않거나 우리가 외면하고 싶어 하더라도 분명 그 피해자들도 있다. 폭력의 희생자들은 보복하고 싶은 마음 때문에 악순환에 빠질 가능성이 늘 도사리고 있지만, 그런 사악한 바람을 뿌리칠 수도 있다. 고통의 희생자들은 악의와 체념의 유혹을 받지만, 결국 그런 유혹을 이겨 내고 그런 마음의 상태를 잘 받아들일 수도 있다.

고통과 증오의 한복판을 지나고 있는 희생자들에게 사랑과 기쁨을 요구하는 것은 지나친 기대일지도 모른다. 그러나 그들도 인내를 보여 줄 수는 있을 것이다. 이 책을 열면서 이야기했듯이 인내는 신앙의 두 기본 요소인 신뢰와 충실함으로 이루어진다. 때로 신앙과 인내는 똑같은 태도를 일컫는 서로 다른 두 이름일 수 있다.

죽어 가는 리지외의 데레사의 경우에서 보았듯이 사랑이 믿음을 암시하거나 믿음을 '대신 메울' 수 있다면, 참고 기다리는 믿음도 증오와 고통의 밤이 지나가기를 기다리면서 적어도 사랑을 위한 길을 터 줄 수는 있을 것이다. 그렇다, 사랑의 길을 터 줄 수는 있다. 그러나 사랑과 기쁨을 재촉하거나 강요하기는 한밤에 새벽을 불러내기만큼이나 어렵다.

여기 와서 고요히 생각해 보니, 그가 답장도 기대하지 않으면서 하느님을 저주하는 끔찍한 편지를 나에게 보낸 유일한 이유는 아마 그의 영혼 깊은 곳 어디에선가 내가 그를 위해 기도하리라 생각했거나 그렇게 바랐기 때문일지도 모르겠다는 생각이 들었다. 어쩌면 그도 멀리서 바라보고 있는 자캐오일지 모른다. 그리고 나는 그 누구보다 인간의 고통을 잘 알고 계신 분을 그에게 더 가까이 모셔다 주어야 할 것이다.

그리고 나는 이곳 암자에서 정말 그를 위해 기도하고 있다. 나는 무엇을 위해 기도하는가? 그의 종교관을 나와 같은 종교관으로 바꾼다는 의미에서 그의 '회심'을 위해서? 그건 주제넘은 소리다. 나는 그가 인내의 선물을 받기를, 그리하여 고통과 분노와 저주의 절망이 하느님과의 대화에서 그의 마지막 말이 되지 않기를 기도한다. 어쨌거나 그는 무수한 신자들보다도 훨씬 더 많은 시간과 노력을 하느님께 쏟았다. 오늘 문득 떠오른 생각이 있는데 지금 그에게 전해 줄 수는 없어서 그저 혼자 미소 짓고 말았다. 그가 그 많은 노력을 다른 방향으로 쏟았더라면, 그가 정말 '하느님을 참고 기다리는' 선물을 받아서 썼더라면, 그는 성인품에 오를 수도 있었을 것이다. 어쨌거나 그의 여정이 어디로 흘러갈지는 누가 알겠는가?

※

그가 마지막에 내뱉은 신성모독적 발언이 실은 계몽주의 이성의 진부한 주장들보다 훨씬 더 깊은 곳, 곧 상처 입은 마음에서 비롯되었음을 발견하고서야 비로소 늙은 무신론자의 기나긴 고백이 내 관심을 끌기 시작했다. 그것은 확신에서 역설로 훌쩍 뛰어든 열정적 신앙의 예언자인 키르케고르에게 지대한 영향을 받은 그리스도인이 형제를 알아본 '열정적 무신론'이었다!

종교의 세계에 열정과 냉담이 있듯, 무신론에도 열정적 무신론과 무심한 무신론이 있다. '과학적 확신'의 세계나 물질적 안정에 어울리지 않는다는 이유로 하느님 문제에 전혀 관심을 기울이지 않는 무심한 무신론에 관해서라면, 그러한 확신이 내적 불안을 가리기 위한 가면이라는 '합당한 의심'이 들지 않는 한 거기에 많은 시간을 허비할 필요는 없다. 그리고 그것은 그저 우리 욕망들의 투사일지도 모르니 주의해야 한다.

무심한 무신론은 미지근하고 게으른 신앙만큼이나 따분하다. 그런 신앙은 '조상들의 유산'과 조심스레 묻어 놓은 보화들을 안락한 집 삼아 자기 나름의 습관과 확신을 가지고, 탈렌트의 비유에 나오는 아무짝에도 쓸모없는 게으른 종처럼 가진 것을 잃을까 두려워 아무 모험도 투자도 하려 들지 않는다. 이런 신앙은 보화를 늘릴 수 없을뿐더러, 예수님께서 경고하시듯 마지막에 셈을 할 때 모든 것을 잃게 된다. 그들은 가진 것마저 빼앗기게 될 것이다.

열정적 무신론은 적어도 두 가지 형태를 띤다. 반항의 열정과 추구의 열정이다. 이 책에서, 루카 복음의 키 작은 자캐오는 나뭇잎 사이로 호기심 어린 눈으로 지켜본 덕분에 추구하는 이들의 상징이 되었다. 분명히 하느님을 찾고 있으나 그들이 만난 여러 종교 제도와 교리 그 어디에서도 하느님을 발견하지 못해 스스로 무신론자라고 밝히는 이들이 있다면, 나는 그들의 추구가 아니라 무신론자를 자처하는 그들의 자기이해와 자기 규정이 문제라고 지적해 주고 싶다. 나는 그들에게 말해 주고 싶다. 그들은 특정 종교와 그 신자들에 관련해서만 — 그것도 그들 눈에만 — '무신론자'일 뿐 실은 게으른 종교에 반대하는 이들이며, 이런 식의 종교에 반대하더라도 이미 그들은 아우구스티누스와 파스칼과 키르케고르를 비롯한 수많은 이의 동지이며 이웃이고 협력자라고 말이다.

이들은 신앙을 하느님을 향한 꾸준하고 열정적인 여정, 지상에서 끝날 수도 없고 끝나서도 안 되는 여정으로 여긴다. 이러한 구도자들을 우리 편으로 성급하게 끌고 와서는 안 된다. 그들 여정의 리듬을 존중하자. 그들의 자기 이해를 존중하고, 만일 원한다면 '개명'改名 절차를 언제 밟을지 결정할 자유와 충분한 시간을 주자. 모두 초대받았으나 아무도 강요받아서는 안 된다는 것을 마음에 새기자!

열정적인 구도자들 가운데는 그들이 찾고 있는 것을 결코 하느님 추구나 종교적 추구로 여기지 않는 이들도 있다. 그들은 진리와 의미, 정의, 사랑의 추구라는 측면에서 이야기할지도 모른다. 아마 그들은 저속하고 시시한 말로 여겨질 만큼 본디의 의미를 잃어버린 '거창하고' 강렬한 표현들을 들먹여 자신의 추구와 그 '대상'을 모독하는 위험을 무릅쓰느니 차라리 입을 닫으려 할 것이다. 아우구스티누스나 파스칼이나 키르케고르 같은 신앙, 그러한 그리스도교 이해 방식과 실천 방식은 이런 이들 중에서 실질적인 동지를 발견한다. 그런 신앙은 그들도 ― 다른 방향에서, 다른 길로, 다른 지도를 들고, 다른 밧줄을 타고 ― 같은 정상을 향해 오르고 있는 우리 형제자매로 여긴다. 우리 모두에게 그 정상은 아직 구름에 덮여 있기에, 우리는 그 정확한 모습에 관해 서로 조금씩 다른 생각과 기대를 품고 있다. 우리와 그들은 마지막 정상에서 만날 사람들 때문에 놀랄지도 모른다. 아마 그럴 가능성이 높다. 그러나 우리가 우정과 친밀함을 나누어야 할 이 사람들도 마찬가지다. 경솔하고 교만하고 무례한 개종 권유에 빠지지 말고, '가로채지' 않으며, 위대한 유다인 사상가 에마뉘엘 레비나스Emmanuel Levinas가 경고했듯이 타자他者를 성급하게 우리 사람이라고 주장하지 않으면서, 우리가 형제라는 확신을 터놓고 보여 주자. 사랑에 빠진 두 사람이 아무리 애써도 그 사실을 숨기기 어렵듯이 열정적인 이들은 서로를 본능적으로 알아본다. 그러나 자신의 열정을 자신이 선택하는 이름으로 부를 수 있는 타인의 자유와 권리를 침해하지 말자.

그러나 '무신론자 진영'에서 '열정적 추구'만 보게 되는 것은 아니다. 열정적 반항과 열정적 증오도 있다. 나는 가끔 인터넷 댓글들을 보는데 그야말로 끔찍한 체험이다. 하느님과 신앙, 교회와 종교가 조금이라도 언급되면, 떳떳하게 실명을 덧붙이는 경우는 거의 없이 익명성 또는 필명 뒤에 숨은 수많은 이가 온갖 지독한 증오와 악의를 쏟아 낸다. 이러한 편견과 적의의 벌판에서 얼마나 많은 반그리스도교 범죄가 이미 무기를 찾아 들었는가? 이는 많은 그리스도인의 의식 또는 무의식 속에 수천 년 동안 서려 있다가 마침내 새로운 이교라 할 만한 이념에 휩쓸려 홀로코스트의 지옥으로 치달았던 반유다주의의 적개심과 너무나 닮은꼴이다.

그럼에도 나는 이해하고자 한다. 로욜라의 이냐시오 성인은 이웃의 모든 행동에서 가장 좋은 의향을 찾도록 최선을 다해 노력하라고 가르치지 않았던가? 악의와 증오는 물론 위험한 악덕이다. 그러나 때로는 그럴듯한 증오의 말들과 감정들 뒤에 다른 것이 숨어 있을 때도 있다. 반항의 열정이다.

이 책 곳곳에서 지적했듯이, 광적인 종교 혐오는 무신론자들이 자신의 신앙 부족에 관하여 스스로에게도 숨기고 있는 무의식적인 의심들을 감추려는 광적인 노력일 수도 있다. 자신이 인정할 수 없는 종교적 의심들과 벌이는 투쟁이 광적 신앙으로 대신 나타나는 것과 마찬가지다. 지그문트 프로이트Sigmund Freud의 경우, 아주 균형 잡히고 합리적일 수도 있었던 학문적 분석에서 종종 제도 종교에 대한 적대심이 드러나고는 했는데, 그의 전기 작가들은 이 적대심을 그가 한 편지에서 언급한 '교회에 적을 두고 싶은 유혹', 곧 세례 받고 싶은 유혹과 연결시킨다. 당시 빈Wien 사회에서 자리 잡고 학문적 경력을 쌓는 과정에 윤활유 역할을 하기를 바랐기 때문일 수도 있고, '제2의 어머니'와도 같았던 가톨릭 신자 유모에 대한 기억과 그의 자아 분석에서 드러난 가톨릭 세계에 대한 유아기적 환상 때문이었을 수도 있다.[2]

그렇다, 그럴듯한 증오의 말들은 편지에서 내가 발견했듯이 종종 고통과 상처와 강렬한 '하느님 원망'일 수 있다. 고통과 반항의 울부짖음일 수 있다. 사람들은 자신을 덮친 '불의'와 악의 '부당함'을 뼈아프게 절감하며 그것에 반항한다. 그러나 여기서 우리는 열정적 반항의 무신론에 숨겨진 역설을 본다. 니체가 적절히 인식했듯이, 공정하고 의미 있고 선한 권선징악적 세상 질서, 미리 예정된 그 질서의 전제 자체가 이미 종교적 전제이며, 이에 맞서는 반항마저도 종교적 영역 안에서 작동한다는 사실이다.[3] 그러니 이 질서의 위배에 맞서 저항하는 사람이 이미 그 질

---

[2] Paul C. Vitz, *Sigmund Freud's Christian Unconscious* (New York: Guilford 1988) 참조.

[3] 니체는 우리의 합리성, 우리의 과학, 우리의 논리, 우리 언어 구조 자체가 여전히 '죽은 신의 그림자'임을 보여 주었다. 어떤 이름으로 불리든, 그것들은 우리가 만들어 내지 않았고 지금도 '만들지 않고' 있는 진리의 신학적·형이상학적 개념 안에서 작동한다. 여러 형태의 '무신론'은 하느님과 그분 질서의 이름만 바꾸었을 뿐, 하느님을 아예 제거하지는 않았다.

서의 존재 자체를 부인했다는 것은 어불성설이다. 이 질서를 인식하지 않고 그런 질서가 존재한다고 믿지도 않는다면, 어떤 사건이 '불의'하거나 '악'할 수 있다는 사실과 관련하여 악과 불의에 맞서는 저항은 도대체 무슨 의미가 있는가?

일관성 있는 무신론자가 되고 싶다면 모든 것을 참아 내는 금욕주의자가 되든가, 아니면 도스토옙스키가 예리하게 분석했듯이 이반 카라마조프처럼 무슨 수를 써서든 ― 대개 자살로 ― "이 세상으로 들어가는 입장권을 반납하려고" 애쓰든가, 그것도 아니면 도스토옙스키의 '악령들'처럼 ― 그리고 그러한 전망을 실제로 실행했던 역사 속 인물들처럼 ― 세상을 온전히 손아귀에 쥐려고 시도하든가 할 일이다. 하느님과 믿음 자체에 대한 무신론적 반항은 결국 선과 정의의 신적 질서에 대한 믿음의 토양 위에 있으며, 사실 그러한 고통과 반항으로 그 믿음을 확인하고 인정한다. 하느님을 저주하고 싶으면 최소한 하느님의 존재를 믿기는 해야 한다. 그래야 나의 바람과 기준에 부합하는 신이 되어 주지 않았다고 원망하고, 내가 생각하는 신의 마땅한 역할을 제대로 하지 않았다고 탓할 수라도 있다. 그런데도 '하느님을 부정'한다면, 내가 부정한 것은 결국 나도 모르고 있던 나의 종교적 환상인 셈이다. 나는 갈림길에 서 있다. 나는 인생을 하나의 거대한 부조리로 여겨 체념과 냉소에 빠질 수도 있고, 아니면 '내 소원을 들어주는 하느님'을 뿌리치고 신비이신 하느님을 신뢰할 용기를 내고 오히려 그분의 바람들을 이해하고 그것들을 실현하고자 노력하기 위해 어둠의 저항 속에서도 인내와 신뢰를 지니고 한 줄기 빛의 가능성에 열려 있을 수도 있다. 살아 계신 하느님에 대한 믿음은 본디 대화이며, 그 대화에는 울부짖으며 대들 수 있는 여지도 열려 있다. 우리는 무수한 울부짖음과 기나긴 추구를 통해서만 신비 안에 살아가는 법과 우리의 의심들을 견뎌 내는 법을 배우며, 마침내 '우리가 꿈꾸는 하느님'과는 상당히 다른 진정한 하느님이 되실 자유를 그분께 내어 드릴 수 있다.

일관된 무신론적 확신은 삶의 불의에 맞서 저항하려는 입을 틀어막을 것이고, 그것은 결국 '받아 줄 상대가 없는 저항'이 되고 말 것이다.

그러나 악과 고통과 괴로운 문제들에 대한 반항을 자기 안에 질식시키려 하는 사람은 참된 인간이 되기 힘들다. 일관된 무신론의 스토아학파는 해박한 지혜보다는 완고한 마음과 닫힌 정신만을 보여 줄 따름이다. 머잖아 그것은 이 세상에 대한 순응주의, 무심한 무신론으로 변할 것이다. 그리고 하느님 문제에 관한 무관심은 고통스러운 문제들과 인간 마음의 고통에 관한 무관심으로 변하기 십상이다. 무관심하면서도 일관된 무신론은 추구하는 믿음과 대립각을 이룬다. 그러나 사실 이러한 무신론은 자신이 갖고 있는 확신들의 평정이 깨질까 봐 모든 존재론적 물음을 거부하는 '게으른 종교', 사실상 죽어 있는 신앙과 더 닮아 있는지도 모른다.

반면, 추구하는 믿음은 고통과 열정과 반항의 무신론에 동질감을 느낄 수 있다. 우리도 해답 없는 물음들 속에서 괴로워하다가 가끔씩 악의 신비를 마주하게 된다. 우리 신앙도 궁극적 답을 찾았다는 평정에 머무르지 않으려 저항한다. 이러한 해답들은 '종교적 아편'이 주는 싸구려 위안이거나 세상의 무의미에 대한 금욕주의적 수용일 뿐이다. 우리는 그저 나그네이며, 멀리서 거울에 비친 뒤집힌 상으로 어렴풋하게만 만족스러운 해답을 볼 수 있음을 알고 있다. 야곱이 야뽁 강가 어둠 속에서 하느님과 씨름했던 것처럼, 우리 신앙도 때로는 하느님과 겨루는 양상을 띨 수도 있다. 물론 야곱이 이겼다. 씨름이 정점에 이르렀을 때, 그 밤의 드라마의 카타르시스에 이른 순간에, 야곱은 상대를 붙들고 자신에게 축복해 주기를 부탁했다. 아니 강요했다. 그러나 그는 부상을 입었다.

우리가 이 열정적 반항의 무신론을 정복할 수 있는 길은 하나뿐이다. 그들을 품어 안는 것이다. 우리 신앙의 열정으로 그들을 품어 안고 축복하자. 그들의 존재론적 체험을 우리 체험 속에 받아들이자. 우리 신앙이 비극과 고통의 인간 체험을 진지하게 받아들이고 그 체험을 안일한 종교적 위안으로 하찮게 여기지 않으면서 견디지 않으면 우리는 성숙함의 축복을 얻을 수 없다. 성숙한 신앙은 신비의 밤을 참고 기다리며 머무르는 것이다.

경멸적인 거부, 교활한 논쟁, 번지르르한 주장이나 지적인 교만으로 끝나지 않고, 이 비신앙의 열정을 우리 신앙의 열정의 자매로 인정하며, 마침내 무신론과 벌이는 씨름을 포옹으로 마무리하는 과정에서 우리도 야곱처럼 부상을 입고 '절름거리는 나그네'가 될지도 모른다. 성숙한 신앙이란 언제나 세상의 고통으로 상처 입는 신앙이다. 부활하신 그리스도께서 사도들에게 당신 몸의 흉터로 당신 신원을 확인시키신 것처럼, 우리도 흉터로 성숙한 신앙을 알아본다. 이렇게 이런 대가를 치르고서만 우리는 '겨루어 이긴 자'라는 이름, 선택받은 민족을 나타내는 새로운 이름을 얻을 수 있다.

7
알지 못하는, 그러나 너무 가까운

성경에 나오는 자캐오 이야기는 행복하게 마무리된다. 회심한 자캐오는 재산의 절반을 가난한 이들에게 주고 자신이 속인 이들이 있으면 후하게 갚아 주기로 결심했고, 그의 집에는 구원이 내렸다. 그러나 자캐오의 삶은 거기서 끝나지 않았다. 그다음은 어떻게 되었을까? 복음은 그 뒷이야기는 들려주지 않는다. 그러니 그 후일담에 관한 우리 나름의 외경을 지어내 보아도 무방할 것이다.

자캐오가 자신이 한 약속을 다 지켰다고 치자. 그 '키 작은 남자'는 자기가 보기에도, 이웃들이 보기에도 훌쩍 자랐다. 새로운 삶은 그에게 큰 기쁨과 만족을 가져다주었다. 그 만남은 분명 하룻밤 만에 잊힐 만남은 아니었다. 예수님께서는 자캐오의 동료인 세리 마태오처럼 자캐오도 당신 제자로 부르지는 않았다. 자캐오는 떠돌이 사도가 되지 않았고, 복음서도 쓰지 않았다. 그는 자기 직업에 충실한 채 자기 일을 잘해 내려고 애썼을 뿐이다. 회심한 이 죄인은 예수님의 제자로 불릴 수 있는가, 아니면 감사한 마음으로 종종 은인을 회상하고 이웃들과 대화를 나누다 예수님 이야기가 나올 때면 그분을 옹호하는 정도의 공감자일 뿐인가?

일회성 사건을 토대로 일상을 살아가기란 쉽지 않다. 시간이 지날수록 자캐오의 열정에도 일상의 관심사들이라는 먼지가 쌓여 갔다. 예수님을 저버린 것은 아니나 예전만큼 자주 예수님을 생각하지는 않게 되었다. 스승께서도 "그날 고생은 그날로 충분하다"(마태 6,34 참조)고 말씀하시지 않았던가? 그러던 어느 날 예수님께서 재판받고 처형되셨다는 소식이 예리코까지 들려왔다. 자캐오는 두려움과 슬픔에 잠겼다. 그는 비탄에 빠졌고 혼란스러웠다. 예수님의 빈 무덤 이야기와 그분께서 제자들에게 나타나셨다는 소문을 듣고는 혼란이 더 깊어졌다. 어느 날 밤 그는 나뭇잎들 속에서 생각과 감정들을 추슬러 다시 무화과나무에 올라갔다.

그 여름 여러 날 저녁에 그는 몇 번이고 거기 올랐고, 가족과 친구들은 그를 이상하게 여기기 시작했다. 사람들은 자캐오를 보고 "저기서 예수님을 기다리는 모양이군" 하며 비꼬듯 말하고는 했다. 그는 정말 기다리고 있었을까? 우리가 그의 머릿속과 마음속을 들여다볼 수는 없지만, 한 가지는 확실하다. 예수님께서는 예리코에서 예루살렘 사이의 그 거리에 다시 나타나지는 않으셨다는 사실이다. 다시 한 번 자캐오의 이름이 불릴 수 있을까?

☙

우리 문명 전체가 어쩌면 이와 비슷한 상황에 있다. 예수님께서 언젠가 이 길을 지나시며 우리 이름을 불러 주셨다. 그러나 이미 오래전 일이다.

그분께서 하셨던 일들의 여러 흔적이 아직 선명하게 남아 있기는 하나, 망각의 먼지로 덮인 지 오래된 것들도 있다. 우리는 '신은 죽었다'는 니체의 메시지를 들었다. 많은 이가 이 메시지에 혼란스러워했으나 한편으로는 현실에 안주하며 꿈쩍하지 않은 이들도 있었다. 그러나 우리 주변에는 외딴 관망대에 숨어 어정쩡하게 앉아 있는 자캐오들이 여전히 있다. 다시 그들의 '이름이 불릴' 수 있을까? 지친 신앙에 새로운 생명을 불어넣을 수 있을까? 개인들의 신앙뿐 아니라 우리 공동체와 사회의 영적 분위기에도?

※

오랫동안 영성 지도를 해 오면서 나는 신앙에 대한 열정이 한때 눈부시게 빛났던 이를 많이 만났다. 어린 시절 보낸 안정된 가정의 향기가 배어 있는 신앙인도 있고, 번갯불에 맞은 나무처럼 불붙어 활활 타올랐던 신앙인도 있었다. 그러나 '시간'(이 다면적 용어 이면에 얼마나 많은 것이 감추어져 있는가)이 역시 모든 것을 재로 덮어 버렸다. 그들의 신앙은 이제 그을어 타고 있을 뿐이다.

때때로 그들은 어린 시절의 신앙과 그 단순한 진리들로, 또는 그들이 생각하는 초기 교회로 돌아가고자 난데없이 뒤로 공중제비를 넘으려 애쓰기도 한다. 현재의 복잡함이 주는 혼란에서 도망쳐 과거의 흔들림 없는 확신들로 돌아가려는 것이다. 그러나 이미 시간의 강에 떠내려간 물속에 들어갈 수는 없다. 자신의 과거든 교회의 과거든 과거를 만지작

거린다고 해서 과거가 돌아오거나 확고부동하다고 생각하는 과거의 확신을 되살릴 수는 없다. 그저 착각의 구렁텅이를 휘저어 웃지도 울지도 못할 캐리커처만 만들어 낼 뿐이다. 그리고 설사 과거를 다시 불러올 수 있다고 한들 충격적인 실망만 얻게 될 것이다. 그 옛날에도 긴장이 없었던 건 아니다. 과거의 수많은 결함과 갈등과 문제는, 허구의 '신앙의 황금기'를 만들어 낸 우리의 낭만적 환상에 의해 검열 과정에서 삭제되었을 뿐이다. 아마 '신앙의 황금기' 같은 것은 애당초 없었을 것이다. 어느 날이든, 어느 시대든, 어느 문화든 다 나름대로 걱정과 문제와 어두운 면들이 있다.

신앙에 지친 어떤 이들은 다양한 '새로운 종교 운동'이 시끌벅적하게 제시하는 활동들을 찾아다니기도 한다. 특히 강렬한 감성과 대규모 집회의 충동질로 합리적 물음들을 덮어 버리는 운동들에 사람들은 끌린다. 그러나 큰 경기장에서 구경거리처럼 보여 주는 그 기적들과 치유들은, 광야에서 예수님께서 단호하게 거부하셨던 사탄의 유혹을 분명히 연상시킨다는 생각이 그들에게는 들지 않을까? 약에 의존하여 문제들에서 도망치려는 사람들처럼, 그들도 실망에 빠졌다가 괴로워하며 정신을 차릴 공산이 크지 않겠는가?

그런가 하면 자신의 모든 문제와 의심들을 다른 이들에게 투사함으로써 자기 신앙의 순수성과 열정을 쇄신하려는 이들도 있다. 그렇다면 남들을 거부하고 단죄하고 없애 버리기만 하면 된다! 과거에도 지금도, 자신의 의심을 있는 그대로 인정하고 견디지 못한 채 그것들을 '투사의 방어기제'로 떨쳐 버리려 하는 이들이 주로 스스로 종교재판관 자리에 앉아 '이단자'들과 격렬히 싸워 왔다. 그들에게는 다행스러운 일인지 몰라도 '신앙의 적들'과의 싸움은 끝이 없다. 그들이 어찌어찌하여 이단자들을 모조리 없애고 자기들만 남게 되더라도, 집으로 돌아온 자신의 악령들에게 시달릴 것이고 그리하여 "그 사람의 끝이 처음보다 더 나빠질" (마태 12,45) 것이기 때문이다.

앞에서 지적했듯이 오늘날 많은 이가 그들 신앙이 약해진 탓을 교회에 — 곧 교계와 제도에 — 떠넘기려 애를 쓴다. 그들은 교회 제도와 구조에 대한 가장 혹독한 비판가나 광적인 개혁주의자가 되거나, 그렇지 않으면 좌절감으로 교회에서 슬그머니 발을 뺀다. 이미 앞에서 교회에 관한 내용에 한 장章 전체를 할애했고 그 정도면 부족하지 않다고 생각한다. 그러나 과격한 교회 비판가와 격렬한 호교론자는 교회의 중요성, 특히 교회의 가시적·제도적 측면을 과대평가한다는 점에서 서로 닮았다는 인상을 받는다. 나도 때로는 그런 싫증에 충분히 공감하지만 누군가 '교회에 물렸다'고 해서 이 싫증이 꼭 신앙에 대한 싫증이 되어야 하는가?

✡

몇 해 전에 현대 유럽인들의 가치 지향성에 관한 광범위한 연구가 이루어진 적이 있다. 그때 신학 논평자 가운데 한 명은 이렇게 썼다. "하느님은 더 이상 자명한 하느님이 아니라 생소하고 알지 못하는 하느님이 되었다."¹ 이 진술에 대해 나는 한 강연에서 나 자신과 청중들에게 물었다. 이것이 그리스도교에게는 지금까지 없었던 큰 기회가 아니냐고.²

나는 사도행전에 나오는 바오로의 아테네 아레오파고스 설교 장면을 떠올렸다(사도 17,19-18,1 참조). 바오로는 우선 여러 신을 위한 제단들을 세워 놓고 심지어 '알지 못하는 신'까지 기억하는 아테네인들의 신심을 칭찬한다. 예배소들을 거닐던 바오로의 관심을 끈 것은 그 알지 못하는 신에게 바쳐진 제단이었다. 신심 깊은 유다인으로서는 상당히 이례적인 이런 '이교 우상숭배'에 대한 칭찬이 청중의 환심을 끌기 위한 수사학적 '환심 사기'(captatio benevolentiae)인지 아니면 신랄하게 비꼬는 표현인지에 관해서는 성경 주석가들 사이에 여전히 논쟁이 있다.

바오로는 이 '알지 못하는 신'을 풀어 나간다. "여러분이 알지도 못하고 숭배하는 그 대상을 내가 여러분에게 선포하려고 합니다"(사도 17,23). 이 하느님은 우리가 이미 잊었으나 신의 진노나 보복을 막고 조심하기 위해 공경하는 그런 신이 아니라 하늘과 땅의 창조자이시며 주님이라고 바오로는 말한다. 바로 이어서 바오로는 우상숭배를 비판한다. 이

---

1 Peter Hünermann, "Der fremde Gott-Verheissung für das europäische Haus" in Michael J. Buckley, Peter Hünermann, *Gott-ein Fremder in unserem Haus?: Die Zukunft des Glaubens in Europa* (Freiburg: Herder 1996) 204. 유럽인들의 가치 지향성 연구(연구 결과, 유럽인들 가운데 스스로 무신론자라고 응답한 이들이 4%, '살아 계신 하느님'을 믿는다는 응답은 35%, 모르겠다고 답한 이들이 18%, '더 높은 힘'을 믿는다고 응답한 이들이 35%였다)에 대한 논평에서, 같은 저자는 "유럽 인구 3분의 2가 하느님을 생경한 하느님으로 여긴다"고 지적했다. Peter Hünermann, "Der fremder Gott: Eine theologische Reflexion" in Stephen Pauly (Hsg.), *Der fremde Gott in unserer Zeit* (Stuttgart: Kohlhammer 1998).

2 Tomáš Halík, *Vzýván i nevzýván* (Prague: Nakladatelstí Lidové noviny 2004) 321-38.

하느님은 물질적 신전에 살지 않으시고 인간의 의례들도 요구하지 않으신다. 신성은 사람 손으로 만들어 낸 인공물이나 물질적 대상이 아니다. 바오로는 말한다. '우상숭배는 무지의 표현이며, 하느님께서는 사람들이 당신에 관해 이야기하는 이런 미숙한 태도를 오랫동안 참아 주셨으나 이제는 상황이 근본적으로 바뀌었고 회개할 때가 왔다.'

바오로는 신을 의인화하던 원시종교를 비판하고 비꼬던 이스라엘 예언자들이나 고대 철학자들과 비슷한 어조로 그리스인들의 제신 숭배에 관하여 이야기한다. 그럼에도 바오로는 시대를 감안한 너그러운 태도를 취한다. 어쩌면 바오로는 자신의 서간들에서 모세의 율법에 관해 언급하는 식으로, 그리스인들의 '무지의 시대', 곧 이교들의 시대를 그들이 그리스도를 맞을 준비를 하는 일종의 교육 기간으로 넌지시 인정하는 것 같기도 하다.

여기서 바오로는 그리스인들이 알지 못하는 참하느님에 관하여 이야기하면서, 숭배라는 종교의 관점보다는 시적 신심詩的 信心(eusebeia)과 철학의 관점에서 이야기한다. 아테네인들 앞에서 그리스 시인들을 언급하는 그의 연설은 일종의 범신론, 또는 만유재신론까지 연상시키기도 한다. 바오로는 말한다. **"그분께서는 우리 각자에게서 멀리 떨어져 계시지 않습니다. … 우리는 그분 안에서 살고 움직이며 존재합니다. 이처럼 우리는 하느님의 자녀입니다"**(사도 17,27-29). 그러나 바오로는 창조주 하느님을 설파한다. 이 하느님께서 세상과 세상의 질서를 창조하신 것은 ("그분께서는 일정한 절기와 거주지의 경계를 정하셨습니다") 사람들의 종교적 추구를 자극하기 위해서다. "이는 사람들이 하느님을 찾게 하려는 것입니다.

더듬거리다가 그분을 찾아낼 수도 있습니다." 매우 강력한 주장이다. 창조의 목적은 종교적 추구를 위한 것이다!

그러나 한 가지 더 주목할 점이 있다. '알지 못하는' 하느님이 멀리 계신 하느님은 아니다. 오히려 그분은 믿을 수 없을 만치 우리 가까이에 계신다. "그분 안에서 우리는 살고 움직인다." **그분을 알지 못하는 것은 그분이 너무 멀리 계시기 때문이 아니라 너무 가까이 계시기 때문이다.** 우리는 우리에게 가장 가까운 것, 우리에게 가장 어울리는 것, 우리가 당연하게 여기는 것에 관해 가장 잘 모른다. 자기 얼굴을 볼 수 있는 사람은 아무도 없다. 그저 거울에 비친 상을 볼 뿐이다. 우리는 하느님을 거울로 볼 수 있을 따름이다. 다른 곳에서 바오로가 말하듯이, 우리가 살아가는 동안에는 "거울에 비친 듯이 어렴풋이" 하느님을 부분적으로만 볼 수 있을 뿐이나 죽은 뒤에는 "얼굴과 얼굴을 마주" 뵙게 될 것이다.

바오로는 너무 가까이 계셔서 알지 못하는 하느님의 '얼굴'을 아테네인들에게 보여 주고 싶어 한다. **나자렛 예수님의 이야기**, 특히 그분 역설의 정점인 십자가와 부활 이야기라는 **거울에 비친** 모습으로 보여 주려 한다. 그러나 바오로는 거기까지 가지 못한다. 바오로가 '죽은 이들의 부활'에 관하여 말하자 어떤 이들은 비웃고 어떤 이들은 흥미를 잃고 나가 버렸기 때문이다. 아테네인들은 터무니없는 우화를 통해서든, 혹은 신들이 죽었다가 부활한다는 내용이 드물지 않은 주변 민족들의 신화에 자주 등장하는 이미지를 통해서든 부활을 **자연스럽고 익숙한 것**으로 이해해 왔다. 그러나 그리스 신들은 인간에게는 없는 하나의 특권, 어쩌면 유일한 특권으로 인간과 차별화되는데 바로 그들의 불멸성이다.

파스카 이야기의 거울에 비친 하느님의 얼굴에 관한 바오로의 설교가 어떻게 이어지는가는 뒤에서 다시 묵상할 생각이다. 여기서는 '알지 못하는 신에게 바쳐진 제단'에 좀 더 머물도록 하자. 바오로 사도가 설교를 시작하면서 '알지 못하는 신에게 바쳐진 제단' 이야기를 꺼낸 것은 단지 그의 영민한 웅변술을 보여 주기 위한 것인가, 아니면 더 깊은 어떤 의미가 있는가?

아레오파고스에서 일어난 일은 하나의 전형이다. **'알지 못하는 신에게 바쳐진 제단'은 그리스도교 메시지를 선포하기 위한 가장 적절한 '자리'(topos)다.** 유다인이며 그리스도인인 바오로에게, 유일한 참하느님은 신비에 가려져 묘사할 수 없는 하느님이다. 알려진 신은 하느님이 아니다. 온갖 신들의 세상이었던 그 고대 세계가 수세기 동안 유다인들과 그리스도인들을 무신론자로 여겼던 것도 놀라운 일이 아니다.

확신컨대, 성경에 나오는 역설적 하느님의 복음을 선포하려는 사람은 '알지 못하는 신에게 바쳐진 제단'을 찾아야 할 것이다. 익숙한 신에게 바쳐진 제단에서 그리스도에 관해 이야기한다면 신성모독이 되어 버리고 아테네 아레오파고스에서보다 더 큰 오해를 일으킬 위험이 있다.

세상에는 익숙하고 알려진 신들이 수두룩하다. 마르틴 루터의 예리한 지적처럼, 무엇이 되었건 사람들이 최고의 가치를 부여하는 것이 그들의 신이기 때문이다.[3] 바오로는 "탐욕을 부리는 자"는 "우상숭배자"이며 "그리스도와 하느님의 나라에서 받을 몫이 없다"(에페 5,5)고 썼다.

---

3 마르틴 루터 『대교리문답』 참조.

우리 그리스도인들은 역사 속에서 파스카 이야기의 역설적 하느님을 인간의 개념과 특정 시대의 기대들에 부합하는 '익숙한 신'으로 바꾸고 싶은 유혹에 끊임없이 빠져 왔던 것이 아닌가 하는 생각이 든다. 성경의 하느님을 플라톤이나 아리스토텔레스가 말한 고대 철학자들의 신과 동일시한 것도 그런 맞바꿈이 아니었을까? 이는 그리스도교 신학 역사에 너무나 치명적이었다.

이런 일이 실제로 벌어졌고 그 유산의 무게를 우리 그리스도교 사상이 짊어지고 있다면, 우리가 세속화나 종교에 대한 비판이나 폄훼, 무신론 등으로 이름 붙이는 것이 사실은 **알려진 익숙한 신들**과의 작별일 뿐이며, 따라서 바오로의 메시지를 새롭게 들을 수 있는 공간을 열어젖히고 청소할 수 있는 절호의 기회가 아닐까? 유럽인들 상당수에게 하느님이 알지 못하는 생경한 신이 되어 버린 지금 이 상황은 '새로운 아레오파고스'를 부르는 소리가 아닐까?

※

당시 강연에서 나는 물음에 대답하는 대신, 바오로의 아레오파고스 설교 이후 열여덟 세기가 지나서 쓰인 다른 이야기를 하나 들려주었다. 어떤 면에서는 사도행전의 그 장면과 놀랍도록 비슷하고, 어떤 면에서는 전혀 상반되는 이야기다. 성경에서 바오로는 청중 대부분에게 그가 미친 사람이라는 확신을 심어 준 채 아레오파고스를 떠났다. 다른 시장, 다른 청중 앞에서 또 다른 광인이 알지 못하는 신에 관해 이야기한다. 프리드리히 니체의 『즐거운 학문』에서 「광인」Der tolle Mensch이라는 제목이 붙은 장章을 보면, 인간을 찾는 디오게네스처럼 한 남자가 대낮에 등불을 들고 하느님을 찾아다닌다. 그러나 바오로와는 달리 **그는 하느님을 믿지 않는 이들 사이로 간다**. 그들은 여전히 신에 관한 이야기를 하거나, 광인이 '죽은 신의 무덤'이라고 꼬집는 교회들에 계속 다니고 있을 수도 있지만 사실은 신에게 일말의 관심도 없고 조금도 신을 그리워하지 않는다.

유명한 이 본문에서 종종 간과되는 세부 사항이 있다. 하느님 죽음을 알리는 사자로 온 광인은 신자들이 아니라 비신자들을 자극한다. 니체의 메시지는 사람들이 이미 기정사실로 여기고 있는 무신론을 건드린다. 사람들은 하느님을 찾아다니는 그를 비웃는다. 그들은 이미 오래전에 하느님 찾기를 그만두었기 때문이다. "신이 어디 숨어 있나 보지? 아니면 우리를 겁내는 건가? 아니면 어디 항해라도 떠났나 보지?" '실천적 무신론'의 확신들을 지닌 그들은 하느님을 찾는 광인을 조롱한다. 그리고 **왜** 지금 '신이 없는지' 설명하는 광인의 애처로운 메시지를 전혀 알아듣지 못한다. "우리가 그를 죽였소, 당신과 내가!"

단순히 하느님이 존재하지 않는다고, 말하자면 하느님은 없고 이전에도 한 번도 없었다고 생각하는 사람들에게도, 또 당연히 하느님은 시간의 처음부터 불변의 형이상학적 실체로 '존재했다'고 생각하는 사람들에게도, **신의 죽음**이라는 메시지는 말도 안 되는 정신 나간 소리로밖에 들리지 않았을 것이다. 바오로의 부활 메시지에 아테네인들이 보여준 반응처럼 말이다.

아테네인들에게는 신성이 그들 '삶의 세계'(Lebenswelt)의 가장 친밀한 부분, 마치 늘 생활하는 우리 집에서 나는 냄새를 맡지 못하는 것처럼 너무나 가깝고 평범하여 더 이상 알아차릴 수 없는 일부라는 사실을 일깨워 주는 것이 가능했다. 포스트모던 시대 시장의 유럽인들은 **그들이 더 이상 신성불가침 안에서 살아가지 않는다**는 말을 들을 것이다. 습관적 무신론, 습관적 신심을 생각조차 하지 않기에 잘 드러나지 않는 하느님의 부재가 그들에게는 너무나 자명한 것이 되어 버렸기 때문에 그 원인과 결과를 최대한 극적으로 보여 줄 수밖에 없다. "우리 모두가 그의 살해자다. 그러나 우리가 어떻게 이렇게 했는가? 우리가 어떻게 바닷물을 다 마셔 버릴 수 있었는가? 지평선 전체를 지워 버릴 해면을 누가 우리에게 주었는가? 이 지구를 태양에서 풀어놓았을 때 우리는 무슨 짓을 저질렀는가? 우리는 어디로 가고 있는가?"

니체의 이야기에서 신의 죽음을 전하는 사자는 사람들을 무신론으로 개종시키고, 그들을 마침내 무신론자로 만들려고 온 것이 아니다. 분명히 깨닫지 못할 뿐 그들은 이미 무신론에 깊이 빠져 있다. 하느님이 더 이상 그들 관심의 대상이 아니기 때문이다. 불편한 진리를 말해도 그러려니 하고 용인되는 바보, 즉 광인이 온 것은 사람들이 **미처 의식하지 못하거나 잊고 있지만 무신론에 빠지게 된 이유에 대한 책임감을 그들 안에서 불러일으키기** 위해서다. 광인은, 그리고 그의 가면을 쓴 니체는 무신론을 '선전'하여 독자들의 마음에서 **신이 죽게 하려는 것**이 아니라, 오히려 이런 사건이 벌써 일어났다는 소식을 전하고 그 의미를 설명하기 위해 왔다. 그는 이 사건이 자신들에게 얼마나 근본적으로 직결되어 있는지 독자들이 깨닫기를 바란다. 그들은 신의 죽음의 공동 피해자이자 공동 가해자다.

자신도 모르는 사이에 우연히, 또는 완전히 무의식적으로 저질러진 것이 분명한 이 행동은 가해자들이 받아들이기에는 '너무 지나친' 것이며, 책임을 통감해야 하는 **잘못으로든** 붙잡아야 하는 **해방의 기회로서든** 그 충격적인 의미를 깨닫기도 너무나 버겁다. 그들은 그저 이 메시지를 전혀 알아듣지 못할 따름이다. 광인은 **너무 일찍 온 탓에** 미친 사람이 되었노라고, 니체는 이렇게 말했다. 니체는 시대를 앞서간 예언을 한 이 작중 인물과 자신을 분명 동일시하고 있다. 그의 시대에는 이 메시지를 알아들을 "귀가 아직 무르익지 못했다".

※

우리는 니체 이후 신이 죽었다는 소식들을 계속해서 듣고 있다. 그러나 우리는 그 소식들을 어떻게 이해해 왔는가? 그 메시지에서 어떤 결론을 이끌어 내 왔는가?

한 문장을 놓고 그토록 다양하고 상반된 해석들이 나올 수 있는 경우는 거의 없을 것이다. 『즐거운 학문』에서 이미 니체는 그 양면성에 대한 암시를 준다. 광인의 설교에서는 신의 죽음이 빚은 비극적 결과가 강조되는 경향이 있다. 우리는 모든 태양에서 멀어진 어두운 공간으로 돌진해 가고 있고, 모든 방향과 지평선을 잃어버렸으며, 위아래도 모른다. 더 이상 선과 악을 알지 못하고, 알 수도 없다. 옛 가치관은 박살나 버렸다. 그러나 같은 책 앞 장에서 니체는 신의 죽음을 크나큰 기회로 본다. "이제 우리는 탁 트인 바다로 자유롭게 출항할 수 있다."

빈 공간은 채워져야 한다. 빈 왕좌는 낡은 하느님 자리를 대신할 새로운 후보들을 손짓하며 부른다. 니체가 한 후보를 소개한다. 초인超人이다. 신의 죽음은 인간의 죽음, 곧 기존 인류와 인성의 종말이기도 한 셈이다. 새로운 인간 또는 새로운 하느님, 새로운 '신인'神人(God-Man)이 와야 한다.

니체는 오랫동안 새로운 신이 오지 않았다는 것에 놀란다. 니체가 다른 본문에서 제안하듯, 신의 죽음은 "하느님이 도덕적 옷을 벗었다"는 것을 뜻할 뿐이다. 우리가 이번에는 선과 악을 뛰어넘은 신을 다시 볼 수 있으리라고 니체는 예언한다. 니체는 "춤출 줄 아는" 자신의 신을 볼 수 있을까?

⚜

20세기의 문턱에서 니체가 죽은 이래로, 수많은 '새로운 신'이 등장했고 '새로운 인간' 또는 초인을 제시하려는 시도들이 있었다. 적어도 유럽 여러 지역에서는 무신론과 종교적 무관심이 유례없이 퍼져 나간 세기이자, '새로운 신'과 다양한 '새 인간'이 대량 생산된 시기이기도 했다. 그러나 니체는 이들 누구한테도, 자기 동료 괴테의 표현처럼 "머물러 주오, 그대는 너무나 아름다우니!"(Verweile doch, du bist so schön!)라고 기쁘게 말했을 것 같지 않다.

지금처럼 종교가 성행하고 우리 문명의 큰 집에 '하느님이 귀환'하여 널리 논의되는 시대에도, 나는 이것이 과거의 파괴적인 신들이나 종교의 값싼 복제품이 귀환한 것은 아닌가 하는 의구심이 든다. 내가 우리 시대를 높이 평가한다면 그것은 갈증을 달래 준다는 음료보다는 목마름 자체, 흔히 제시되는 해답들보다는 물음들 자체 때문일 것이다. 그런 손쉬운 음료와 해답들은 예전의 그 **익숙한** 신들이 다시 살아 활개 치는 꼴은 아닐까?

오늘날 자캐오에게 말을 건네야 한다면, 나는 그와 함께 '알지 못하는 신에게 바쳐진 제단'을 다시 한 번 찾아 나설 것이다. 오늘날의 북적대는 도떼기시장 같은 종교 시장에서가 아니라, 최근의 종교 비평과 세속화 과정을 거치며 말끔하게 치워진 공간에서 그분을 찾으려 할 것이다. 그리고 그 제단에서 나는 아마 말마디는 조금 달라지겠지만, 오래전 아테네에서 바오로 사도가 선포했던 것을 이야기할 수밖에 없을 것이다. 그 알지 못하는 신이 우리에게 알려지지 않은 것은 그분이 계실 만한 곳에서 그분을 찾지 않았기 때문이다. 우리는 이 세상 신들과 철학 구조들, 우리 자신의 원의와 두려움의 투사, '초자연적 존재들', 그리고 우리 상상의 산물들에서 그분을 찾으려 한다. 우리는 세상이라는 '무대 뒤', 우리 운명을 관리하는 천상 사무실에 있는 고대 신들 가운데서 그분을 찾으려 한다. 우리는 근대 초기의 이신론자理神論者들처럼 우주를 제조하고 수리하는 공장에서 그분을 찾으려 한다. 그러나 그분은 그런 곳 어디에도 계시지 않는다. 우리가 그분을 보지 못하는 것은 그분이 너무 가까이 계시기 때문이다. 그분은 우리보다 훨씬 위에 있는 존재가 아니라,

우리 삶 깊숙한 곳, 우리 존재 안에 계신다. "우리는 그분 안에서 살고 숨 쉬고 움직이고 존재한다." 너무 가까이 있는 것들은 놓치기 쉬운 법이다. 그러나 그분은 우리에게 '가까이' 계신 것이 아니라 가까움 자체이시다. 우리는 가까이 있는 것들도 볼 수는 있으나, 가까움 자체를 보지는 못한다. 우리는 빛 속에 있는 물체들을 볼 수 있지만, 빛 자체를 보지는 못한다. 하물며 자기 얼굴도 못 보고 거울에 반대로 비친 상만 볼 수 있는 우리인데, 하느님의 얼굴을 어찌 볼 수 있겠는가?

    아레오파고스에서 바오로가 했던 것처럼, 나도 '하느님의 얼굴'은 거울로 어렴풋이만 깨달을 수 있음을 보여 주려고 노력할 것이다. 우리 모두를 위한 위대한 수수께끼인 나자렛 예수의 이야기, **파스카의 거울**을 통해서만 하느님의 얼굴을 볼 수 있다. 자캐오는 그때 아레오파고스의 아테네 시민들보다 더 잘 참고 기다리며 끝까지 이야기를 따라갈 수 있을까? 그것이 문제다.

8
파스카의 거울

다마스쿠스로 가던 길에서 "사울아, 사울아, 왜 나를 박해하느냐?" 하고 위에서 자기 이름을 부르는 소리를 들었던 그 사내는 실제로 특이한 사도였다. 그의 극적인 회심 이야기나, 지성이나 성격, 교육 수준이 열두 사도와 상당히 달랐다는 점 때문만은 아니다. 바오로 서간이 없다면 신약성경은 그 언어나 그것이 담고 있는 사상 면에서 당시의 종말론 문학과 별반 다르지 않았을 것이다. 공관복음서들과 묵시록의 초라한 그리스어와는 대조적으로, 바오로 서간들에는 은유와 수사가 놀랍도록 풍부하다. 시인 앙리 보쇼Henry Bauchau에 따르면, 바오로의 은유와 수사 일부는 셰익스피어 희곡의 재기 발랄하고 현란한 언변에 비길 만하다. 그러나 서간이 담고 있는 사상의 급진적 성격과 양식 앞에서는 그 빛나는 문체도 무색해진다. 바오로가 없었다면 그리스도교는 유다교 안의 여러 종파 가운데 하나로 남았을 가능성이 크다. 바오로의 등장으로 그리스도교는 처음으로 이스라엘의 문화적·종교적 경계를 뛰어넘을 뿐만 아니라, 당시 사회에서 그때까지 신성불가침으로 여겨지던 온갖 경계를 허물게 된다. 유다인인지 이교도인지, 남자인지 여자인지, 종인지 자유인인지가 더 이상 중요하지 않게 되었다. 바오로가 절대적이라고 여긴 것, 곧 '그리스도 안에 살아가는 **새로움**' 앞에서 그 모든 장벽은 상대적인 것이 되었다. 우리 모두 부름 받고 있는 자유, 그리스도께서 우리를 해방시키신 목적이기에 무슨 일이 있어도 우리가 지켜 내야 하는 **자유**를(갈라 5,1 참조) 성취한 것이다.

니체 같은 천재 사상가가 바오로의 메시지를 그렇게 깊이 오해하고 그 의미와 의의를 송두리째 왜곡한 것은 놀라운 일이다. 니체의『안티그리스도』Antichrist는 공격적 혐오로 가득한 책이며 도발 행위이고 도전장이다. 비록 그가 순순히 인정하지는 않겠지만 그는 그 도전장을 누가 어떻게 집어 드는지 보려고 기다리고 있었다. 미안한 얘기지만 내가 보기에『안티그리스도』의 저자는 자신이 사랑받고 있다는 확신을 얻으려 일부러 밉살스럽게 행동하는 반항아처럼 느껴질 뿐이다. 그가 우쭐대면서 선언한 '망치 철학'으로 유명해진 니체의 망치는 부수는 연장보다는 암석의 보이지 않는 중심부를 조사하는 광물학자의 망치 또는 우리의 반사운동을 시험하는 신경과 의사의 망치에 가깝다. 그 망치가 무언가를 부순다면, 새 길을 파거나 자연 그대로의 돌덩어리를 깎아 조각하기 위해서만 부술 뿐이다. 말하자면, 미리 계획했던 조각상, 새로운 형태, 새로운 자질을 안에서부터 끄집어내기 위한 것이다. 니체가 그리스도교를 상대로 가장 날을 세우고 가장 부당하게 벌이는 논쟁인『안티그리스도』의 공격적인 장광설 속에서도, 어느 지점에서는 예수님에 대한 놀라운 사랑의 찬미가가 솟구쳐 나오는데 이는 그가 예수님의 본모습을 통찰력 있게 깨달았음을 증언한다.

니체는 바오로 같은 일을 할 수도 없고 할 뜻도 없다. 니체가 바오로를 향해 지니고 있는 것은 증오와 단호한 단죄의 독설뿐이다. 니체가 묘사하는 바오로, 니체가 풀이하고 평가하는 바오로의 가르침을 바오로의 실제 본문과 비교해 보면 그 간극이 실로 엄청나다. 그 모든 분노는 어디서 비롯된 것인가? 이 두 사람은 사실 여러 면에서 상당히 비슷하지 않은가? 그리스도교를 근본적으로 뒤흔들고 싶은 니체는, 그리스도교 역사가 시작될 때 모세의 율법 세계와 예수님의 긴장 관계를 끝내기를 두려워한 이들에 의해 그리스도교 구상이 크게 변화되고 재해석된 것이 바오로 탓이라고 생각하는 것인가? 아니면 예루살렘 사도회의에서 ─ 베드로가 기꺼이 타협하려 한 탓도 있지만 ─ 바오로가 베드로와 다른 사도들을 누른 역사적 승리가 그리스도교의 해방적 급진주의에 불을 붙여, 고대 세계 문명 전체를 송두리째 변화시키고 그 경계 너머까지 계속 번진 큰불로 타오르게 되었다고 생각하는 것인가?

디트리히 폰 힐데브란트Dietrich von Hildebrand는 "니체는 급진적 프로테스탄트 설교가"라고 했다. 그러나 마르키온에서 루터를 거쳐, ─ 바오로가 그리스도 십자가의 의미라고 풀이한 케노시스, 곧 자기 비움의 실현을 세속화로 해석한 지안니 바티모를 비롯해 ─ 오늘날 포스트모던 그리스도교 해석가들에 이르기까지 거의 모든 그리스도교의 급진적 개혁의 요람에 서 있던 인물은 바오로였다. 그리스도교 사상사의 시작에 있던 '첫 프로테스탄트 신도' 마르키온은 바오로와 율법의 대치와 은총을 바탕으로, 옛 율법에서 말하는 창조주인 어두운 하느님과 복음서에 나오는 예수님의 자비로운 아버지라는 '두 하느님' 이론을 끌어냈다. 낡은 하느님을 부정하고 "도덕적 껍데기를 벗어 버릴" 하느님이 돌아오리라고 모호하게 약속한 니체는 어떤 의미에서 '급진적 프로테스탄트 신도'가 아닌가? 니체가 시도하는 낡은 종교에서의 해방은 아주 먼 경계를 뛰어넘어 바오로와 마르키온에서 시작된다는 점에서 더욱 그러하다. **나쁜** 신을 거부한 마르키온은 교회의 '첫 니체'이며, 낡은 하느님의 죽음이라는 메시지를 던진 니체는 '그리스도교의 마지막 마르키온'이 아닌가?

알랭 바디우Alain Badiou는 바오로에 관한 훌륭한 책[1]에서, 니체는 바오로를 적으로 여기기보다는 경쟁자로 느낀다고 주장한다. 결국 두 사람 모두 새로운 역사적 시대를 시작하고 싶어 하고, 현대인은 뛰어넘어야 할 그 무엇이라고 확신하며, 죄와 율법의 규칙을 끝내고자 하고, '반철학'反哲學(antiphilosophy)을 실천하며, 부정성否定性과 죽음의 지배에서 벗어나는 삶의 해방, 삶의 긍정 사건을 준비하고자 한다. 바디우에 따르면, 『안티그리스도』에서 니체는 바오로의 교리와 그의 역할을 우스꽝스럽게 그리고 있지만, 한 가지는 정확하게 인식했다. 바오로는 예수의 전 생애에 관심이 있지 않다. 바오로에게 필요한 것은 "십자가 위에서의 죽음, **그리고** 그 이상의 무엇"[2]이 전부였다. 그러나 바오로에게 중추적인 것인 바로 "그 이상의 무엇", 죽음을 이긴 "그 무엇"이었다.

바오로가 예수님의 가르침을 완전히 무시하고, 복음서에서 말하는 그분의 선포와 그분의 기적들과 그분의 생애 전체에 아무런 관심을 기

---

[1] Alain Badiou, *Saint Paul: The Foundation of Universalism*, trans. Ray Brassier (Stanford, CA: Stanford University Press 2003).

[2] Friedrich Nietzche, *The Antichrist*, trans. H. L. Mencken (New York: Knopf 1918) 42.

울이지 않았다는 말이 맞는지도 모른다. 그러나 한 가지 예외가 있다. 파스카 사건이다. 바오로의 복음 전체, 그가 말하는 그리스도교 전체는 오로지 파스카 사건, 곧 성찬례와 십자가와 부활을 토대로 삼는다.

바오로가 아테네 아레오파고스에서 한 설교도 부활에 관한 메시지로 이어지고 있다. "알지 못하는" 하느님, 그러나 우리에게 가까이 계시는 하느님, 그 안에서 "우리가 살고 움직이고 존재하는" 하느님에 대한 바오로의 해석은 십자가와 부활에 관해 말하기 위한 전주곡일 뿐이었다. 그러나 그를 비웃고 따분해하는 청중들의 방해로 그의 설교는 거기서 끝났다. 우리는 바로 그 순간에서 출발해 보자.

✤

그리스도교의 그리스화는 복음을 거대하고 영향력 있는 문화로 전하는 데 도움이 되었으나 결국은 '그리스도교의 새로운 유다교화'를 낳게 되었다는 무앙의 견해를 앞에서 소개한 바 있다. 경계를 따지지 않고 모두에게 접근한 바오로의 방식이 한 유형의 언어와 사고에 치명적으로 얽매이게 함으로써 오랫동안 제동을 걸었기 때문이다. 내가 보기에 '그리스도교의 새로운 유다교화'는, **로마 감각의** 법과 윤리가 그리스도교 철학과 철학적 신비주의의 영감을 받은 그리스 교부학과 플라톤주의, 신플라톤주의의 흐름보다 우세해졌을 때 일어났다. 그런 흐름이 가장 정교하게 꽃핀 형태는 아마도 니사의 그레고리우스와 디오니시우스 아레오파기타의 '부정신학'否定神學일 것이다.

유다교와 — 유다교를 상당히 닮은 — 이슬람은 본질적으로 계약 관계의 논리에 근거하는 **율법 체계다**.³ 예수님은 놀라운 획기적 진전과 변화를 가져오셨고, 바오로는 훨씬 더 급진적으로 그렇게 했다. '**차변-대변**'의 관계를 **은총과 신앙의 변증법으로 대체**하고, 율법의 종교를 사랑의 종교로 대체하려는 시도였다.

구약성경의 일련의 계약들, 그 가운데도 시나이 산의 계약을 통해 하느님께서는 이스라엘을 **당신과** 하나로 묶으신다. 이것은 분명 놀라운 조치다. 이로써 하느님이 고대 동방의 '예측 불가능한 광야의 악령'이나 '절대적 지배자'에서 — 프로이트와 프롬의 심리분석학적 용어를 빌리자면 — '입헌군주'로 바뀌시며, 종교적 관계가 여느 훌륭한 법전들처럼 논리적이고 투명해지기 때문이다. 그러나 그리스도교는 더 멀리, 훨씬 더 급진적인 걸음을 내딛는다. 그런 시도는 히브리 성경과 유다교와 유다 신비주의에서는 넌지시 암시될 뿐이다. 예수님께서는 더 이상 율법이 아니라 사랑에 근거한 **새로운 계약**을 맺으신다. **"내가 너희를 사랑한 것처럼 서로 사랑하라."** 이것이 예수님의 유일한 "계명"이다. 이 가르침은 '정결한' 것과 '부정한' 것을 엄격하게 구분하는 명령과 금령들의 체계와 완전히 결별한 것이다. 예수님은, 그리고 그분의 발자취를 따라 훨씬 더 급진적으로 바오로는, 제도 전체를 완전히 뒤집고 종교를 완전히 율법과 분리시킨다. 예수님께 맞선 바리사이들과 바오로에 맞선 예수의 사도들과 제자들은 이 점을 정확히 이해하고 있었다.

---

3   물론 유다교와 이슬람 전통의 신비적·철학적 차원을 부정하려는 것은 아니지만, 그런 전통들의 핵심에서는 바오로 같은 급진적 반율법주의 사상가들을 전혀 찾아볼 수 없다.

그러나 하느님의 사랑은 율법의 논리를 초월하기에 '명백하지도 않고' '합리적이지도 않다'. 하느님 사랑은 '어리석으며', '이성'으로는 도무지 이해할 수 없고 **사랑으로만** 이해할 수 있다. 정교한 율법 체계에 얽매일 수도 없다. 하느님 사랑은 예수님께서 최후의 만찬에서 사도들에게 주셨던 유일한 계명을 통하여 그저 표현될 뿐이다. 이성, 특히 종교 율법주의의 이성은 '하느님과 어울리지' 않는다. 은사이며 은총의 선물인 사랑만이 사랑이신 분과 어울린다. **법 이성은 이를 '어리석다'고 여긴다.**

사람들은 하느님을 이해하고 그분을 파악하고 그분의 신비를 벗기고 싶은 바람을 언제나 간직하고 있으며, 자신들이 어떤 의미에서 **하느님처럼** 될 때만 그렇게 할 수 있으리라는 것을 직감하고 있다. 그러나 **하느님처럼 되는 데는 전혀 다른 두 가지 길**이 있다. 그분 신비의 너울을 벗기고 스스로 선악을 구분할 수 있는 지식을 어느 정도 얻는다는 의미에서 **'하느님을 알게 되는 길'**이 있고, 역설로 가득한 어리석은 사랑의 논리를 행동으로 본받음으로써 **'하느님처럼 되는 길'**이 있다. 첫 번째 길은 사탄이 에덴동산의 아담에게 제시했던 길이고("너희도 하느님처럼 선과 악을 알게 될 것이다"), 두 번째 길은 예수님께서 제시하신 길이다("의로운 이에게나 불의한 이에게나 해를 비추시고 비를 내려 주시는, 하늘에 계신 우리 아버지처럼 되어라"). 바오로는 두 번째 길, 십자가 위에서 끝내는 것 말고는 별다른 도리가 없었던 '어리석은' 그 길을 잘 알고 있고, 그 길을 더 급진적인 것으로 만든다("그리스도 안에서 어리석어지자. 하느님의 어리석음이 사람보다 더 강하다").

교회 안에서도 하느님에 대한 지식을 교의적 정의들로 박음질하고, 하느님과의 관계를 법적 체계의 속박 안에 가두는 방식으로 하느님을 이해하려는 시도들이 있다. 아시시의 프란치스코 성인처럼 어리석은 사랑을 독창적으로 실천할 수 있도록 새로운 성찰과 영감을 계속 불러일으켜 주는 성경의 극적인 이야기들 대신, 교리서들이나 논리 정연한 교의 교과서들은 잘 짜인 시간표를 제시하며 우리더러 그 시간표를 규율처럼, 또 충돌이 생기지 않게 **변함없이** 준수하라고 강요한다. 이에 반대하는 신학자들과 신비가들과 성인들은 하느님은 설명할 수 없는 신비이며 그리스도를 따르고 그리스도를 통하여 드러난 하느님 뜻을 실천하는 일은 일련의 명령들과 금령들을 주지키는 데 있지 않고 사랑의 어리석음에 있음을 보여 준다. 물론 그들은 예수님처럼 율법의 수호자들과 '충돌'하고, 바오로처럼 첫 세대 보수 그리스도인들과 바리사이들과도 충돌한다.

요컨대, 하느님의 논리는 인간의 논리와 다르다. 우리는 예수님의 여러 비유, 그리고 십자가와 신앙과 은총에 관한 바오로 신학의 수많은 역설로 하느님의 논리를 체험해야 한다. "첫째가 꼴찌 되고 꼴찌가 첫째 될 것이다." "목숨을 잃는 사람은 목숨을 얻을 것이다." "가진 자는 더 받고 가진 것이 없는 자는 가진 것마저 빼앗길 것이다." "주는 것이 받는 것보다 더 행복하다." "행복하여라, 가난한 사람들!" "불행하여라, 너희 부유한 사람들!" "행복하여라, 지금 우는 사람들!" "불행하여라, 지금 웃는 사람들!" "행복하여라, 박해를 받는 사람들!" 이 모든 역설 가운데 으뜸은 그리스도교 신학의 핵심에 있는 두 가지 신비, 곧 육화와 구원, 구유의 하느님과 교수대의 하느님이다. 파스칼, 루터, 키르케고르, 본회퍼 같은 인물들은 이를 잘 이해하고 있었다.

그러나 사랑의 활짝 열린 문과 그 문틈으로 위험천만하게 불어 들어온 정신을 발견하고서도, 법에 얽매인 사고방식으로 그 문을 천천히 닫기 시작한 이도 많이 있다. '하느님 현존의 존재론적 논증'(이는 다른 '논증'들과는 달리 여전히 숙고하고 해석할 가치가 있다)이라는 독창적 이론을 창안했던 바로 그 눈부신 캔터베리의 안셀무스가, 왜곡된 '대속론'代贖論 (satisfaction soteriology)도 제시하지 않았는가. 수세기가 흐른 지금도 여전히 매우 영향력 있는 이 대속론은 그리스도의 죽음을 단순히 악마와 하느님과 인간 사이의 기이한 거래에서 이루어진 지불로, 말하자면 분노한 지배자의 화를 달래고 빚을 청산하기 위한 '보상'으로 본다.

바오로, 바오로, 왜 우리 그리스도인들이 아직도 그대를, 그대 안에 있는 그리스도의 자유의 정신을 박해하고 있습니까?

✡

이 책을 쓰고 있는 지금 2007년, 베네딕도 16세는 '바오로의 해'를 선포했다. 우리는 바오로의 해에 무엇을 기대할 수 있을까?

올해 초, 베네딕도 교황은 레겐스부르크 대학교에서 대단한 강연을 했다. 언론의 전형적인 선정적 보도로 상당수 무슬림들이 이 강연에 격분했고 강연은 즉각 유명세를 치렀다. 나는 그 강연에서 왜 베네딕도 교황이 이해할 수 없는 하느님을 주장하는 신학자들과 신비가들의 전통에 그토록 강력하게 이의를 제기했는지 이해해 보려 애썼다. 그 전통은 여러모로 나에게 친숙하고 소중하기 때문이다.

현대의 비합리주의, 포스트모던 상대주의, 종교 근본주의, 실용주의의 '냉소적 이성', 실증주의자들과 과학만능주의 지지자들의 편협한 합리성 앞에서, 베네딕도 교황은 신앙과 이성, 종교와 과학의 **새로운 동맹**을 요구하고 있다. 또한 요한 복음 서문에 서정적으로 제시되어 있는 하느님 말씀(Logos)과 그리스철학의 로고스를 교부학과 스콜라철학이 서로 맺어 주었다고 칭송한다. 그는 마누엘 황제가 이슬람을 거슬러 하는 주장, 곧 하느님도 윤리적 규칙에 매여 계신다는 생각을 지지한다.

그러나 레겐스부르크 강연에서 베네딕도 교황은 또 다른 중요한 근본적 주장을 내세운다. 불가해한 하느님은 위험할 수 있으며, 숨어 계시고 신비로우며 예측 불가능한 하느님과는 다른 '이성적 하느님'이 관용과 대화를 가능케 하시는 하느님이라는 것이다. 신비의 어둠에 싸여 계신 하느님을 고백하는 이들은 그 하느님의 이름으로 비이성적인 폭력을 불러일으킬 수도 있다는 두려움을 낳을 수 있다. 나는 신의 이름으로 테러가 자행되는 이 시대에 전 세계적 사목 책임을 짊어진 이의 입에서 나온 논리적이고 일관된 듯한 그 주장을 깊이 숙고했다.

수많은 반대 질문이 고개를 든다. 하느님을 이 세상 이성에 얽매이게 한 이들이 온갖 정교한 말로 폭력을 정당화하지 않았던가? 정당한 전쟁(bellum iustum)이라는 이성적이고 논리적으로 세워진 이론이 여러 끔찍하고 사악한 짓들을 합법화하지 않았던가? 베네딕도 교황이 타당하고 시기적절하게 요구하고 있는 이성과 신앙의 **새로운** 동맹은, 완전히 실패로 끝난 옛 동맹을 정교하게 짜깁기한 것이 아니라 참으로 **새로운** 것이 되어야 하지 않는가? 그러려면 신앙과 이성의 관계를 재고해야 할 뿐 아니라, 이성의 개념과 신앙의 개념 자체를 재고해야 하지 않는가?

율법과 율법의 합리성의 하느님에 대한 대안으로 예수님과 바오로가 제시한 역설의 하느님은, 그분의 이름으로 거룩한 전쟁을 치러도 되는 독단적인 광야의 악령이 당연히 아니다. 그분의 '비합리성'은 우리의 이성적 계산을 뛰어넘고 뒤집어 놓는, 부당하리만큼 '어리석은' 사랑과 풍성한 은총에만 있다. 율법에 따른 정의正義 감각을 갖게 되면, 우리는 종종 우리가 탕자의 비유에 나오는 억울하고 상처 입고 혼란스러운 큰아들이나 뙤약볕 아래서 온종일 지겹게 일했는데도 하루가 다 끝날 무렵에 온 일꾼들도 똑같은 품삯을 받았다는 사실을 알고 '마땅히' 이의를 제기하는 일꾼 같다고 느끼게 된다.

"너희 길은 내 길과 같지 않다. … 하늘이 땅 위에 드높이 있듯이 내 길은 너희 길 위에, 내 생각은 너희 생각 위에 드높이 있다"(이사 55,8-9)고 성경은 말한다. 하느님께서 우리의 법적 사고와 '대차대조표'에 따른 우리의 정의 셈법을 뛰어넘으시는 까닭은, 그분 사랑이 무한히 넓고 너그럽기 때문이다. 그리고 그 사랑은 파스카 이야기의 역설에서 가장 분명하게 드러난다.

※

하느님을 알지 못하는 것은 그분이 너무 가까이 계시기 때문이라고 앞에서 말했다. 보통 우리는 우리가 숨 쉬는 공기를 알아채지 못한다. 우리는 빛 자체를 볼 수 없고, 빛 속의 물체들만 볼 수 있다. 마찬가지로 우리는 하느님의 얼굴을 거울로만 볼 수 있다. 바오로는 그 거울이 예수님, 아니 예수님의 파스카 이야기라고 말한다. 바오로는 **십자가에 못 박히신 예수님** 외에는 아무것도 알고 싶어 하지 않는다(1코린 2,2 참조). 이미 지적했듯이, 바오로는 구유의 예수님, 광야의 예수님, 타보르 산의 예수님을 "알지 못한다"(적어도 바오로는 이런 예수님에 관하여 한 번도 언급하지 않는다). 예수님의 선포, 치유, 카나에서 물을 포도주로 바꾸신 일, 카파르나움 근처에서 빵을 불리신 일, 올리브 산에서 기도하신 일, 물 위를 걸으신 일들은 말할 것도 없다.

바오로 사상 전반을 지배하고 있는 것은 십자가다. 우리가 파스카 메시지의 핵심으로 여기는 부활 메시지마저도 때로는 '**십자가**의 그늘에 가려질' 정도다. 십자가와 부활은 분명 그리스도교 복음에서 불가분적으로 연결되는 한 쌍이다. 그러나 이 둘의 관계가 언제나 대칭적이지는 않다. '십자가 없는' — 그리고 성부께 버림받은 예수님을 비롯하여 십자가에 담긴 모든 의미가 없는 — 부활 소식은 어떤 의미에서 **위험할** 수 있는 반면, 십자가는 어느 모로 그 자체로 '안식일 다음 날 아침' 선포된 승리, 빈 무덤, 치워진 돌에 앉아 있는 천사가 전하는 메시지가 된다. 파스카 이야기와 **분리된** 부활 소식이 왜 '위험할' 수 있는지는 요한 밥티스트 메츠가 간명하게 설명해 놓았다. 십자가에 못 박히신 분의 외침이 우리의 부활 선포에서 빠진다면, 우리가 전하는 메시지는 그저 승리의 신화가 되어 버리며 이는 그리스도교 신학의 핵심이 아니다.[4] (내가 보기에

---

4   이에 관해서는 Tomáš Halík, *Confessor's Night* (New York: Doubleday Religion 2010)를 참조하라.

멜 깁슨의 영화 「패션 오브 크라이스트」에서 묘사된 예수님의 수난이, 본질적으로 비그리스도교적인 그러한 '승리 신화'의 단적인 예다.)

바오로는 "그리스도의 십자가가 헛되지 않게 하는 것"(1코린 1,17)에 심혈을 기울인다. 우리도 그 메시지가 헛되지 않게 하며, 부활에 대한 피상적 이해를 비롯한 그 무엇으로도 희석되지 않도록 관심을 기울여야 한다. 어느 책에서 이런 맥락의 생각들을 대략적으로 제시했을 때, 르페브르파 잡지의 한 논평가는 내가 부활을 믿지 않는다고 감히 주장했고, "그는 더 이상 그리스도인이 아니기에 더 이상 이단도 아니다"라는 대단한 평까지 덧붙이기도 했다. 그들은 얼마나 잘못 생각하는가! 내 관심은 부활의 심오한 진리가 지나치게 단순화되지 않게 보호하고, 우리가 그것을 '순수한 사건들'(bruta facta, 우리 세계의 일상적 사건들) 가운데 하나로 여김으로써 그 의미를 폄훼하거나 '헛되이' 만드는 것을 막으려는 것이다. 부활은 일상적 사건도 아니고, 카나에서 물을 포도주로 변화시키신 일이나 라자로를 되살리신 일처럼 복음 이야기에서 읽을 수 있는 '기적'도 아니다. 그것은 비할 수 없이 더 크고, 더 중요하며, 어떤 것에도 견줄 수 없다.

그래서 부활 메시지는 우리에게 **지적 동의를 훨씬 뛰어넘는 그 이상의 것**을 요구한다. 그 신비의 심연을 억지로 바라보면 우리 지성은 당연히 현기증을 느낄 수밖에 없기 때문이다. 그것은 우리에게 훨씬 더 깊이 관여하도록 요구하며, 훨씬 더 근본적인 것을 바란다. 이 위대한 신앙의 진리로 **그 사건을 우리 존재 전체로 받아들이라**는 것이다. **그리스도의 부활을 믿는다**는 것은, 어떤 구체적인 이론을 받아들이거나 **그런 일이**

한때 일어났었다는 견해를 옹호하는 차원을 훨씬 뛰어넘는 무언가를 뜻한다. 부활에 대한 우리 믿음은 우리가 **그 사건에 참여함**으로써, **우리가 함께 부활함**으로써 확인된다. 바오로에 따르면 우리는 이미 그리스도와 함께 다시 살아났다(콜로 3,1). 그리스도께서 죽은 이들 가운데서 되살아나신 것처럼 우리도 새로운 삶을 살아가야 한다!(로마 6,4 참조).

무덤을 닫는 것으로 끝나는 성금요일 요한 복음 수난기를 읽을 때, 또는 예수님을 무덤에 모시는 사건으로 마무리되는 십자가의 길을 걸을 때, 나는 언제나 그 무덤을 우리 자신으로 의식한다. **부활은 우리 안에서 일어나야 한다.**

그리스도교의 핵심 상징이 부활 묘사가 아닌 십자가인 것은, 부활과 부활하신 예수님을 예술적으로 묘사하기가 더 까다롭기 때문은 물론 아니다. 우리 교회와 집의 벽에 걸린 십자가들은, 우리에게 가서 그 뒷이야기를 **우리의 삶으로** 들려주라고 재촉한다! 십자가의 길 마지막 제14처는 무덤에 모시는 것을 묘사하고 있지만, 묵상의 여정은 우리 삶의 길을 따라 계속되어야 한다. 우리는 이런 말을 듣는다. "이제 너는 '부활의 증인'으로 선택되었다. 이제 너는 예수님이 이 세상에 어떻게 현존하시는지, 오늘날 그분이 어떻게 살아 계시는지를 증언해야 한다."

부활 신앙과 그리스도의 현존과 생명력을 기꺼이 증언하려는 그리스도인들은 신화적 이미지의 감화력이 아니라 부활 **사건** 자체에서 힘을 얻어야 한다. 나는 그 어떤 위인들의 **불멸의 사상**이 존재하는 것보다, 우리 세상 안에서 부활하신 분의 현존이 훨씬 **더 실제적**이라고 생각한다. 부활의 실재는 현실에 대한 나의 지나치게 편협했던 이해를 수정하게 하며, 내 경험 세계의 지평을 빠져나와 끝없이 깊은 신비 속으로 들어가게 한다고까지 말할 수 있다. 이로써 **현실에 대한 이해**뿐 아니라 내 삶의 현실 자체, 내 삶 자체가 새로운 깊이와 새로운 의미를 얻는다. 비록 아직 삶을 실제로 변화시키지는 못했다 해도, 그 새로운 의미는 이미 내 삶 안에 존재하고 있다. 내가 받아들이거나 거부할 수 있는 부르심, **깊은 곳으로의 초대**로라도 이미 내 삶 안에 들어와 있는 것이다.

그리스도께서 되살아나지 않으셨다면 우리 믿음은 덧없는 것이라는 바오로의 생각(1코린 15,17 참조)에 나도 동의한다. 그러나 부활에 대한 우리 믿음이 그저 하나의 견해나 확신에 머물고 우리 삶에 아무 영향을 미치지 못한다면, 다시 말해 우리 자신이 새로운 생명으로 부활하지 못한다면, 그것 또한 덧없고 무의미하고 헛될 것이다. 바오로에 따르면, 예수님의 부활에 대한 믿음은 우리 구원의 조건이다. 그러므로 그 믿음은 **그런 일이 실제로 일어났었다**는 확신보다 **훨씬 더 큰** 어떤 것이 되어야 한다. 우리의 의견과 추정들, 우리가 동의하는 이론들, 우리 머릿속에 들어 있는 지식들이 우리를 구원하지는 않는다. 우리 구원의 **근거**는 그리스도의 십자가 희생이었으며, 우리는 아무 공로 없이 받는 그 은총의 선물을 신앙으로 받아들이고 끌어안아야 한다. 여기서 말하는 신앙이란, 우리 삶을 송두리째 변화시키는 힘으로서 그 사건을 우리 삶 안에 받아들인다는 뜻이다. 까마득한 옛날에 일어난 유명한 사건들에 대한 지식처럼 갖고 있는 것으로는 충분치 않다.

부활을 믿는다는 것은 "약함 안에서 드러나는 힘", 그리스도의 희생의 힘, 살아 있는 실재인 그분의 희생적 **사랑**을 받아들이는 것을 뜻한다.

그리스도의 부활을 믿지 않는다는 것은 십자가가 종착점인 양, 그리스도의 삶과 희생이 더 이상 아무 영감도 줄 수 없는 절망적 낭패이고 무의미하고 부조리한 패배인 양 살아간다는 뜻이다. 그렇게 살아간다는 것은 "그리스도의 십자가를 헛되게" 하고, 선사하시는 은총을 마다하며, "부활을 믿지 않고" 스스로를 구원에서 차단시키는 것과도 같다. 그것은 이 현세에서, 그리스도께서 죽음을 이기심으로써 활짝 열어 주신 새롭고 충만한 생명으로 들어가지 않고 "여전히 무덤에 있는" 것이며, 내 죄와 자유로운 거부 말고는 아무것도 나를 새롭고 '영원한' 생명에서 배제시킬 수 없다는 희망을 잃어버리는 것이다. 그것의 가장 어두운 결과는, 내 육신의 죽음으로도 그 '새로움'은 끝나지 않는다는 희망을 잃어버리는 것이다.

현재 가톨릭교회가 가르치듯이, 그리스도 이전에 살았거나, 복음을 아직 들어 본 적 없거나, **아무리 좋은 양심으로도 도무지 자신의 이해로는 받아들일 수 없는 형태로 그 메시지가 도착한 까닭**에 "자기 탓 없이 그리스도를 받아들이지 않은" 이들도 자신의 양심과 이해에 따라 살았다면 구원될 수 있다. 인성을 '선물이자 임무'로 받아들이고 그 임무를 양심적으로 충실하게 완수하려고 노력하는 한, 그들은 자신의 인성에 힘입어 '성탄의 신비'인 육화 사건에 동참한다. 십자가로 이어지는 희생의 사랑을 삶 안에 소중히 간직하고, 자신의 이기심을 극복하려 애쓰며, 그 사랑이 삶의 여정에서 맞닥뜨리는 장애물들을 최종적인 것으로 여기지 않는 한, 그들은 분명 부활의 신비에도 동참한다. 죽음을 이긴 그리스도의 승리는 '흔한 사건'이 아닌 참으로 특별한 사건이다. 이 사건은 **신**

앙의 눈으로만 '볼 수 있다'는 점에서 다른 역사적 사실들과 차별화된다. 지금 여기서는 신앙조차도 하느님의 모든 일을 **거울에 비친 듯 부분적으로만** 볼 수 있기 때문에, 우리 삶의 어둠 속에서는 **인내**와 항구한 희망의 도움을 받아야 한다.

그리스도의 부활은 "세상의 지혜"의 눈에는 여전히 도발이고 **어리석음**이어야 한다. 바오로의 말처럼, 우리와 같은 신앙을 갖지 않은 이들이나 '우리 안의 믿지 않는 이'에게는 "걸림돌"로 남아야 한다(1코린 1,18-25 참조). 우리가 예컨대 이성적 신학으로 우리 신앙의 그 핵심 신비를 '증명'하고 세상의 '지혜롭고 신중한' 이들까지 모두 전혀 힘들이지 않고 쉽게 받아들일 수 있는 것으로 만들려 들면, 그 신비는 **헛되게** 될 것이다.

인간의 그 어떤 체험과 이성과 감각도 부활의 신비를 감추고 있는 돌을 자기 힘으로 치워 버릴 수 없다. 희망과 사랑으로 지탱되는 믿음만이 부활의 메시지를 들을 수 있다. 그 사건은 감추어져 있고 보이지 않는다. 「부활 찬송」Exultet에서 우리는 주님의 부활이 언제 일어났는지는 그 밤만 알고 있었다고 노래한다. 그러나 그리스도는 끝장나지 않았음을 알리는 이들의 증언을 통해 그 사건은 역사의 한가운데 현존해야 한다.

※

숨어 계시고 침묵하시며 멀리 계시는 하느님에 관해서는 이미 충분히 이야기했다. 그러나 하느님께서는 당신 자신을 계시하신다는 말도 덧붙여야겠다. 우리 신앙의 고갱이는, 그분의 가장 충만한 자기표현인 그분 말씀, 그분께서 우리에게 주셨고 결코 다시 앗아 가지 않으실 그 말씀, 우리에게 건네시고 우리와 나누시는 그 말씀이 곧 예수님의 인성이라는 것이다. 예수님은 우리를 위한, 우리 가운데 계시는 하느님 현존의 가장 실제적인 상징이며 가장 강력한 표지다. **예수님은 일하시는 하느님을 바라볼 수 있게 하는 창문이다.** 예수님은 눈으로 볼 수 없는 분의 얼굴이며, 이름 붙일 수 없는 분의 이름이다. 그분의 지상 생애는 층층 구름들 사이로 빼꼼히 엿보이는 태양과도 같다. 그러나 우리 신앙과 구원을 위해서는, 그 사건만으로도 하느님께서 가까이 계심을 보여 주기에 충분하다.

그러나 여기에서도 하느님의 숨김과 드러남의 변증법이 적용된다. 이곳 지상에서 예수님은 주변인들이 보기에 다면적 가치를 지니는 현상이셨다. 그분을 어떻게 받아들이고 이해하는가에 따라 가족의 유대와 피붙이 무리가 갈라졌다. 키르케고르의 지적처럼, 그분 안에서도 하느님께서는 당신의 익명성을 버리지 않으셨다. 하느님께서 돌풍 속의 고기잡이배처럼 그들의 확신들을 흔들기 시작하시고 "한낮의 어둠 속에", 곧 성금요일의 어두운 그림자 속에 당신 얼굴을 숨기셨을 때, 예수님의 가장 가깝고 헌신적인 제자들인 열두 제자들도 이를 **분명히** 깨닫기 어려웠다.

그 다음은 어떻게 되었는가? '역사의 이쪽'에 있는 사도들에게 유형적이고 가시적이며 입증할 수 있는 것들의 측면에서 남은 것이라고는 **빈 무덤**과, 믿는 이든 믿지 않는 이든 누구에게나 열린 온갖 해석들뿐이었다(마태 28,12-15 참조). '만질 수 있는' 것들, 예컨대 표징들과 십자가에 못 박히신 분의 흔적들만이 그들 삶의 현실에 파고들기 시작한다. 그러나 이러한 '사물들'(가령 엠마오 만찬의 빵이나 토마스에게 드러내신 그리스도의 상처들)을 만질 수 있는 치유의 길은 신앙이다.

우리도 우리 제단에서 그리스도의 빵과 그분 피의 포도주에 다가갈 수 있다. 우리도 고통받는 이웃들의 몸과 영혼에 나 있는 아물지 않은 흉터들에서 그분의 상처를 어루만질 수 있다. 십자가 죽음 이후 그 놀라운 40일은 승천 사건으로 마무리된다 해도, 부활의 큰 선물들과 십자가에 못 박히신 분의 흔적들은 여기 지상에 우리 가운데 남아 있다. 그분께서 승천하실 때 천사들은 그리스도의 제자들에게, 곧 우리들에게, 하늘을 그만 쳐다보고 땅으로 시선을 돌리라고 말하지 않았는가? "갈릴래아 사람들아, 왜 하늘을 쳐다보며 서 있느냐?"(사도 1,11). 우리 세계에서 그리스도의 일상적 현존, 곧 일상에 숨겨진 현존을 무시한다면 천사들은 우리도 그렇게 꾸짖을 것이다. 승천 산에서 내려와야 한다. 타보르 산의 선명한 빛에서 내려와 골짜기로 들어가야 한다. 때로는 "그늘진 골짜기"로, 심지어는 겟세마니의 어둠 속으로도 내려가야 한다. 그리스도의 지상 생애가 그러했고 교회의 역사가 그러했듯이, 그리스도의 모든 참된 제자의 삶에는 빛과 그림자가 번갈아 드리운다. 그러나 우리는 그 침침한 빛 속에서, 그리스도교 신앙의 주춧돌이라고 하는 부활 사건을 어떻게 바라보아야 하는가?

그리스도 부활의 신비는 우리가 몇몇 가설 가운데 하나를 입증함으로써 풀 수 있는 탐구 문제처럼 다가오지 않는다. 과학적 방법들을 사용하여 발견하고 묘사하고 설명할 수 있는 역사나 자연의 사실도 아니다.

(전통적 교의 개념들이나 일종의 '탈신화화'脫神話化에 의지하여 그렇게 설명하는 척하는 신학들을 나는 신뢰할 수 없다.) 부활의 신비는 일종의 선문답처럼, 이성의 힘을 거스르는 수수께끼처럼 우리에게 닥쳐온다. 하느님과 우리 사이에서 갑자기 불쑥 튀어 오르는 섬광처럼만 겨우 그 의미를 드러내는 수수께끼처럼 다가온다. 그 번뜩임은 하느님 편에서는 은총이라 불리고, 우리 편에서는 신앙이라 불린다.

하느님의 관점에서, 부활은 성부께서 성자를 죽음의 올가미에서 해방시키신 완전하고 완결된 행위다. 그러나 교회와 세상 역사의 불완전한 관점에서 보면 그 사건은 여전히 '끝나지 않은 혁명'이다. 그것은 우리의 부족한 신앙과 죄와 닫힌 마음이라는 딱딱한 땅에 물길을 내며 흐르다가, 우리 삶의 사건들을 통해 여기저기서 솟구쳐 나오는 지하수와도 같다. 마리아 막달레나가 자신의 이름을 부르시는 그분의 소리를 들었을 때, 바오로가 다마스쿠스로 가는 길에서 "사울아, 사울아, 왜 나를 박해하느냐?"라는 물음을 들었을 때, 아우구스티누스 성인이 정원에서 "집어서 읽어라!"(Tolle, lege)라는 노랫소리를 들었을 때, 이 순간들은 단순히 부활 후 사건들이 아니라 그 사건들 **안에** 부활의 힘과 실재가 있었다. 그들이 부활을 아직 끝나지 않은 살아 있는 사건으로 체험할 수 있도록, 부활은 거기에서도 **일어났다**. 우리도 **부활 안에서 그분과 결합되어야** 한다(로마 6,5 참조).

이곳 지상에서 예수님께서 하신 여러 활동, 가령 카나의 혼인 잔치나 자캐오를 부르신 일이나 라자로를 살리신 일들은 일종의 '부활의 선취'가 아니었을까? 하느님의 활동은 인간 시간의 모든 차원을 아우른다.

그런 일들이 역사의 어느 구체적인 순간에 유일하고 돌이킬 수 없게 일어났다 하더라도 언제나 그들을 위한 길을 닦아 놓은 '원형'들이 있다. 그 사건들은 사라지더라도 전례를 통해서, 또 시성되지 않은 거룩한 이들을 비롯한 성인들의 증언을 통해서 기억(anamnesis)의 형태로 현재화된다. 그들은 기억의 **지향**이기에 과거나, 기억하는 '행위' 자체가 그들을 현재화한다. 우리는 현재에 있고, 과거의 사건은 '우리를 따라잡아' 이제 우리 시대에 계속되고 있다. 하느님의 이 모든 위대한 일이 '역사 안에서 이루어진다' 해도, 그것도 키르케고르의 유명한 표현처럼 '익명'으로 은밀히 이루어진다 해도, 그 모든 일은 우리 모두에게 계시되어 자신의 의미를 온전히 보여 줄 시간, 곧 '종말'을 준비하고 있다.

많은 탁월한 신학자들이 '계속되는 창조'(creatio continua) 이론을 지지한다. 이와 비슷하게 우리도 '계속되는 부활'(ressurectio continua)을 말할 수 없을까?

아우구스티누스는 기도란 눈을 감고, 하느님께서 **지금** 세상을 창조하고 계심을 깨닫는 일이라고 어디선가 말했다. 나는 이렇게 덧붙이고 싶다. 믿는다는 것은 마음을 열고, **지금 바로 이 순간** 무덤을 막았던 돌이 치워지고 춥고 어두운 무덤 위로 부활절 아침의 빛이 찬란하게 비치고 있음을 깨닫는 일이라고.

9
돌을 모을 때

인간 삶의 시간은 사물들의 시간이 아니다. 인간 삶의 시간은 강물처럼 앞으로 쭉 흐르는 시간, 시계와 달력의 시간인 **크로노스**이기도 하지만, 기회의 시간, 무르익은 시간, **그 무엇을 위한 때**인 **카이로스**이기도 하다. 코헬렛은 말한다. "하늘 아래 모든 것에는 시기가 있고 모든 일에는 때가 있다. 태어날 때가 있고 죽을 때가 있으며 심을 때가 있고 심긴 것을 뽑을 때가 있다. 죽일 때가 있고 고칠 때가 있으며 부술 때가 있고 지을 때가 있다. 울 때가 있고 웃을 때가 있으며 슬퍼할 때가 있고 기뻐 뛸 때가 있다. 돌을 던질 때가 있고 돌을 모을 때가 있으며 껴안을 때가 있고 떨어질 때가 있다"(코헬 3,1-5).

지금은 어떤 때인가? 오늘날의 자캐오가 이름을 불러 주기를 기다리고 있는 지금은 어떤 때인가? 오늘날의 시간은 무엇을 위한 때인가? 예수님께서 마치 예언자처럼 우리에게 읽으라고 초대하시는 시대의 징표들에서 우리는 무엇을 알 수 있는가? 지금은 **돌을 모을 때**다. 돌을 모아 깨끗이 치울 때다. 지금까지 충분히 많은 돌을 던져 왔으니, 이제는 **가까워질 때**다.

마르틴 하이데거는 "기술은 모든 거리를 극복했으나 어떤 친밀함도 만들어 내지 못했다"고 일갈했다. 국제공항에서 비행기를 갈아탈 때면 종종 그 문장이 생각난다. 어느 대륙 어느 나라의 호텔 방들도 비슷비슷하듯이 국제공항들도 이제 판에 박힌 듯 서로 닮아 가고 있다.

공산주의 정권 시절 나는 스무 해 동안 체코 국경 너머, 아니 '사회주의 진영' 울타리 바깥으로 여행할 수 없었다. 그 시절이 끝나자 새로운 기회의 문들이 갑자기 내 앞에 활짝 열렸다. 머나먼 세계가 갑자기 내 삶에 파고들었다. 당시 나는 막 마흔에 접어들었지만 그 향기와 색감과 선율에 완전히 도취되어 '잃어버린 세월'을 거슬러 돌아가서 젊음을 다시 얻은 것만 같았다. 나는 새로운 기회들로 마법처럼 펑펑 솟아나는 샘을 열정적으로, 시원하게 들이켰다.

유럽 여러 나라에서 몇 차례 강연을 하고 나자 내 책상과 전자우편함에는 — 나는 이때 처음으로 컴퓨터 세상을 접했다 — 세계 여러 지역의 대학이나 의회에서 연설이나 강연, 세미나를 해 달라는 청탁이 쌓이기 시작했다. 처음에는 가리지 않고 거의 대부분의 청탁을 받아들였다. 유럽 국가들에 이어 처음으로 미국에 갔고 거기서 여러 주를 돌며 십여 개 대학에서 강연을 했고, 그 뒤로도 여러 번 미국을 방문했다. 칠레, 아르헨티나, 캐나다, 대만에서도 강연을 했다. 강연, 답사, 종교 간 대화 모임, 세계 5대 종교에 관한 텔레비전 프로그램의 자문 등으로 나는 이스라엘, 이집트, 모로코, 일본, 네팔, 타이, 미얀마, 오스트레일리아를 비롯한 여러 나라를 다녔다. 세계 곳곳에서 어마어마한 양의 말을 쏟아 낸 다음 침묵이 간절해진 나는 뜨거운 이집트 사막과 꽁꽁 얼어붙은 남극의

병원으로도 여행을 갔다.[1]

20세기 말에서 새 천년기가 시작된 첫 몇 해 동안 나는 엄청난 시간을 비행기에서 보냈다. 다양한 피부색의 승무원들에게 진토닉을 건네받았고, 아마 대학 시절 기말 고사를 앞두고 읽은 책보다 더 많은 책을 그 비행기들 안에서 읽었을 것이다. 점점 하나로 연결되는 과정인 세계화와 그것이 종교 분야에 미치는 영향은 내 강연에서 자주 다루는 주제였는데, 나는 말 그대로 세계화의 영향을 온몸으로 체험했고 내 몸은 당연히 점점 더 지쳐 갔다. 세계가 작아 보이기 시작했지만 훨씬 불투명해졌다. 더 이상 먼 목적지는 없다. 그러나 하이데거가 옳다. 거리를 극복한다고 꼭 친밀해지는 것은 아니다.

친밀해지기, 그것은 우리가 세상을 확장시키고 지배하는 그 어떤 기술적 도구에도 맡길 수 없는 영적 임무다. 친밀함은 어떻게 만들어지는가? 이 물음은 바리사이들이 예수님께 던진 물음을 살짝 변형시킨 것일 뿐이다. "누가 저의 이웃입니까?" 대답은 그때와 똑같다. "너 자신이 이웃이 되어라!"

※

친밀함을 만들기 위한 시간은 "돌을 모을 때"이다. 무겁고 날카롭고 위

---

[1] 극한의 심리적·육체적 압박 속에서 생존을 실험하는 남극 탐사 동행을 비롯하여 여섯 개 대륙을 두루 여행한 체험은 나의 책 『흔들리지 않는 것은 확실하지 않다』*Co je bez chvění, není pevné* (Prague 2002)에 실려 있다.

험한 돌들이 온 세상에 흩어져 있다. 이 돌들은 얼른 나를 주워서 남들에게 던지라고 계속해서 우리를 졸라 댄다. 해묵은 논쟁들, 한 번도 풀리지 않은 오해들, 좌절들, 상호 실망, 용서받지 못한 잘못들, 이 모든 것이 굳어서 돌이 될 수 있다. 이 모든 것이 사람과 민족과 문화와 종교 사이의 길을 가로막는 편견과 반목의 바윗덩어리로 변할 수 있다. 이제 '돌을 던지는' 살인의 때를 끝내자. 이 '주눅 든 세상'의 풍경에서 이 돌들을 치워 버리자. 이 바윗덩어리들이 길을 계속 막고 있는 한, 구원을 가져다주시는 분은 오늘날 그분을 기다리고 있는 수많은 자캐오에게 오실 수 없다.

예루살렘과 예리코 사이의 바로 그 길, 방벽들과 위협적인 무기들이 가득한 성지 이스라엘과 팔레스타인 영토를 가로지르는 그 경계에 갔을 때 이런 생각이 들었다. 오늘날 예수님은 이천 년 전 자캐오와 대화를 나누셨던 그 장소들에 들어가실 수 있을까? 오늘날 자캐오의 시야를 가리는 것은 나뭇잎들이 아니라 무기와 잘못과 증오의 성벽이다. 요즈음 예리코에서는 이런 기운이 바로 감지된다. 몇 해 전, 예배 도중 유다교 광신자의 총에 맞아 죽은 무슬림들의 피가 성조들의 무덤에 튀었던 헤브론에서도 그런 기운을 느낀 적이 있다. 그런 일이 있은 후, 반대편 극단주의자들의 폭력과 팔레스타인 내부의 갈등으로 얼마나 많은 희생자가 나왔는가? 이런 증오의 성벽을 뚫고 "기쁜 소식을 전하는 이의 발"(이사 52,7)을 엿보는 일이 가능하겠는가?

성지만이 아니라, 예리코만이 아니라, 서로 긴밀하게 연결되어 있는 세상 곳곳에 있는 우리 집들로 들어오시어 우리 가까이 계시고 싶다고 말씀하시는 예수님의 초대는, 그들의 어휘 사전에서 '평화'라는 낱말을 차츰 지워 버린 시끄러운 목소리들에 덮여 버리고 있지 않은가? 그들이 설사 평화를 말한다 해도, 우리 세계의 폭력과 '보복 정신'에 진정한 근본적 대안을 제시하기 위한 노력은 불충분하거나 전무하다. 예수님께서 여덟 가지 참행복 선언에서 말씀하시는 **'평화를 이루는 사람들'**은 다 어디 있는가?

❦

물론, 예수님은 이런 말씀도 하신다. "나는 평화가 아니라 칼을 주러 왔다"(마태 10,34). 그러나 이 문장을 폭력을 정당화하는 '죽임의 말'로 잘못 해석하는 사람은 지극히 맹목적이고 의도적으로 이해를 거부하는 사람일 것이다. 예수님께서 여기서 말씀하시는 칼은 당신이나 당신 지지자들이 원수에 맞서서 들어야 하거나 들어도 되는 칼이 아니라, **당신과 당신 제자들을 치게 될 칼**이다.[2] 그리스도께서는 "반대를 받는 표징"(루카 2,34)이 되도록 오신다. 늙은 시메온은 아기 예수에게 이러한 예언을 하고는 곧바로 그 어머니를 향해 "그리하여 당신의 영혼이 칼에 꿰찔릴 것"(루카 2,35)이라고 말한다. 예수님께서는 사도 베드로가 당신을 방어하러 나서자, "칼을 칼집에 도로 꽂아라"(마태 26,52)라고 말씀하신다. 죽음을 앞두고 칼의 시간을 예언하셨을 때 사도들이 칼이 두 자루 있다고 대답하자 "그것이면 넉넉하다"(그것이면 충분하고도 남는다)라고 하신 것은,

---

2   Garry Wills, *What Jesus Meant* (New York: Viking 2006) 2 참조. [게리 윌스 『예수는 그렇게 말하지 않았다』 돋을새김 2007 참조]

바로 앞에서 제자들에게 하신 말씀이 무장하고 무력에 의존하라는 명령으로 해석될 수 없다는 반증이다. '그분 나라', 그분의 '통치' 방식이 이 세상 권력들과 구분되는 가장 큰 특징은 폭력을 한결같이 거부하는 데 있다. 예수님은 빌라도에게 말씀하신다. "내 나라가 이 세상에 속한다면, 내 신하들이 싸웠을 것이다"(요한 18,36 참조).

그럼에도, 아니 어쩌면 바로 그런 까닭에, 그분께서 이 세상에 오심으로써 **분열의 칼**이 들어온다. 늙은 시메온은 그분께 "이스라엘에서 많은 사람을 쓰러지게도 하고 일어나게도 하도록 정해졌다"(루카 2,34)고 예언했다. 싫든 좋든, 그분의 오심은 두 무리를 낳는다. 그분을 지지하는 무리와 그분에 반대하는 무리다. 민족과 부족, 가정 안에 이 두 무리의 경계선이 그어질 것이다. "집안 식구가 바로 원수가 된다"(마태 10,36). 근본적으로 들어온 선은 자연히 악도 근본적으로 만든다. 예수님은 박해의 칼이 당신과 당신께 충실한 이들에게서 결코 멀어지지 않을 것을 아신다. 그들은 무기로서가 아니라, 빛이 가는 길에 그림자가 드리우듯 그 칼들을 끌고 다닐 것이다. 칠흑 같은 어둠 속에만 그림자가 없다. 옛말처럼 마귀에게만 그림자가 없다. 마귀가 그림자 자체이기 때문이다.

폭력의 그림자는 모습을 바꾸어 가며 계속 우리 세계에 드리워질 것이다. 우리는 폭력의 존재를 무시할 수 없다. 그렇다고 체념하거나, 폭력의 무리에 투항하거나, 그들의 정신에 사로잡혀 그 방식을 따라 하면서 '악이 쓰는 수법을 쓴다'는 말이 아니다. 예수님께서 신앙의 걸림돌에 관해 하신 말씀은, 여전히 우리 세계의 걸림돌이며 수치로 남아 있는 폭력에도 똑같이 적용된다. "남을 죄짓게 하는 일이 일어나지 않을 수는 없다. 그러나 불행하여라, 그러한 일을 저지르는 자!"(루카 17,1).

※

2001년 9월 11일, 세계는 복음의 이 중요한 주제를 새롭게 직면했고, 이 날짜는 우리 세상에서 새로운 형태의 폭력을 상징하게 되었다. '국가가 내부의 적들을 대규모로 협박하고 시민들을 완전 통제하기 위한 정치 도구로서 폭력의 제도적 사용을 대놓고 선포하는 계획'이라는 테러의 개념 자체는, 자유와 평등과 박애의 가치를 내걸고 근대적 시대를 열었던 프랑스혁명의 산물이다. 그러나 현재의 테러는 폭력의 역사에서 한층 더 '발전'된 양상을 보이며, 대중매체의 힘에 주로 의지한다. 미디어의 영향력 없이는 테러가 충분한 효과를 낼 수 없을 것이다.

9·11 공격을 계획한 이들은 초고층 건물들이 무너지는 **텔레비전 영상**이 전 세계에 즉각 퍼져 나가는 것이 실제 주검들보다 훨씬 더 필요했다. 폭발물들이 아니라 바로 그 장면들이 테러의 가장 큰 힘과 세력을 표현한다. 화학적 폭발물은 그저 꼭 필요한 준비물일 뿐이며, 그들의 가장 큰 무기는 폭발 장면을 보여 주는 **영상**이다. 그러한 영상들이 불러일으키는 감정들이 테러리스트들의 주된 목표다. 인명 살상은 그저 부산물일 뿐이다. 결국 테러리스트들은 이 사람들이나 그들의 죽음이 아니라, 그 죽음들이 미디어 영상을 통해 불러일으킬 심리적 영향에 관심이 있다. 그러한 영상들이 없다면 공격 자체는 주변적(marginal)이고 지역적인 문제에 그치고 만다. 역사상 수많은 전쟁이 있었고 엄청나게 많은 이

가 죽어 갔다. 냉소적으로 들릴지 모르지만, 그렇게 놓고 본다면 9·11 테러도 순전히 주변적 현상이었다. 그러나 폭력의 승리는, 폭력이 이런 식으로 가시화될 수 있고 모든 대륙 수많은 이의 집 안으로 실제로 들어올 수 있으며 그것이 의도한 두려움을 퍼뜨릴 수 있다는 데 있다.

최근에 낸 몇몇 책과 여러 강연에서 나는 '오늘날 서구 세계의 종교가 된 미디어'라는 생각을 펼친 바 있다. (반면 계몽주의 시대 이후 현대 그리스도교는 사회적 의미에서 '종교'의 성격을 잃어버렸으며, 사회 전체를 통합시키는 힘이자 공통 언어가 되지 못하고 있다.)[3] 종교가 지닌 사회적 역할의 중요한 측면들을 대중매체가 수행한다. 말하자면 대중매체는 사회를 통합하고, 사람들의 사고방식과 생활 방식에 영향을 미치며, 공유하는 상징들과 '위대한 이야기들'을 제시하고, 인간적 관계망을 만들고, 무엇보다도 **세상을 해석하는** 힘이 된 것이다. 우리는 정치에서 스포츠에 이르기까지 세상의 여러 다양한 측면에 대한 지식 대부분을 대중매체를 통해 얻는다. 가장 '객관적'이고 진지한 미디어의 중계도 현실을 전혀 꾸미지 않고 비추어 보여 주는 거울은 아니다. '진실을 왜곡'하려는 고의성이 없더라도, '주관적' 실재를 '객관적'이고 대표적인 실재로 바꾸는 장치 자체가 이미 **해석**이다. 미디어가 진리의 심판관이 된다. 이는 본디 **종교**의 기본 역할 가운데 하나다. 대부분의 사람들은 텔레비전 화면에서 그 소식을 직접 **자기 눈으로** 보았다는 이유로 그것을 **참이라** 여기며, 뉴스 방송의 첫머리나 신문 1면에 실리면 **중요하다**고 여긴

---

3   Tomáš Halík, *Vzýván i nevzýván* (Prague: Nakladatelstí Lidové noviny 2004) 38-40.

다. 텔레비전을 열심히 보는 이들은 차츰 '카메라의 눈'이 '자기 눈'을 대신하게 하고, 그러다 보면 자기도 모르는 사이에 카메라 렌즈가 자신의 직접적인 사물 인식에 영향을 미치고 인식을 형성하도록 허락하기에 이른다. 그들은 더 이상 자기 눈으로 바라보고 자기 머리로 생각하며 자기 양심으로 판단할 수 없게 된다. (이러한 몸의 장기들과 더불어 개성과 인격적 정체성까지도 차츰 위축되고 죽어 간다.)

이 종교, 이 현대 문명의 성소聖所, '드러난' ─ 말하자면, 접근 가능한 공적 ─ 공간인 '진리'(aletheia)의 모조품인 미디어는 현대 테러리즘에 정복당해 테러의 가장 강력한 무기이자 테러의 영향력을 발휘하는 주된 도구가 되었다. 미디어를 악마로 몰아가려는 것은 절대 아니다. 그들이 테러 행위의 소식들과 장면들에 그렇게 많은 자리를 할애하는 것은 그들의 '소신'에 따른 것이다. 게다가 그것은 그들의 의무이자 그들이 하는 공공서비스의 핵심이기도 하다. 어쨌거나 나쁜 뉴스들만 쏙 걸러 내거나 세상의 비극적 사건들에 눈을 닫아 버리고 싶어 하는 사람은 아무도 없다. 우리는 모두 정보에 대한 신성한 권리를 갖고 있다! 그러나 바로 그 때문에, 테러리즘이 미디어를 ─ 또 미디어를 통해서 우리를 ─ 장악하는 힘은 그토록 막대하고 또 위험하다. 가장 큰 위험은 바로 미디어의 이러한 순수성 ─ 미디어는 뉴스를 필요로 하고 요구하는 우리뿐 아니라, 우리만큼이나 뉴스를 필요로 하는 테러리즘에도 그들이 싫든 좋든 봉사한다 ─ 이다. 그런 순수성 때문에, 우리가 가장 친밀하게 공유하고 있는 세계인 미디어는 무방비 상태가 된다. 우리는 미디어를 통한 두려움의 광범한 확산이라는 테러리스트들의 가장 큰 성공을 막을 능력이 없으며, 오히려 우리 모두 그 성공에 일조한다. 그럴 만도 하다. 기실 우리는 알 권리라는 신성한 권리가 있으며 다른 대안이 없기 때문이다. 우리 눈으로 직접 볼 수 없는 저 멀리 나라 밖 세상을 인식하는 눈을 가릴 수는 없는 노릇이다. 먼 곳에서 벌어지는 사건들에 대한 생생한 소식들을 놓치고 싶어 하는 사람도 없다. 바오로 사도가 하늘나라에서나 누릴 수 있다고 여긴 것, "어떠한 눈도 본 적이 없고 어떠한 귀도 들은 적이 없으며 사람의 마음에도 떠오른 적이 없는 것"(1코린 2,9)을 미디어는 지금 여기서, 날마다 줄기차게 우리에게 공급한다. 미디어가 이제 우리 하늘이며 땅의 얼굴도 점차 바꾸고 있다.

그러나 그 인공 하늘의 커다란 상징들의 '육화' 가운데 하나가 바로 테러리즘이다. 복음서들이 전하듯이 선재하신 말씀이 구체적인 역사적 사건들의 형태를 취하고 우리 삶의 이야기들이 펼쳐지는 물질적 현실로 들어오셨던 것과 똑같은 방식으로 — 그러나 기이하게 반전된 형태로 — 9월 11일의 사건도 일어났다.

'마른하늘에 날벼락' 같은 그 공격을 뉴욕에서 직접 목격한 한 여성은 처음에는 공포 영화를 보는 줄 알았다고 말했다. 어쨌거나 수많은 미국인이 그 생생하고 극적이며 실감나는 이미지들을 통해 고층 건물들이 붕괴되는 바로 그 장면을 무수히 보아 왔고 즐겨 왔다. 매일 밤 미국인들에게는 신경을 간질이고 뱃속을 짜릿하게 긴장시키는 자극과 전율을 인기 스포츠보다 훨씬 싼 값에 즐길 기회가 제공되었고, 많은 이가 실제로 그 기회를 누렸다. 결국 꽤나 색다른 킹콩, 안티메시아가 나타나 그 원형적 이미지들이 실생활에서 육화되고, 가상 세계가 텔레비전 화면 밖으로 튀어나와 거리에 등장하며, 밤의 유희가 낮의 공포로 바뀐 셈이다.

　우리는 누구나 끔찍하고 잔인한 악몽을 꾸고는 한다. 심리분석학자들은 이를 우리 안 깊은 곳에 숨어 있는 공격성의 분출이라고 설명할 것이다. 또한 그들의 해석에 따르면, 우리 안의 그런 공격성을 무의식 속으로 억압하여 마치 치료받지 않은 궤양처럼 우리 삶에 독을 퍼뜨리게 방치하거나, 또는 공격성이 서서히 우리 의식과 행동을 지배하도록 내버려 두는 두 극단(서로 이끌리는 두 극단)을 피하기 위하여 우리 문화는 그 '그림자들'을 통합하거나 승화시킬 다양한 방법들을 제시한다. 공포 영화와 액션 영화가 성공을 거두는 까닭은, 대개 단편적으로만 기억날 뿐이어서 에덴동산의 금지된 열매 또는 미처 못 끝낸 일처럼 머릿속을 맴도는 악몽들이 그런 영화들을 우리 의식 속으로 다시 데려와 조종하고 ─ 심지어 우리까지 조종하고 ─ 환상적인 결말을 맛보게 함으로써 전 세계적인 연예 산업으로 만든다는 사실 때문일 수도 있다.

　깊은 내면의 이러한 이미지들을 주물러 장난치는 것은 일종의 반反묵상(antimeditation)이다. 묵상이 '이미지들로부터 자유로워지고' 마음을 비우는 것이라면, 반묵상은 매력적인 이미지들로 마음을 채우고 이미지가 마음을 지배한다. (그러한 영화들에 양념 역할을 하며 영화 배급의 경제적 원동력이 되는 광고들이 바로 이 원칙에 따라 움직인다.) 묵상은 영적 자유를 지향한다. 그러나 반묵상은 정반대의 효과를 내며, 많은 이가 그런 효과를 즐겁게 받아들이고 추구한다. 이것은 도피의 형태로 자유를 약속하지만 실은 사람들을 의존하게 만들고 그들의 자유를 앗아가는 마약이다.

마약을 쉽게 생각해도 된다고 순진하게 생각하는 사람들처럼, 우리는 무의식 깊은 곳에서 이러한 강력한 이미지들을 하찮게 여겨도 언제까지나 통제할 수 있을 거라고 생각했던 것일까? 우리가 갖고 놀려고 했던 것이 시간이 갈수록 점점 우리를 갖고 놀고 우리를 지배하고 있었음을 우리는 정말 알아채지 못했던 것일까? 이 강력한 이미지들이 언젠가는 우리가 세워 놓은 방벽을 무너뜨리고 제멋대로 뻗어 나가기 시작하리라는 것을 우리는 정말 추측도 못했나? 그것들이 우리 삶에 어떻게 영향을 끼칠지 우리는 정말 상상도 못했나? 아무렇지 않게 무시했던 소수의 경고 목소리들이 촉구했던 것은 검열이 아니라 문화였으며, 자유를 위협한 것은 그들의 목소리가 아니라 그들이 경계한 것이었음을 우리는 정말 깨닫지 못한 것인가?

　　빈 라덴은 이슬람 경전들보다 할리우드 영화들로 길러졌다는 어느 논평가의 지적이 옳을지 모른다. 빈 라덴은 이슬람의 그림자일 뿐만 아니라 **우리의 그림자**이기도 하다. 우리가 이것을 깨닫기 전에는 테러와의 모든 전쟁은 진작 패배할 것이다. 나는 순진한 평화주의자마냥 어떤 형태의 방어도 타당하지 않다고 말하는 것이 아니며, 마조히스트처럼 희생자들을 탓하려는 것도 아니다. 요한 바오로 2세가 새 천년기의 문턱에서 그토록 열린 태도로 겸손하게 그리스도교 과거의 어두운 측면들에 관하여 이야기했을 때와 같은 용기를, **이슬람의 영적 지도자들** 가운데 누구 하나라도 보여 준다면 참으로 기쁠 것이다. 요한 바오로 2세에 견줄 만한 이슬람 지도자가 나와서, 빈 라덴 안에 이슬람 과거의 부정적 측면들이 얼마나 속속들이 함축되어 있는지에 관하여 이야기해 준다면 얼마나 좋을까. 살만 루시디Salman Rushdie의 책이나 글들, 또는 베네딕도 16세의 레겐스부르크 강연에서 이와 비슷한 생각들을 읽으면, 이들은 분명 흥미롭고 마땅한 이야기들이지만 이슬람의 영적 세계를 치유할 힘은 찾아볼 수 없다. 그런 힘은 뉘우치는 자기반성, **내면의 목소리**로만 얻을 수 있다. 우리의 필수적인 과제는 아주 낯설고 이해하기 어려운 일이 일어나는 현실에서 우리 문화가 어떤 식으로든 그 일에 영향을 끼친 바는 없는지 우리 양심을 들여다보는 일이다.

⚜

"기술이 거리는 극복했을지 모르나 친밀함을 만들지는 못했다"는 하이데거의 말에 한 가지 끔찍한 예외가 우리 시대에 있다. 미디어를 통해 기술은 테러의 공포가 우리 한 사람 한 사람에게 친밀해지도록 만들었다. 물론 이는 **가상의** 친밀함이다. 그러나 그 친밀함이 자아내는 감정들은 매우 실제적이다. 테러가 미디어를 활용해 자신의 승리를 입증했다는 주장에 반박하고 싶은 사람은, 테러리스트들의 폭력 장면들을 본 많은 이가 ─ 일부 비정상적인 심리를 가진 이들이나 이념적으로 편협한 집단들은 예외로 하고 ─ 테러 행위나 테러를 자행한 이들에 대한 혐오감과 반감을 갖게 되었다고 말할 것이다.

그러나 테러리스트들은 우리 동의를 기대하지 않을뿐더러 동의를 구하지도 않는다. 그들이 바라는 것은 **우리의 두려움**뿐이다. 그들은 우리의 거부나 증오를 겁내지 않는다. 오히려 그들은 우리가 증오로 반응하는 것을 반가워한다. 이러한 반응이야말로 테러리스트들이 바라는 우리의 두려움을 감추는 것임을 직감하기 때문이다. 이렇게 두려움과 증오가 뒤섞인 감정으로 우리 쪽에서 폭력으로 맞선다 해도 그들은 훨씬 더 의기양양해질 뿐이다. 그들은 군사적 행동을 딱히 두려워하지 않는다. 군사 전투를 위한 계획은, 사이버공간 내의 다수의 거점에서 조직 확산되는 활동들에 대항하는 작전에는 먹히지 않는다는 것을 잘 알고 있기 때문이다. 벙커 한곳에서 지휘하는 군사 공격이라면 군대를 파견해서 카메라 앞에서 의기양양하게 '그를 체포했다!'고 외칠 수 있겠지만 이것은 그렇지 않다. 그들은 시위와 반항, 분노를 자극하기를 두려워하지 않는다. 바로 그런 분위기에서 그들은 이념적 적대자들보다 훨씬 더 쉽게, 물 만난 물고기들처럼 움직이기 때문이다. 테러리스트들은 증오라는 생활환경에서 가장 쉽게 번성하고 그들의 영향력을 전염병처럼 퍼뜨릴 수 있다.

테러리스트들은 우리 마음의 두려움이 사그라지지 않기를 바란다. 그것이 그들의 정신적 승리이며, 세계를 물리적으로 지배하는 것보다 그들에게는 더 중요한 일이 될 것이라고 나는 확신한다. 내 생각에, 빈라덴은 백악관 대통령 집무실 책상에 앉아 거기서 미국에 이슬람 율법을 명령하고 싶어서 발버둥치고 있는 게 아니다. 이미 많은 사람이 그런 생각에 두려워하고 있다는 점에서 그는 이미 승리했다. 테러리스트들은 물리적·정치적 통치가 얼마나 어려우며, 군사적 수단을 동원해서 지배하는 것도 훨씬 더 어렵다는 사실을 알고 있다. 그래서 그들은 암시적인 이미지들을 통하여 사람들의 의식과 무의식에 침투함으로써 현대 인류의 신경계를 아주 손쉽고 재빠르게 지배하는 쪽을 선호한다. 그들은 지금까지 폭력에 대한 우리의 대응 방법이 아무 효과가 없다는 것을 간파하고 있다. 정치인들의 외교 협상도(누구를 상대로?), 반전주의자들의 반대 시위도(어느 나라 대사관 앞에서?), 어떠한 군사적 원정들도 아무 효과가 없었다. 이 새로운 형태의 테러는 긴급 수술로 제거할 수 있는 질병이 아니다. 긴급 수술은 너무 위험할뿐더러 질병 자체보다도 훨씬 더 치명적인 결과를 가져올 수 있다.

나는 나를 반전주의자라고 여기지 않으며, 어느 모로 보나 분명 반전주의자는 아니다. 나는 한 사회의 주요 기능이나 근본 가치가 실제로 눈앞에서 위협받고 있다고 확신할 수 있고, 모든 수단을 써 보았지만 이제 무력 방어만이 원하는 효과를 얻을 수 있다고 현명하게 예측할 수 있을 때, 그 사회는 무력으로 자신을 방어할 권리가 있다고 인정한다. 그러나 현대 테러리즘이 그러한 경우라고 합당하게 예측하기는 불가능하다.

매들린 올브라이트Madeleine Albright가 "테러와의 전쟁은 무엇보다도 이념 전쟁이 되어야 한다"고 한 말은 옳다. 올브라이트에 따르면 이 전쟁은 도덕적·초월적 가치의 이름으로 세속 서방 세계에 맞서 싸우고 있는 이들에게 — 서방 세계는 비록 '정교분리' 원칙을 고수하지만 — 공공 생활과 정치에서 영적·초월적 차원들을 몰아낼 의도가 없으며 오히려 이런 가치들을 진지하게 받아들이고 있다는 사실을 설득력 있게 보여 주는 문제다. 맞는 말이다. 이것이 아마 유일하게 받아들일 수 있는 '예방 전쟁'일 것이다! 그러나 우리는 이미 최근에 그 '전쟁'의 수많은 전투에서 패배했음을 인정하자. 극단적 형태의 종교가 우리 사회를 극단적 세속주의, 또는 우리 종교들을 극단적으로 남용하는 방향으로 몰고 가서는 안 된다. 현대의 위대한 가치들과 종교적 신앙의 위대한 가치들은 서로를 보완하고 강화할 수 있다는 것을 우리가 본보기로 보여 주기에 아직 너무 늦지는 않았을 것이다. 체코 출신으로 미국 국무장관을 지낸 올브라이트가 했던 몇몇 논평은 나에게 그러한 희망을 북돋아 주었다. 이 책의 토대가 되는 메시지 가운데 하나를 한 번 더 강조하고 싶다. 확신컨대, 오늘날 우리 세계에서 종교 근본주의와 광신적 세속주의 사이의 길을 찾는 것보다 더 중요한 일은 아무것도 없다.

⚜

테러의 영향력과 세력을 키우는 데 일조하는 미디어가 — 다시 말하지만, 해야 할 일을 한다는 '소신'에 따른 것이며 달리 피할 도리도 없어 보인다 — 본질적으로 영적 본성을 지니는 악에 맞서는 영적 전투를 돕는 데 그 강력한 힘을 발휘할 수 있을까? 나는 미디어가 **희생자들의 정체성을 회복시킴으로써** 그런 기능을 할 수 있다고 확신한다. 희생자들에게 이름을 돌려주고 그들에게 목소리를 부여하는 것이다.

이 새로운 형태의 테러리즘에는 또 한 가지 새롭고 끔찍한 측면이 있다. **살인의 맹목성과 희생자들의 익명성**이다. 테러리스트들은 그들이 **누구를** 죽이는지 전혀 관심이 없다. 그들의 관심은 가능한 한 많은 **시신을** 보여 주는 미디어의 극적인 장면이다. 그들은 희생자들의 신원이 아니라 그 숫자에 가장 관심을 기울인다. 사람들이 아니라, 주검들에.

수세기 동안, 돈 문제나 시기에서 비롯된 일반적 살인과는 달리 암살은 구체적 인물들, 특히 권위의 상징이나 대표들을 겨냥했다. 프랑스 혁명의 단두대는 — 실제 반대자든 반대자로 추정되는 이들이든 — 정치적 반대자들을 기계적이고 대규모로, 그리고 스페인 종교재판에서보다 훨씬 더 냉소적으로 죽였다. 그러나 그 희생자들은 '선별'되었다. 히틀러는 테러의 역사에서 한 걸음 더 멀리 나갔다. 그는 이름이나 행적, 정치적 신조에 상관없이 수백만 명을 죽였다. 그들의 유일한 공통점은 유다인이라는 점이었다. 그러나 현재의 테러는 희생자들이 누구인지는 전혀 관심이 없다. 희생된 이들 사이에는 아무런 공통점이 없다. 알라의 이름을 입에 올리며 뉴욕 쌍둥이 빌딩을 무너뜨린 이들에게 희생된 이들 중에는 유다인들도 있고 비신자들도 있고 무슬림들도 있었다.

만약 내가 살해된다고 생각해 보자. 누군가 나의 정치적·종교적 확신 때문에 또는 내 인상이 마음에 들지 않아서 나를 죽인다면 이해하고 받아들일 수도 있겠지만, 내가 화요일 오전 10시 42분에 옥스퍼드 가를 걷고 있었다는 이유만으로 살해될 수도 있다고 생각하면 몸서리쳐질 정도로 끔찍하다. 물론 모든 죽음은, 적어도 인간의 관점에서는 어느 정도 불가해하다. 그리고 모든 폭력적 죽음은 어쨌거나 부조리하다. 옥스퍼드 가에서 자동차가 나를 쳤다 해도 어쨌든 부조리하다고 생각했을 것이다. 그러나 요즘 발생하는 테러들은 익명의 희생자들을 임의로 선택함으로써 사고의 부조리성에 범죄의 고의성을 더한다. 테러리스트들은 그들이 죽이는 사람들과 아무런 대립도 하지 않는다. 그들은 외국 군대의 군복을 입고 있다고, 또는 자신들에게 전쟁을 공식 선포한 나라의 국민이라는 이유로 사람들을 죽인 것도 아니다. 테러리스트들이 가장 즐겨 겨냥하는 목표는 모든 국적과 인종과 종교의 사람들이 섞여 있는 국제 센터다. 그래야 뉴스가 최대한 빨리 퍼져 나가고 최대한 많은 사람에게 영향을 미칠 수 있기 때문이다. 그들은 희생자들을 개인적으로 알지 못할뿐더러, 죽음의 순간까지도 그들을 마주하지 않는다. 이 처형에는 판사도, 사형 집행인도, 지휘관도 직접 참석하지 않는다. 그저 익명의 폭발물 덩어리만 있을 뿐이다. 때로는 사형 집행인들도 자발적 희생자가 되어 희생자들과 함께 죽는다. 이렇게 모든 상황을 손에 쥐고는, 하늘에서 내리치는 벼락처럼 무차별적으로 자신들과 타인들의 목숨을 앗아 가는 테러리스트들은 기이한 방식으로 하느님의 맞수가 된다. 하느님께서는 의로운 이에게나 불의한 이에게나, 선인에게나 악인에게나 똑같이 비를 내리시고 해를 비추어 주신다고 예수님께서 말씀하시지 않았던가.

순전히 무차별적인 이러한 살해는, 발가벗긴 채 가스실에서 죽어 간 이들과 마찬가지로 희생자들의 **정체성**과 인간 존엄성을 앗아 간다. 전 세계 여러 홀로코스트 박물관처럼 프라하 핀카소바 유다교 회당의 벽들에도 홀로코스트 희생자들의 이름이 빼곡히 쓰여 있다. 거기서 그 이름들이 오랫동안 읽히고 있다는 사실은 매우 고마운 일이다. 성경 전통을 보면, 누군가의 '이름을 지우지 않으려는' 노력에는 그만한 이유가 있다.

9·11 사건 이후 처음으로 '그라운드 제로'에 섰을 때, 생각했던 것보다 훨씬 더 짙은 감정들이 밀려왔지만 거기서 희생자들의 사진과 이름을 볼 수 있어서 참 고마웠다. 적어도 이런 식으로라도 그들의 얼굴을 바라볼 수 있었기 때문이다.

위대한 유다인 사상가 에마뉘엘 레비나스는 하느님께서는 **이웃의 얼굴을 통해서만** 인간에게 계시된다고 역설했다. 타인의 얼굴은 민낯이고 취약하다. 그러나 그런 까닭에 호소력을 지니며, 우리를 무조건적 권위에 구속시키는 유일한 실제 명령이 된다. 그 얼굴은 우리에게 우리는 다른 사람들을 책임지도록 부름 받았으며, 카인이 거부했던 그 임무, 곧 형제자매들을 지키는 사람이 될 임무를 떠맡아야 한다는 사실을 일깨워 준다. 사랑의 의미는 다름 아닌 책임에 있다. 모든 인간은 타인을 책임지도록 부름 받는다. 선택받음의 가장 깊은 본질은 그 부르심이다. 이는 모든 이에게 해당되는 말이다. 선택받은 사람은 싫든 좋든 모든 사람과 모든 것을 위한 책임을 받는다. '선택받음으로써 우리는 형제의 인질이 된다.' 저질러진 악에 우리 책임이 없더라도, 그것이 우리와 무관하다고 생각해서는 안 된다. 선택받음의 의미는 우리가 타인의 운명에 책임이 있다는 사실에 있다. 레비나스에 따르면, 하느님에 대한 믿음은 타인을 향한 지칠 줄 모르는 의무들로 표현된다.

해방신학의 창시자 가운데 한 사람인 신학자 요한 밥티스트 메츠는, 라틴아메리카 신학에서 — 요제프 티슈너가 제기한 '마르크스주의 정권으로부터의 해방신학'이라는 폴란드 버전에서도 — 매우 중요한 **연대**라는 개념에는 '희생자들과의 연대'도 들어가야 한다고 일찍이 강조했다. 역사는 승리자들이 기록한다. 그러나 하느님의 기억에는 희생자들도 남아 있다. 국가들과 지도자들은 자신들이 치른 희생과 자기들 안의 희생자를 기린다. 그리스도인들의 예언자적 목소리는 그들이 희생시킨 이들도 기억해야 한다. 그리스도인들의 목소리뿐만 아니다. 영연방 유다교 최고 지도자 조너선 색스Jonathan Sacks는 이스라엘의 장군 이츠하크 라빈Yitzhak Rabin이 1967년 '6일 전쟁'에서 압도적으로 불리한 상황을 딛고 승리한 뒤 예루살렘 히브리 대학교에서 했던 연설을 떠올린다. 라빈은 많은 병사에게 이 승리의 기쁨은 슬픔과 충격과 뒤섞여 있다고 말했다. 고꾸라진 동지들과 죽어 간 무수한 적들의 모습이 아직 머릿속에서 지워지지 않았기에 **많은** 병사들은 이 승리를 기뻐할 수도 없었다. 이 말은 성경에서 다윗의 군대가 압살롬과 그의 병사들을 휩쓸어 버렸을 때의 장면을 떠올리게 한다. 압살롬은 반란군이고 적이었으나, 다윗의 아들이기도 했다.

"저의 하느님, 어찌하여 저를 버리셨습니까"라는 십자가 위 예수님의 외침은 버림받고 잊히고 소리 내지 못하는 모든 폭력의 희생자들의 목소리가 된다. '희생자와의 연대'가 핵심이 되는 무한한 연대를 십자가 위에서 보여 주신 그리스도께서는 **우리의 평화**이시다. 그분은 모든 경계를 허무셨다. '우리'와 '그들'의 경계를 뛰어넘어, 망각으로 가려진 희생자들의 얼굴을 우리 양심과 기억 안에 되살리려는 노력은 바오로 성인이 우리에게 호소하는 바이기도 하다. **"그리스도의 십자가가 헛되지 않게 하십시오."**

⚜

마지막으로 미디어의 주된 책임이라는 주제로 돌아가 보자. 미디어가 테러와의 도덕적 싸움에서 할 수 있는 최소한의 임무는 이런 것이다. 희생자들의 이름을 읽어 주고 **그들의 얼굴을 보여 주는 것**, 그들의 사연을 들려주고 그들이 사랑한 이들에게 말할 기회를 주는 것, 숫자의 익명성에서 인간의 모습으로 그들을 소환해 내는 것. 그러나 미디어는 신속하게 이어지는 자극적인 뉴스거리들과는 다른 방식으로 이 임무를 해낼 수 있을까? 그런 감정들에 잠재된 힘을 이념적으로 활용하거나 정치적으로 팔아넘기기 위해서 감정을 조작하거나 신파로 망쳐 버리는 일 없이 이 임무를 해낼 수 있을까?

9·11 희생자들을 위한 감동적인 추모식에서 '테러와의 전쟁'이라는 용어를 처음 들었을 때 나는 이 위험한 **은유**가 더 이상 은유가 아닌 정치적 실재가 되고, 희생자들과 연대하는 정서가 악용되어 새로운 무고한 희생자들을 낳으며, 고통 중에 있는 미국과 연대하려는 전 세계적 정서가 조만간 전혀 다른 정서로 변질될 수 있겠다는 생각에 몸서리쳤다. 어떤 은유들은 매우 신중하게 쓰여야 한다. 어떤 강력한 표현들과 연상시키는 이미지들은 다시 램프 안으로 돌려 넣기 쉽지 않은 램프의 요정들을 쉽게 만들어 낼 수 있다. **그 어떤 전쟁도 거룩하지 않다.** '테러와의 전쟁'이라 해도 그렇다. 평화만이 거룩하다. 세계는 이미 서로 매우 긴밀하게 연결되어 있어서 어떤 단어들과 행동들은 부메랑 효과를 낳는다. 테러리스트들의 잔학 행위만 그런 것이 아니라, 그들이 쓰는 무기들을 들고 '테러와의 전쟁'을 치르려는 시도도 마찬가지다.

이 상황은 정말 해결할 길이 없는가? 다양한 기술적 발견들과 경제적 유대로 여러 문화와 종교 세계들이 서로 긴밀해졌으나, 이것이 더 친밀한 상호 이해로 이어지지는 못했다. '문명 충돌', '문화 전쟁'에 관한 담론들이 불길한 예언의 먹구름처럼 우리 머리 위를 맴돌고 있다. 언젠가 키르케고르가 말했던, 궂은 날씨를 알리는 **이상한 새들**처럼. 우리는 무엇을 할 수 있을까? 즉효 약은 없다. 우리 문지방에 뿌려진 피가 당연히 우리의 평정과 인내를 갉아먹겠지만, 길게 내다보고 생각해야 한다. 증오와 폭력의 돌을 사랑과 평화와 상호 이해의 빵으로 변화시킬 술책은 어디에도 없다. 광야의 예수님을 본받아, 그런 해결책은 인내심을 버리고 '지름길을 택하라는' 사탄의 전형적인 유혹임을 알고 뿌리칠 용기를 가져야 한다.

확실히 지금 가장 중요한 것은 **돌을 치우는 일**이다. 우리의 거룩한 상징들과 성경 말씀들 가운데, 타인에 대한 폭력과 다름에 대한 증오를 부추기고 합리화하는 '돌팔매질'에 악용될 소지가 있는 것들은 무엇인지 우리 손과 마음으로 저울질해 보아야 한다. 실제로 몇몇 상징과 말씀은 과거에도 너무나 자주 그렇게 악용되었고 지금도 악용되고 있다.

오늘날 종종 위험하게 되살아나기도 하는 강력한 과거 지향적 신화들 속에서, 국가와 종교 공동체들의 역사적 기억은 옛 전투들에 대한 추억, 남들의 잘못과 원한, 시기심, 인정하지 못한 죄책감, 예정된 운명에 대한 자부심으로 상쇄시키려는 열등감들이 마구 뒤섞여 있다.

영연방 유다교 최고 지도자 조너선 색스는 성경에서 야곱과 에사우의 다툼 이야기를 — 한밤의 야뽁 강가 씨름 장면까지 — 탁월하게 해석했다.[4] 우리가 잘 알고 있듯이, 야곱은 축복과 약속을 얻어 내기 위해 계

---

4   조너선 색스의 모세오경 주해 "계약과 대화"에서 'Sedra Toldot'과 'Sedra Vayishlach'. http://www.chiefrabbi.org

략을 쓴다. 맏아들 에사우는 너무 늦게 도착하지만, 결국 에사우도 축복 없이 물러나지는 않는다. 여기서 색스는, 우리가 선택받았다고 해서 다른 이들이 '선택받지 못한' 것은 아니라고 지적한다. 우리가 하느님께 가까워지려면, 다른 이들이 다른 형태로라도 하느님과 그들 나름대로 관계 맺는 것을 막아서는 안 된다. (또 다른 유다인 사상가 레비나스는 여기서 더 급진적으로 나아가 '우리는 모두 선택받았다'고 선언했다.)

색스에 따르면, 야곱의 문제는 언제나 에사우처럼 되고 에사우 자리를 차지하고 싶어 했다는 데 있다. 그는 어머니의 태중에서부터 에사우와 씨름했고, 그의 발뒤꿈치를 잡고 태어났으며, 죽 한 그릇에 맏아들 권리를 샀다. 야곱은 에사우의 옷을 입고, 눈먼 이사악이 불렀을 때 "저는 에사우입니다"라고 대답한다. 그는 나쁜 짓을 해서 축복을 가로챘다. 그리고 심판의 때가 가까워져서 에사우가 큰 무리를 이끌고 다가오자 야곱은 몹시 두려워한다.

그러나 밤이 오고, 모든 것을 바꾸어 놓는 사건이 그 밤에 일어난다. 아버지의 앞 못 보는 어둠을 이용하여 사기를 친 야곱은 두려움과 죄책감이라는 어둠 속으로 내려가야 한다. 그리고 거기서 전투를 벌인다. 그는 알 수 없는 분과 씨름했고 버텨 낸다. "내가 서로 얼굴을 맞대고 하느님을 뵈었는데도 내 목숨을 건졌구나" 하면서 그곳을 프니엘이라고 이름 붙이는 걸로 보면, 야곱은 상대가 누구신지 훤히 알고 있다. 어둠 속으로 내려가 싸움을 피하지 않고 버텨 낸 덕에, 그는 "하느님과 겨루고 사람들과 겨루어 이겼다" 하여 이스라엘이라는 새로운 이름을 받는다.

이제 야곱, 곧 이스라엘은 더 이상 다른 누군가가 되고 싶어 할 필요가 없고, 마침내 자기 자신이 된다. 그는 형과도 화해할 수 있게 된다. 지금까지 큰 힘을 보여 주었던 그는 이제 형과의 만남에서 큰 겸손을 보여 줄 수 있다. 어려운 시련의 어둠 속에서 하느님 얼굴을 바라볼 용기를 가졌기에, 그는 눈먼 아버지의 어둠을 악용했던 잘못을 용서받았다. 그는 이제 밝은 곳에서 형의 얼굴을 볼 수 있다.

내가 보기에 **함께 돌을 모을 때**란 **어둠 속의 사투**다. 그러기 위해서는 '집단 무의식' 속에서 죄의식과 부채에 짓눌리고 쫓겨나고 잊힌 것 속으로 내려가, 그 깊은 곳에서 상호 편견과 반목을 뿌리 뽑고 과거의 아물지 않은 흉터를 치유할 용기가 필요하다. 그것은 종종 싸움, 무엇보다도 우리 자신과의 싸움이 될 것이고, 그 과정에서 우리는 분명 여러 군데 상처를 입을 것이다. 그러나 그러면서 우리의 진정한 신원을 발견할 수 있게 될 것이다.

우리는 종종 자신에게 인정하기 싫거나 인정할 수 없는 것들을 남에게 투사하곤 한다. 개인 생활에서뿐만 아니라 나라 간, 종교 간, 문화 간 관계에서도 그러하다. 투사의 방어기제와 병리적인 '적대 이미지'의 출현은 칼 구스타프 융이 설명한 바 있고, 남의 눈에서 "티"를 찾기 전에 "자기 눈의 들보를 **빼내라**"고 촉구하신 예수님 말씀의 핵심이기도 하다. 남의 눈의 '티'는 어쩌면 착시일지도 모른다. 우리가 빼내지 못한 우리 눈 속 들보의 그림자이자 투사일 수도 있다는 말이다.

조제프 무앙은 그리스도교의 가장 두드러진 특징과 소중한 가치는 **타인과 함께하는 새로운 길**을 열었다는 데 있다고 말했다. 우리도 이렇게 말할 수 있다. 그리스도교의 특징과 가치는 새로운 친밀함의 문화, 우리와 다른 이들, 타인들에게 **이웃이 되어 주는** 새로운 방식에 있다. 여기에서도 신약성경은 모세오경에 뿌리를 두고 있음을 잊지 말자. 야곱과 에사우의 이야기를 잊지 말자.

'문명 충돌'의 위험에 관한 수많은 담론이 나오는 역사의 이 순간은, 형제의 적군이 서로를 향해 다가가던 야뽁 건널목의 그 근심 가득한 저녁을 연상시킨다. 곧 다가올 밤에 밤새 잠들어 있지는 말자. 분명 어려운 시련이 될 그 밤을 우리가 이겨 내기만 한다면 다음 날 아침 화해의 임무를 잘 치르고 마침내 **가까워질** 때가 올 것이다.

10
고칠 때

지금은 사용되지 않는 프라하의 어느 유다교 회당을 지나갈 때면 건물 정면에 적힌 글귀를 늘 읽어 보고는 한다. 아직 읽을 수는 있지만 오랜 세월의 흔적이 엿보이는 그 글귀는 이것이다. "샬롬! 멀리 있는 이들에게도 가까이 있는 이들에게도 평화!"

샬롬은 단순히 민족들과 국가들 간의 전쟁과 분쟁의 부재라는 의미의 평화가 아니다. 샬롬은 자연의 외적 질서에서 비롯되는 평화가 아니다. 동방의 명상 전통이 우리에게 추구하도록 초대하는 우주적 조화도 아니다. 샬롬은 자연의 주기보다는 구원 역사와 더 관련이 있다. 성경 전통은 그 조화가 한때 망가졌던 것을 알고 있다. 존재 깊숙이 남겨진 흉터를 알고 있다. 번역하기 어려운 신비로운 문구 '(모든) 일에는 눈물이 있다'(sunt lacrimae rerum)에서 베르길리우스가 말하고자 했던 의미를 알고 있다. 샬롬은 **회복된 평화**다. 하느님과 사람, 사람과 자연의 화해, 사람과 인류 가족의 상호 화해, 인간 마음의 깊은 평화를 뜻한다. 샬롬은 치유와 용서와 구원에 고마워하고 감사하는 것이다.

예컨대 신심 깊은 유다인이 안식일을 지키고 기리면서 평화를 체험하듯 오늘날 우리가 샬롬을 체험한다면, 우리는 과거의 잃어버린 낙원과 종말론적 미래에 약속된 천상 잔치를 잠시나마 만나게 될 것이다. 그것은 깊은 기쁨의 순간일 뿐 아니라, 그 평화에 영원히 머물고 싶은 우리의 불가능한 바람 때문에 슬픔과 회한의 순간이기도 하다. 우리는 그런 순간들에서 떠나고 싶어 하지 않는다. 베드로 사도가 타보르 산에서 제안한 것처럼 "초막 셋을 짓고"(마르 9,5 참조) 싶어질 것이다. 그러나 날마다 나그넷길을 걷다 보면 '주님의 현존에서 떨어져 나온' 틀에 박힌 일상의 골짜기로 돌아오게 될 것도 우리는 알고 있다.

부활하신 예수님께서는 두려움으로 걸어 잠근 문들을 지나 제자들 가운데를 걸으시면서 당신의 첫 선물인 성령을 주신 다음, 평화와 죄의 용서를 말씀하신다(요한 20,19-23 참조). 그분은 제자들에게 평화를 주시고 죄를 용서하는 힘을 주시러 오신다. 그분은 **제자들에게 숨을 불어넣으신다.** 이 몸짓은 창세기에서 창조주께서 하신 행동을 연상시킨다. "그때에 주 하느님께서는 흙의 먼지로 사람을 빚으시고, 그 코에 생명의 숨을 불어넣으시니, 사람이 생명체가 되었다"(창세 2,7).

성경에 따르면, 사람은 흙의 먼지라는 무無와 유한성으로, 또한 사랑의 하느님의 원리인 성령으로 창조되었다. 성령의 활동이 가로막힐 때 ─ 이러한 가로막힘을 죄라고 일컫는다 ─ 사람은 아무것도 아닌 것으로 돌아간다. "당신께서 그들의 숨을 거두시면 그들은 … 먼지로 돌아간다"(시편 104,29). 하느님께서 그들에게 성령을 돌려주시면 그들은 새롭게 창조되어(시편 104,30 참조) **새로운 피조물**이 된다. 예수님께서 가장 큰 시련을 겪으실 때 도망쳤던 사도들은 "먼지로 돌아갔다". 이제 예수님께서 당신 영을 불어넣어 주심으로써 그들을 새롭게 창조하신다. 그리고 이 재창조(re-creatio)로 그분은 그들의 죄를 용서하실 뿐만 아니라, 그 용서를 전하도록 그들을 밖으로 파견하신다.

예수님의 이러한 행동은 전통적으로 '화해의 성사'를 세우신 것으로 해석된다. 그러나 어쩌면 더 깊은 뜻이 담겨 있는지도 모른다. 아시시의 성 프란치스코의 기도처럼 '평화의 도구'가 되고 화해와 용서의 종이 되라는 소명이다.

⚜

성경 속 인물들의 이름은 상징적인 의미를 지닐 때가 많다. 모든 상징이 그러하듯, 이 이름들은 그것이 상징하는 바를 드러내기도 하고 감추기도 한다. 이름의 경우 그 상징은 그 사람에 이르는 여정, 저마다의 독창성과 독특한 성격과 성소의 신비에 이르는 여정이다. 이름을 바꾼다는 것은 — 아브람에서 아브라함으로, 야곱에서 이스라엘로, 시몬에서 베드로로, 사울에서 바오로로 — 그 사람을 근본부터 바꾼다는 뜻이다. 이는 하느님의 특권이다. 묵시록의 약속에 따르면, 우리가 삶의 시련에서 승리한다면 흰 돌을 받을 것인데 그 돌에는 그것을 받는 사람 말고는 아무도 모르는 새 이름이 새겨져 있을 것이다(묵시 2,17 참조). 우리는 마침내 우리의 진짜 신원을 발견할 것이다. 평생에 걸쳐 우리를 괴롭힌 물음, "나는 정말로 누구인가?"에 대한 대답을 마침내 얻게 될 것이다.

자캐오라는 이름은 아마도 '깨끗하고' 순수하다는 뜻의 히브리 이름이 그리스화한 형태일 것이다. 그러나 이 자캐오의 경우에는 그 이름이 매우 역설적으로 들려서 분명 악의 섞인 농담들을 들었을 것이다. '청렴씨는 더러운 돈을 만지는 것으로 유명했다네'라는 식으로 말이다. 예수님께서 그의 집에 들어가셨을 때, 카타르시스, 곧 정화가 일어난다. 뉘우침과 회개와 치유와 더불어, 잃은 이들을 되찾게 된다.

예수님께서 **무화과나무 잎들 사이에 숨은** 자캐오를 어떻게 부르셨을까 생각하다 보면 또 다른 성경 장면이 자연스럽게 떠오른다. 주님께서 아담을 부르시는 장면이다. 인류의 첫 부부가 죄를 지은 뒤 **무화과나무 잎**으로 벌거벗은 몸을 가리고는 "동산 나무 사이에" 숨자, 주님께서 아담을 부르신다. "너 어디 있느냐?" 아담은 대답한다. "동산에서 당신의 소리를 듣고 제가 알몸이기 때문에 두려워 숨었습니다"(창세 3,8-10 참조).

이웃들 사이에서 죄인으로 여겨졌으며, 이웃들을 속이고 부당하게 횡령했다고 순순히 인정하는 자캐오는 키가 작아서 무화과나무에 올라간 것만은 아니었다. 그는 군중에서 멀리 떨어져 숨어 있어야 할 또 다른 이유가 있었다. 그의 영혼 깊은 곳에서, 자캐오는 자신이 '아담의 후예'인 죄인이라는 사실을 깨닫고 있었다. 그러나 예수님께서는 사람들 앞에서 그를 **신앙의 조상인** '아브라함의 자손'이라고 부르신다.

우리의 존재는 아담과 아브라함 사이, '첫 아담'과 '두 번째 아담'이신 그리스도 사이에 넓게 퍼져 있다. 그의 조상이며 우리의 조상인 아담이 그랬던 것처럼 자캐오는 죄인처럼 무화과나무 잎으로 몸을 가린다. 그러나 자캐오는 두려움 대신 간절한 열망을 안고 나뭇잎 사이로 내다본다. 그의 육신은 가려져 있을지언정 그의 영혼은 열려 있다. 그래서 자캐오는 아브라함에게 "떠나라!" 하셨던 부르심을 떠올리게 하는 예수님의 초대를 듣고 받아들일 수 있다.

"어디로 가는지도 모르고 떠난"(히브 11,8) 아브라함처럼, 자캐오도 예수님의 부르심에 응답하여 자신의 은신처를 떠나기로 결심한다. 그는 무엇이 자기를 기다리고 있는지도 모르면서 높은 관망대에서 내려온다. 아브라함이 길을 떠난 것처럼 자캐오가 나무에서 내려온 것도 신앙의 행위다. 기꺼이 부르심에 따르고 호소에 응답하려는 신앙이며, 불안한 곳으로 들어가는 용기와 신뢰의 행동이다. 그렇게 함으로써 이 아담의 후예는 자신이 아브라함의 자손임을 이미 보여 주고 있다. 예수님께서는 이를 공적으로 선포하신다. " … 이 사람도 아브라함의 자손이기 때문이다. 사람의 아들은 잃은 이들을 찾아 구원하러 왔다."

예수님께서는 자캐오에게 어떻게 해야 하는지 일러 주신다. 그분은 그의 집으로 가셨고, 사람들에게 따돌림당하고 거부당하던 이 사람도 아브라함의 자손의 가문에 속한다는 것을 그와 다른 이들에게 보여 주셨다. 자캐오가 뉘우치고 보상했기 **때문에** 예수님께서 그의 집에 구원을 내려 주시고 이웃들 앞에서 공적으로 구원을 선언하신 것이 아니다. 구원은 보답이 아니라 선물이다. 예수님은 '아무 선행 조건 없이' 선물을 주러 오셨다. 그분은 당신 구원의 선물을 강요하러 오신 것이 아니며, 자캐오가 먼저 이런저런 일을 해야 살 수 있는 상품처럼 구원을 제시하지도 않으셨다. 그 선물을 받아들이거나 거부할 수 있는 여지는 늘 있다.

자캐오는 처음에는 신뢰를 통해 부르심을 받아들임으로써 ─ 그는 멀찍이 서서 수수방관하는 구경꾼처럼 있지 않는다 ─, 그런 다음에는 자신의 삶을 개선하려고 결심함으로써 그 선물을 받아들인다.

선물을 주시는 분이신 예수님께서 먼저 주도하신다. 자캐오는 지켜보면서 찾고 있지만, 사실 그분이 이미 그를 찾고 계셨다. 자캐오가 예수님을 찾을 수 있었던 것은 그가 그분께 발견되었기 때문이다. 동족들 사이에서 죄인이라고 손가락질받던 이 키 작은 '큰 부자'는 이제 아브라함의 자손으로 발견되고 인정받는다. 그 순간 그는 자신이 보기에도 이웃들이 보기에도 키가 쑥 자란다. 키 작은 자캐오 세관장은 더 이상 공적 지위라는 키 높이 받침대가 필요 없다. 이제 자캐오는 자기 재산도 뚝 떼어 줄 수 있다. 그의 집에 손님으로 오신 나자렛 스승께서 그를 귀하게 여기신다는 사실만으로도 이제 그의 가치가 입증되기 때문이다.

자캐오는 한때 멀리 있었다. 군중들에게서 떨어져 나와 나무 꼭대기의 은신처로 피했을 때만 멀리 있던 게 아니었다. 그는 예전 삶의 방식 때문에 '잃어버린' 사람들, '죽은' 이들 가운데 있었기에 '멀리' 있었다. 그러나 그는 부활했고 이제 가까이 있다.

예수님께서 그를 만나러 오시고 그의 집으로 가심으로써 자캐오는 이제 하느님과 이웃들에게 훨씬 더 가까워진다. 그리스도께서 가까이 계시기 때문이다. 무화과나무에서 내려온 그의 행동은 그의 고백과 회심으로 **소원함**의 장벽이 치워졌다는 사실로 완성된다. 하느님과 사람들과 자신과 자신의 고유한 목적에서 멀어지는 것이 죄가 아니겠는가?

마침내 자캐오는 그때까지 자신이 깨닫고 인정할 수 있는 자신에 관한 모든 진실을 솔직히 터놓았다. **그는 자기 안에서 양심을 느꼈다.** 그러나 그는 여전히 "제가 다른 사람 것을 횡령하였다면"이라고 조건부로 이야기한다. 양심을 더욱 발휘하여 누구를 어떻게 속였는지 정확히 말해야 한다. 죄는 죄짓는 사람이 보지 못하게 숨어 있기를 좋아한다. 양심의 목소리는 우리 주변에서 들려오는 소리들과 우리 안에서 나오는 소리들에 쉽게 묻힐 수 있다.

그러나 중요한 사건이 일어났다. 자캐오는 예수님을 만났고, 이 만남은 기쁜 신뢰로 가득 차 있었다. 이 해방의 만남을 **신앙 사건**으로 여겨도 좋을 것이다. 신앙은 거짓말과 핑계와 망각의 굴레에서 우리 양심을 해방시켜 우리를 치유하고 되살려 온전한 진리로 이끈다. 성경에서 진리는 지적 인식보다는 올곧은 삶의 문제다. 신약성경은 단순히 진리를 깨닫거나 이야기하는 것만이 아니라 '진리를 행하고' '진리를 실천하는 것'에 관해 이야기한다.

진리를 실천한다는 것은 단순한 반응이 아니라 책임감 있는 행동을 뜻한다. 반응은 외부의 것, 타인과 그들의 행동과 태도에 따라 결정된다. '맞대응' 원칙에 따라 행동하는 것도 여전히 타인의 행동이 우리 행동을 결정하는 '반응'의 영역 안에 있다. 진정 자유로운 행동은 내면에서, 양심의 지성소에서 우러나온다. 그러나 양심은 일깨우고 해방시켜야 하며, 기르고 가꾸어서 성숙시켜야 한다.

진실함과 성숙한 신앙의 또 다른 지표는 신앙이 얼마나 양심을 위한 공간을 열어 주는가, 얼마나 양심을 비추고 일깨우고 북돋우는가에 있다. 성숙한 신앙은 양심이 무르익도록 돕지만, 미성숙한 신앙은 양심을 불신하고 양심 대신 밖에서 강요된 명령들과 금령들을 기계적으로 따르려 한다.

예수님께서는 자캐오에게 이렇게 말씀하셨을 수도 있다. "네 믿음이 너를 구원하였다." "네 능력으로 네가 너를 치유했다"도 아니고, "너의 동참 없이 밖에서 내가 너를 치유했다"도 아니며, "우리가 참으로 서로 만났고, 그 만남에서 태어난 믿음에서 치유하고 해방시키는 힘이 나왔다"고 말씀하신 것이다.

예수님과 자캐오의 짧은 만남에서 결정적 순간은 언제였는가? 무엇이 실제로 자캐오의 마음과 삶을 변화시키고, 그의 메타노이아$_{metanoia}$, 그의 회개를 가져왔는가? 이 짧은 드라마의 어느 지점에 카타르시스가 있는가?

신앙을 통한 치유를 다루는 또 다른 복음 사건을 생각해 보자. 야이로의 딸을 살리신 '큰 기적' 이야기 안에 들어 있어서 그냥 지나치기 쉬운 이야기, 곧 열두 해 동안 하혈로 고통받던 여인의 이야기다. 그 여자는 숱한 고생을 하며 많은 의사의 손에 가진 것을 모두 쏟아부었지만, 아무 효험이 없었다.

그가 예수님의 소문을 듣고, 군중에 섞여 예수님 뒤로 가서 그분의 옷에 손을 대었다. '내가 저분의 옷에 손을 대기만 하여도 구원을 받겠지' 하고 생각하였던 것이다. 과연 곧 출혈이 멈추고 병이 나은 것을 몸으로 느낄 수 있었다. 예수님께서는 곧 당신에게서 힘이 나간 것을 아시고 군중에게 돌아서시어, "누가 내 옷에 손을 대었느냐?" 하고 물으셨다. 그러자 제자들이 예수님께 반문하였다. "보시다시피 군중이 스승님을 밀쳐 대는데, '누가 나에게 손을 대었느냐?' 하고 물으십니까?" 그러나 예수님께서는 누가 그렇게 하였는지 보시려고 사방을 살피셨다. 그 부인은 자기에게 일어난 일을 알았기 때문에, 두려워 떨며 나와서 예수님 앞에 엎드려 사실대로 다 아뢰었다. 그러자 예수님께서 그 여자에게 이르셨다. "딸아, 네 믿음이 너를 구원하였다. 평안히 가거라. 그리고 병에서 벗어나 건강해져라"(마르 5,27-34).

역시 익명성이라는 은신처에서 예수님께 부름 받는 한 사람의 이야기다. 그 여자는 나중에 예수님 앞에서 남들이 지켜보는 가운데 자신에 관한 사실을 숨김없이 다 털어놓는다. 어느 현대 신학자는 이 이야기를 심층심리학적으로 해석한 바 있다.[1] 만성 하혈은 누군가 그 여자의 무의식 속에 집어넣고는 더 이상 입에 담지도 거들떠보지도 않는 무언가가 '육신의 언어'로 드러난 심신의 질병이라는 것이다. 이 여인은 여성성이라는 지성소에 상처를 입었고, 아마도 성性이라는 은밀한 영역에서 내면에 어떤 심각한 정신적 외상을 입었을 가능성이 크다. 오랜 세월에 걸친 하혈은 육체적 쇠약과 고통과 수치일 뿐 아니라, 인간적·종교적 교제에서 배제시킴으로써 친밀할 권리도 앗아 간다. 유다교 경전에 따라, 하혈하는 여인은 제의적으로 부정하다고 여겨져 회당의 예배에 참석할 수 없었다. 그런 여자는 다른 이에게 닿아서는 안 되고, 다른 사람도 그런 여

---

1 E. Drewermann, *Wort des Heils - Wort der Heilung* (Düsseldorf: Patmos 1990) 87-92.

자에게 닿아서는 안 되었다. 인간적 친밀함, 인간적 손길에 대한 강박적 갈망에 사로잡힌 그 여자는 규정된 고립을 깨고 나오는 행동을 하기에 이른다. 예수님께 손을 댄 것이다. 그 여자는 군중 속에서, 뒤에서 몰래 예수님께 손을 댄다. 그러나 예수님께서는 그 여자가 이런 식으로 치유되기를 바라지 않으신다. 그분은 당신을 부른 이의 얼굴을 찾으신다. 그리고 어떤 의미에서 그 여자의 '이름을 부르시어' 익명성을 무너뜨리신다. 제자들은 예수님의 물음이 말도 안 된다고 생각한다. **온 군중**이 그분을 밀쳐 대고 있는데 어떻게 어느 한 사람의 손길을 알아차리실 수 있단 말인가? 그러나 예수님께서는 온 군중 가운데 누구도 묻혀 있지 않으며, 이름 없는 사람은 아무도 없다. 그분께는 어느 누구, 어떤 손길 하나도 익명이 아니고 비인격적이지 않으며 대체될 수 없다. 그 여자가 다가온다. 여러 해 동안 숨어 고립되었던 그녀는 모든 사람 앞에서 "사실대로 다 아뢴다". 그 진실의 순간에 그녀는 병에서 해방된다.

그러나 그 여자를 구원했다고 예수님께서 말씀하신 그의 믿음은 그의 손길에, 간절한 신뢰에서 우러난 그 정신 나간 행동 안에 이미 드러나 있다. 그것은 율법에 위배되는 행동이었다. 어쨌거나 그 여자의 손길은 예수님까지 제의적으로 부정하게 만든다. 율법의 엄격한 해석에 따르면 죄에 해당되는 행동이다. 그러나 예수님께서는 그녀가 그런 행동을 통해 하고자 하는 말을 이해하셨기에, 그것을 구원의 행위로 해석하셨다. 그녀가 예수님 앞에 엎드려 "사실대로 다 아뢰었을 때", 지금까지 피와 고통으로만 드러나며 몸짓 언어로 말하기 시작했던 것이 이제는 말로 마무리된다.

자캐오의 믿음처럼 그녀의 믿음은 '신앙 진리에 대한 이성적 지지'가 아니다. 이 믿음은 이성적 확신과는 아무 상관 없으며 교의 공식으로 표현될 수도 없다. 그것은 갈망에서 샘솟은 믿음, 신뢰가 한 부분을 차지하는 믿음이다. 기대하거나 계획하지 않았으며 의식적으로 원치도 않았던 '대면 만남'에서 생겨난 이 믿음은 진실을 마주할 용기로 마무리된다.

그들은 예수님의 **힘**을 느낄 수 있었다. 그들은 예수님이 "율법 학자들과는 달리 권위를 가지고"(마태 7,29) 말씀하시고 행동하시는 분임을 느낄 수 있었다. 그 힘은 이 세상 세력가들이 휘두르는 폭력과 억압의 힘과는 다른 질서의 힘이라는 것을 그들은 알아차렸다. 자캐오나 하혈을 고친 여자, 그 밖에 예수님이 만난 수많은 이는 그들이 겪은 예수님 체험을 카이사리아 필리피에서 있었던 베드로의 고백(마태 16,13-20 참조)이나 훗날 교회가 사용하게 될 신학적·교의적 언어로 표현할 수 없고 그럴 필요도 느끼지 못한다.

예수님과의 만남에서 하느님의 번뜩이는 힘과 장엄한 충만함을 어렴풋이 보고 체험한 사람들은 이를 세련된 신학 용어나 신학 이론으로가 아니라 주로 몸짓(엎드리거나 무릎을 꿇거나 절을 하는)이나 기쁨의 외침('라삐니!' '저의 주님, 저의 하느님!')으로 표현한다. 하혈하던 여인의 신앙고백은 몰래 내민 손길이었다(앞서 지적했듯이, 그것은 제의적으로 부정하기에 종교적 관점에서는 문제적 행동이었다). 자캐오가 보여 준 몸짓은 나무 꼭대기에서 내려온 것이었고, 그의 신앙고백은 정의와 속죄의 정신으로 자신의 삶과 재산 문제를 새로 세우려는 결심이었다. 자캐오가 예수님을 받아들인 것은 예수님의 본질을 숙고하거나 예수님에 관한 가르침 또는 그분의 가르침에 동의함으로써가 아니라 자기 집 문을 엶으로써 이루어졌다. 그 개방은 그와 함께 시간을 보내시겠다는 예수님의 깜짝 요청에 따른 것이었다.

자캐오나 하혈 병이 나은 여인이 예수님을 유다인의 약속된 메시아로 여겼는지는 성경에서 알 수 없고, 그들이 '하느님의 외아드님', '하느님이시며 인간이신 분' 같은 표현들을 이해했을 것 같지도 않다. 그럼에도 그들은 그분을 신뢰했기에 "나를 본 사람은 곧 아버지를 뵌 것"(요한 14,9)이라는 말씀과, 예수님의 말씀과 행동과 그분의 인성 전체는 "활동하시는 하느님을 인간이 볼 수 있는 창문"임을 자기 나름대로 체험했다.

우리가 예수님의 신비를 표현하기 위해 내놓는 신학 개념들과 이론들이 수세기에 걸친 철학 용어들에 의지하는 것은 사실이지만, 어떤 의미에서 그 개념과 이론들은 복음 이야기들과 그것이 계시하는 사건들에 가장 깊이 뿌리내리고 있다. 예수님의 신성에 대한 가르침은 신학자들의 머리에서 처음 나오지 않았다. 토마스 사도가 부활하신 그리스도의 상처를 만지고는 "저의 주님, 저희 하느님"이라고 기뻐 외친 것이 먼저다. 토마스는 예수님의 본성에 관한 형이상학적 판단을 내리려는 의도는 분명 아니었을 것이다. 그는 그저 자신의 기쁨을 표출한 것이다. 그 순간 북받치는 기쁨을 표현하기에 가장 적합하다고 생각되는 말마디들을 자신의 어휘 사전에서 즉흥적으로 꺼냈을 뿐이다.

우리가 자주 남용하는 표현들과 케케묵은 정의들을 신앙의 원천 속으로 던져 버림으로써 우리 종교 언어를 쇄신하려고 노력해야 한다. 그런 낡은 것들은 토마스 사도나 사도들의 사도 마리아 막달레나, 자캐오,

하혈하던 여인이 예수님을 만나면서 체험했던, 생명을 변화시키고 해방시키는 그 기쁨 속으로 던져 버리자. 그렇게 할 때, 오늘날 자캐오들에게 은신처에서 나와 삶을 변화시키라고 격려하기가 더 쉬워질 것이다. 그렇게 할 때, 하혈하던 여인이 몰래 뻗은 손길에 담긴 무언의 언어를 더 잘 이해할 수 있고, 사람들이 자기 사연을 털어놓고 병을 고칠 수 있는 신뢰의 공간을 마련할 수 있을 것이다.

※

체코 의회에서 의원들 앞에서 자캐오 이야기를 하다가, 체코 교회는 '자캐오에게 말을 건네는 것' 말고도 사회에 빚진 것이 더 있다는 생각이 들었다. 우리는 그리스도인들의 기본 임무 가운데 하나인 **용서와 화해의 전문가가 되기**에 실패했다. 이는 결국 자캐오 이야기와도 연결된다.

가장 어려운 도덕적 과제인 동시에 도덕적으로 성숙한 어른이 될 가장 좋은 기회는 자유를 박탈당한 박해의 시기에 자신의 오롯함을 지키는 일이라고 생각했던 시절이 있다. 나중에야 깨달았다. 새로 자유가 회복되는 문턱에서 그렇게 하기가 훨씬 더 힘들다는 것을. 전체주의 정권이 몰락한 다음, 또는 내전이 끝난 다음, 이전 시대의 영웅들과 희생자들은 주범들과 협력자들, 온갖 합법적·불법적 타협을 대가로 겨우 '살아남은' 이들과 한 사회 안에 뒤섞여 남게 되었다. 파괴된 잔해들과 방벽들과 사람들 안에 남아 있던 찌꺼기들을 치우는 동안, 사회 전체는 청소 과정에서 풀풀 날리는 먼지들로 한동안 더러웠다. 전쟁이 끝나고 나면

승자도 패자도 그다지 깨끗하지 않다. 구석구석 대청소가 필요하다. 그러나 그런 힘든 임무를 지나치게 빨리, 지나치게 맹렬하게 시작하려는 이들을 주의해야 한다!

독재의 중심축이었던 이들, 비록 우리가 보기엔 틀렸지만 자기 나름의 진지한 확신에 따라 행동한 이들, 그저 냉소적으로 자기 살 궁리만 한 이들, 남들을 꾄 이들, 어수룩하게 유혹에 넘어간 이들을 구별하기가 언제나 쉽지는 않다. 양심의 눈이 뜨여 자기 잘못을 깨달음으로써 정권에서 차츰 멀어진 이들과, 권력자들에게 더 이상 쓸모가 없어져서 버림받은 뒤에야 반대 입장으로 전향한 이들을 어찌 구분할 수 있겠는가? 더구나 독재 정권에 격렬히 반대한 이들 중에서도 '흠 잡을 데 없이 괜찮다'고 여겨졌던 몇몇 인물이 저지른 잘못을 폭로하는 문서들은 여러 해가 지난 뒤에야 나올 수 있었다. 그들은 자신의 행동을 남들에게만 숨긴 게 아니라 자신의 양심에게도 신중하게 숨겨 왔음이 종종 드러났다. 독재 정권 몰락 이후 가장 과격한 심판관이 되어 보복하는 이들 가운데는, 스스로 부끄러운 잘못을 저질렀다가 이제 자신과 남들 앞에서 자기 합리화를 하고 뒤늦게 알리바이를 만들려고 애쓰는 이들도 있었다.

체코의 경우, 독재에서 민주주의로의 전환은 혁명적인 청산 단계가 전혀 없이 이루어졌다. '자코뱅파 시대'도, 뉘른베르크 재판 비슷한 것도 없었다. 아무도 머리칼 하나 다치지 않고 피 한 방울도 흘리지 않았다. 세계는 단시간에 끝난 거리의 축제처럼 열린 '벨벳 혁명'을 높이 평가했다. '복수심'이 들끓거나 '마녀 사냥'이 촉발되지 않은 것은 물론 좋은 일이다. 그러나 그것이 진정 용서와 화해의 입장이었는가? 그것은 살인적인 청산 작업의 정반대인 또 다른 극단, 말하자면 **당연히 물어야 할 책임마저 비난한 것**은 아니었는가? '과거와 선을 긋자'라는 표어는 물론 좋은 의도에서 나온 것이었다. 보복하지도 말고, 악을 악으로 갚지도 말자. '그들과 똑같이 되지 말자.' 그러나 실제로는 이렇게 해석되고 실행되었다. '가능한 한 빨리, 깡그리 잊어버리자!'

거의 모든 탈공산주의 국가에서 이와 비슷한 현상이 일어났다. 화해와 치유라는 고통스러운 과정을 건너뛴 탓에 우리 사회는 도덕적으로 허약해졌다. 치유하지 않고 덮어 놓았던 상처는 곪아 터지기 시작했고, 차츰 유기체 전체로 독이 퍼지기 시작했다. 표면적 일치에 대한 환상을 심어 놓고, 반체제 인사와 밀고자의 구분을 급히 지워 버렸던 뿌연 안개는 결국 실패했다. 안개는 더 짙어졌고 진리의 빛은 사라지기 시작했다.

그 안개를 틈타 과거의 정치 고위층은 정계와 경찰력을 슬며시 잽싸게 빠져나가 경제 분야로 잠입했고, 그동안 축적해 놓은 자산과 인맥과 정보 덕분에 다시 한 번 사회를 지배하기 시작했다.

물론, '완전히 흰 사람도 완전히 검은 사람도 없다'는 확신은 본질적으로 맞다. 그러나 사람들 간의 이해를 북돋아야 할 이 말은 오히려 회색 안개만 더 짙게 만들었고 그 안개 속에서 진실과 거짓의 경계가 점차 사라져 갔다. 지나치게 단순한 판단에 대한 두려움 때문에 건강한 판단력을 잃어버렸고 모든 도덕 가치가 불길하게 상대화되었다. 한 이념의 지배에서 또 다른 편협한 이념의 지배로 넘어가지 않은 것은 물론 좋은 일이다. 그러나 '뭐든 괜찮다'는 식의 생각은, 민주주의와 열린사회의 적들에게 또 다른 주장거리들을 제공하며 자유를 카오스 상태로 바꾸기 시작한 세력들에게 문을 열어 주었다. 이러한 개발과 그에 따른 위험에 주의를 환기시킨 이들은 순진한 이상적 도덕주의자로 많은 이에게 경멸받고 조롱받았으며, 자유를 위협하고 제한하려 한다고 의심받았다. 특히 실제로 자유를 위협하고 남용하는 이들이 그들을 그렇게 몰아붙였다.

새 천년기의 문턱에서 많은 이는 체코 사회가 간직해 온 민주주의 문화의 잔재 덕분에 그런 개발이 그렇게 멀리까지 나가지는 않으리라 믿었고 지금도 그렇게 믿고 있다. 주변 국가들, 특히 러시아와 여러 소비에트 공화국에서 그랬던 것처럼 말이다. 그러나 그 민주주의 문화는 오래전, 제2차 세계대전 직후에 이미 잃어버리지 않았던가? 개발의 끔찍한 파괴 물결이 러시아에서 우리에게까지 넘어왔을 때, 체코에서는 공산주의가 보다 민주적이고 인간적인 얼굴로 나타나리라고 믿었던 그때 말이다. 그 당시 거의 모든 이는 개발이 여기에서는 다른 형태를 띠고 더 온건하고 세련된 방식으로 이루어질 것이라고 생각했다. 어떤 측면에서 체코의 공산주의는 다른 주변 나라들에서보다 훨씬 덜 인간적이었고, 특히 교회와 종교와의 관계에서는 더 그랬다.

어떤 이들은 추문과 부패는 민주주의에 늘 따라다니는 특징이라고 지적한다. 이 문제는 민주주의의 불완전한 초기 단계에서만 논란거리가 아니라 '유서 깊고 무르익은 민주주의' 안에서도 마찬가지이며, 특히 요즘에는 더 그렇다. 다시 말해, 우리는 지금 탈공산주의 국가들에서 직면하는 것에 지나치게 동요해서는 안 된다. 전체주의 정권의 두터운 장벽 뒤에서만 부정적인 현상들이 일어났던 게 아니라, 자유 사회의 열린 공간에서도 일어나고 있다고 생각하면 된다. 우리가 그런 현상들을 더 자주, 더 가시적으로 직면한다는 사실은 아마 이러한 일들이 오늘날 대중 매체를 통해 더 많이 공론화되기 때문일 것이다.

　게다가 우리가 점점 더 깊이 몸담고 있는 글로벌 사회에서는 전통적 민주주의 자체가 위기에 놓일 수밖에 없다. 우리는 민족국가라는 틀 안에서 민주적 장치들을 다룰 수 있지만, 우리가 좋든 싫든 그 장치들의 역할이 분명 약해지고 있다. 전통적 민주주의 장치들이 닿을 수 없는 영역에서 활동하는 초국가적 기업들이 앞으로도 정치·경제 영역에서 결정적인 힘을 발휘할 것이다. 특히 작은 국가들의 경우, 시민들은 자신들이 선출한 대의원들의 권한이 점차 축소되고 있음을 느낀다. 그래서 특히 젊은 세대에서는, 기꺼이 자발적으로 선거에 참여하여 최소한 이렇게라도 정치 생활에 관여하려는 이들이 점점 줄어든다. 정치는 '연예 산업'의 일부가 되어 가고, 점점 더 많은 시민은 미디어라는 거울을 통해 무심하고 따분하게 마뜩잖은 표정으로 이를 지켜본다. 그렇지 않으면 정치를 소재로 농담을 하거나 스포츠 중계를 볼 때처럼 격분하며 냉소적으로 논평할 뿐 동료 선수라는 감각은 전혀 없다. 자신도 경기장 안에 있다는 공동의 책임감은 느끼지 못한다. 자신의 '이름이 불렸다'는 감각이 없는 것이다. 그러나 독재와 전체주의 정권이 주로 대다수 시민의 정치적 수동성을 바탕으로 뻗어 나가는 것과는 달리, 민주주의의 존속은 자신의 에너지를 일정 수준 이상 시민 생활에 쏟지 않으려는 '무임 승차자'의 비율이 얼마나 되는가에 달려 있다.

　다행히도 지금까지는 일시적 현상으로 그쳤지만 독재 정권이 민주주의 정권을 이기는 경우는 언제나 특정 민주주의 형태가 대다수 시민의 눈에 신뢰성을 잃어버릴 때 시작되었다. 탈공산주의 세계에서 젊은 민주주의의 신뢰성은 전체주의 정권의 도덕적 유산이라는 '과거와의 관계를 어떻게 풀어 나가는가', 또한 피비린내 나는 청산 과정이나 마땅한 책임에 대한 냉소적 비난 없이 갈라진 사회를 어떻게 일치시키는가에 달려 있다.

언젠가 주프라하 미국 대사와 남아프리카공화국의 인종차별 정책 종식에 관해 대화하다가, 거기서 일어난 '화해 예식'이 어떻게 그리스도교 신앙 감각에 뿌리를 두고 있는가를 이야기한 적이 있다. 그는 왜 탈공산주의 세계에서는 그와 같은 일이 일어나지 않는지 물었다.[2] 그 대화는 지금부터 여러 해 전, 그러니까 유감스러운 이라크 전쟁 이전의 일이다. 지금 그를 만난다면 승패를 떠나 그 전쟁은 이라크뿐 아니라 미국 사회도 심각하게 분열시키지 않았냐고 물어보고 싶다. 미국은 베트남전이나 워터게이트 사건 이후보다 훨씬 더 깊은 광범위한 정화 과정을 거쳐야 하지 않을까? 우리가 지금 탈공산주의 세계와 관련해서 이야기하는 화해와 치유에 대한 요구는 머잖아 미국에서도 화두가 되지 않을까?

우리 그리스도인들은 '화해의 전문가'로서 수완을 발휘하고, 용서와 화해는 근시안적이고 경솔한 '망각'이나 '변절'과는 전혀 다른 것임을 실천적으로 보여 주어야 한다. 우선 우리 교회의 위계질서 안에서 벌어지는 일들부터 시작함으로써 그래야 한다. 그것은 탄생만큼이나 지난하고

---

2   이 책을 쓰고 있는 지금 남아프리카공화국에서 자주 들려오는 소식에 따르면, 데스몬드 투투 대주교가 주도한 그 유명한 '진실과 화해 위원회'의 노력에도 그곳에서는 여전히 많은 갈등이 풀리지 않고 '과거의 상처들'은 아직 봉합되지 않은 채 치유되지 못하고 있다.

고되고 고통스러운 재탄생 과정이 될 것이다. 여기에는 잘못들을 인정하고 고백하며 참회하는 과정이 포함된다. 그 과정이 끝나면, 예전의 주범들은 한때 그저 시류를 타며 결코 '손을 더럽히거나' '체면을 잃지' 않은 사람들보다 훨씬 더 깊고 진정한 인간으로 태어날 수 있을 것이다. 해산할 때에 여자는 진통의 시간이 왔기에 근심에 싸이지만, 아이를 낳으면 사람 하나가 이 세상에 태어났다는 기쁨으로 그 고통을 잊어버린다(요한 16,21 참조)는 복음 말씀은 여기에서도 적절하다. 산고의 순간을 너무 빨리 건너뛰거나 경솔하게 잊어서는 안 된다. 그렇지 않으면 새 생명과 새 출발에 대한 희망도 유산될 것이다.

하느님의 용서는 우리의 공로를 전제로 하지 않고 거저 주어지는 은총의 선물이며 우리는 그분께 마음을 열기만 하면 된다는 것이 우리의 믿음이다. 그러나 대인 관계에서나 사회적 과정에서 용서와 화해는 매우 힘든 활동이다. 용서는 그리스도인들의 가장 기본적인 도덕적 임무 가운데 하나다. 그러나 어떤 상황에서는 매우 힘든 임무라고 덧붙일 수밖에 없다. 요한 바오로 2세가 새 천년기에 접어들기 전에 교회의 참회와 관련하여 쓴 유명한 표현인 '기억의 정화'는 과오로 고통받은 많은 아픈 기억과 정신적 외상을 단순히 무의식 속으로 옮겨 버리지 않으려는 태도를 뜻한다. 이는 개인의 기억뿐 아니라, 사회의 문화와 사회의 정체성 형성과 유지에 본질적인 '집단 기억'에도 마찬가지로 적용된다.

극적인 사회 변화를 겪은 뒤 과거와 그 고통스럽고 어둡고 죄책감으로 얼룩진 측면들을 공론화하지 못한 곳, 말하지 못한 것을 말로 표현하여 정화와 화해를 이끌어 내지 못한 곳에는 언제나 '기억의 분열'이 남는다. 아무리 '망각'이나 '거짓 용서'의 가면을 쓰고 있어도 사회에는 깊은 분열이 남는다. 교회처럼 국가도 '기억의 공동체'다. 과거는 예술이나 공적 논의, 역사 연구, '기억의 장소' 보존 등의 활동을 통해 반성하고 변화시켜 집단 기억의 일부가 되게 해야 한다. 사회가 이런 식으로 자신의 과거를 이해하지 못할 때 기억의 단편화가 일어난다. 각 집단이 저마다 다른 방식과 다른 관점으로 과거를 이해한 결과, 과거를 서로 다르게 기억하고 사회적 대화도 제대로 이루어지지 않는다면, 이러한 영구적인 기억의 단편화는 사회의 치유와 개선을 가로막는다.

쉽게 치유하고 속죄할 수 없는 과거의 과오들, 지난날의 치유되지 않은 상처들이 있다(전체주의 정권의 범죄들도 분명 여기 속한다). '잊기' 어려운, 어떤 의미에서 잊혀서도 안 되는 이 잘못들은 법률과 재판과 처벌의 통상적인 장치로도 지울 수 없다. '하늘을 향하여 부르짖는' 잘못들이 있다. 이런 특수한 상황에서 법률이라는 인간적 도구와 공적 논의라는 사회적 치료법을 다 써 보아도 모두 소용없다면 용서라는 중요한 영적 활동이 적절하다. 용서는 결코 경솔하게 잊는 것이 아니라, 모든 판단을 접고 '이 세상'이 마음대로 할 수 없는 정의와 자비의 좌座의 권한에 모든 문제를 전적으로 맡기는 것이다.

신학자 요한 밥티스트 메츠에 따르면, 주변 국가들이 역사의 공포를 다양하게 설명하는 위로의 신화들을 갖고 있는 반면 성경 속 이스라엘은 '아우성치는 풍경'으로 남아 있다. 시편과 예언서들은 이미 일어난 일을 전혀 누그러뜨려 합리화하지 않고, 고통받는 민중의 외침을 **'앞으로 오실 분'**에게 보낸다. 인간의 힘이나 정의로 치료하고 고칠 수 없는 것은 최후의 심판이 올 때까지 하느님을 향해 열어 두어야 한다.

※

자캐오 이야기는 회심과 용서, 참회, 다시 받아들여짐에 관한 이야기이며, 화해와 구원의 이야기이다. "사람의 아들은 잃어버린 것들을 구하러 왔기 때문이다."

 루카가 전하는 자캐오의 회심 이야기에는 그동안 수많은 강론과 신심 서적이 그토록 북돋우려 애써 왔던 '뉘우치는 마음'이라는 의미의 통회가 들어 있지 않다. 자캐오는 고뇌하지 않는다. 재산의 반을 가난한 이들에게 주고 횡령한 것을 네 곱절로 보상하겠다고 말할 때, 그는 자기 집에 예수님이 계신다는 기쁨에 도취되어 그렇게 말한 것이다. 자캐오는 마치 예수님의 비유에서 밭에 숨겨진 보물을 발견하고는 기뻐하며 가진 것을 모두 팔아 밭을 사서 진기한 보물을 손에 넣은 사람처럼 행동한다.

 인도의 예수회원 앤소니 드 멜로가 지적했듯이, 예수님께서는 복음서 어디에서도 죄인들에게 후회를 드러내도록 요구하지 않으신다. 그분이 생각하는 회개 과정에 후회는 들어 있지 않다. 회개 과정은 철저히 기쁨의 사건이다. 죄로 인한 괴로움은 용서받고 너그럽게 받아들여지는 은총에 대한 기쁨과 감사와 항상 뒤섞여 있다. 자신의 죄를 깨달을 수 있다는 것은, 이미 죄의 어두운 감옥 밖에 나가 있다는 뜻이다. 자비의 빛 안에서만 죄를 볼 수 있다. 죄인들은 대체로 자신의 죄를 보지 못하거나, 보더라도 진실하게 보지 못한다. 그들은 어둠에 사로잡혀 있다. 자신의 죄를 분명히 볼 수 있는 것은 성인聖人의 특권이다. 성인은 자기 죄 때문에 진심으로 슬피 울기도 하지만, 하느님의 자비하심을 찬미하는 법도 알고 있다.

내 죄가 보일 때에는 그 모습에 홀리거나 낙담하지 말고, 그 죄를 보고 인정할 수 있게 해 주는 빛의 근원을 바라보아야 한다. 우리가 내내 뒤만 돌아본다면 **세상의 소금**은 되지 못하고 결국 롯의 아내처럼 '소금 기둥'이 될 것이다. 자신의 잘못들을 바라보고, 그때 하느님께 바칠 것이라고는 무너진 마음밖에 없음을 알게 되는 순간들이 있다. 다윗의 유명한 참회 시편처럼 말이다. 그러나 그 시편과 연결되는 다윗의 죄와 회개의 이야기를 보면, 신하들은 다윗이 깊디깊은 절망에 빠지리라고 예상했으나 다윗은 눈물을 거두고 단식을 멈추고 얼굴을 씻은 다음 새 생명을 위한 힘을 얻기 위해 앉아서 식사를 한다.

드 멜로에 따르면, 우리 교리서들은 후회를 회개와 회심 과정의 필수 요소로 강요하기보다는 하느님께서 베푸시는 용서의 힘에 대한 신뢰와 우리 원수들을 기꺼이 용서하려는 마음을 강조해야 한다. 세상과 나에게 큰일을 하실 수 있는 하느님의 힘을 신뢰하지 못하는 것이 정말 비극적인 유일한 죄, 곧 '성령을 거스르는 죄'라고 드 멜로는 말한다.

⚜

용서와 화해의 여정에서 꼭 필요한 단계는, 아픈 상처를 더 크게 키울 뿐인 보복의 악순환에 빠지지 않으려는 굳은 결심이다. 악에 대한 요구를 눈덩이처럼 불어나게 하는 보복심을 '눈에는 눈, 이에는 이'라는 단순 정의의 경계에서 멈춰 세우는 정도로는 충분치 않다. 그것은 타인에 의해 결정되는 행동이며, 외부에서 우리에게 강요되는 기준이기 때문이다.

그런 까닭에 예수님께서는 '맞대응'의 원리에 '하느님께서 나에게 하시는 것처럼 나도 너희에게 할 것'이라는 원리로 맞서시며, 우리는 모두 하느님의 너그러운 용서의 선물과 하느님의 인내로 살아가고 있음을 보여 주신다. 하느님께서는 나를 참고 기다리시는데, 왜 나는 이웃의 약함을 참지 못하는가? 왜 내가 모든 것을 다 아는 판관 역할을 하려고 애쓰는가? 그보다 나는 악의 손아귀에 사로잡힌 이에게 바로잡을 수 있는 기회를 주고, 전혀 다른 반응과 전혀 다른 행동을 보여 주어야 하지 않겠는가?

그러나 예수님께서는 고지식하지 않다. 그분은 너그러운 사랑이 언제나 효과가 있을 것이라는 순진한 확신으로 우리를 끌고 가지 않으신다. 그러한 행동은 희생과 패배에 대비해야 한다. 최소한 우리는 그분처럼 순진해 빠진 바보들로 여겨질 것이다. 그러니 우리는 이기적인 계산에서 벗어나 굳센 도덕적 힘을 갖추어야 한다. 이러한 용기만이 세상을 사탄이 주도하는 증오와 폭력의 악순환에서 해방시킬 수 있다.

'유다인이 되기란 어려운 일이야'(S'ist schwer zu sein a Jid). 내 가장 친한 유다인 친구는 유다인 특유의 쓸쓸한 미소를 지으며 여러 경우에 이렇게 말하고는 한다. 그러나 복음을 찬찬히 읽어 보고 진지하게 받아들이면 그리스도인이 되기도 썩 쉬운 일은 아니다. 위대한 사랑의 힘과 항구한 믿음을 통해서만 이 십자가는 "편한 멍에"(마태 11,30 참조)가 될 수 있다. 그러나 우리는 악과의 기나긴 전투에서 도망치거나 반역자가 되어서는 안 된다. 그 싸움 안에 우리 삶의 이야기들이 뿌리내리고 있기 때문이다. 악이 자신의 전투 방식과 수단들을 사용하도록 우리를 조종하지 못하게 단호히 뿌리칠 때, 비로소 우리는 우리의 참신원이 새겨져 있는 **흰 돌**을 받을 수 있다.

11
자캐오 성인

자캐오에 관한 성찰이 마무리되어 가고 있다. 여기서 또 다른 버전의 자캐오 외경을 하나 제안해 보자.

자캐오는 예수님께 엄숙하게 약속한 모든 것을 실천했고, 약속하지 않은 다른 선행도 많이 했다. 장수를 누린 자캐오는 사랑하는 가족들과 그에게 고마워하는 고향 사람들에게 둘러싸여 죽음을 맞았다. '이 아브라함의 자손이 구원을 받을 것'이라 한 약속이 그에게서 실현되었다. 그가 세례 받지 않았다는 사실을 비롯한 여러 관료주의적 장애물 때문에 교황청 관련 부서에서 그를 시성諡聖하지는 않았지만, 그는 아브라함의 품에서 안식을 누리고 있다. 예수님께서는 그의 후광을 못마땅하게 여기지 않으셨을 뿐 아니라, 하늘과 땅을 잇는 특별한 사명을 그에게 맡기셨다. 자캐오 성인은 영원한 추구자들, '엿보는 이들'의 수호성인이자 보호자가 되었다. 놀랍게도 자캐오가 맡은 역할은 그들을 **개종**시키는 일 ― 옛 성인들은 다들 그런 능력이 있었다 ― 이 아니라 신앙의 대기실에서 그들의 인내를 지켜보는 일이었다. 어쨌거나 하느님께는 교회 건물 문 밖에 있는 백성도 있고, 추구라는 복잡한 미로 안에 있는 백성도 있다. '신심 깊은' 이들은 절대 그 미로에서 길을 잃지 않고 감히 발을 들여 놓지도 않는다. 그곳이 바로 하느님의 자녀들을 보호하고 전구해 줄 누군가가 필요한 자리다. "너는 하느님 나라에서 멀리 있지 않다"는 예수님의 말씀을 들을 수 있는 이들은 '호수 저쪽'에도 많이 있다.

우리가 아니면 누가 그런 말씀들을 그들에게 전해 주겠는가? 그러나 우리가 전하는 소식이 참으로 기쁜 메시지가 되려면 어떻게 그것을 전해야 할까? 우리 입을 통해 듣는 말에 그들이 겁먹지 않도록 어떻게 그들의 **이름을** 불러 예수님의 소식을 건네야 할까? 그 소식은 그들에게 무리하게 개종을 권유하거나 우리에게 속하고 싶지 않은 이들을 교만하게 낚아채는 것이 아니라 그들의 자유에 호소하는 친절한 초대임을 어떻게 진실하게 보여 줄 수 있을까? 어떻게 우리는 단순한 요령이나 '사목적 선견지명'이 아니라 사랑을 보여 줄 수 있을까? 레비나스의 말처럼 타자들에게 우리와 다를 수 있는 자유를 주고, 그들의 다름을 존중하며, 모든 차이를 무시하고 그들을 곧장 우리 편으로 끌어들이려 하지 않는 그런 사랑 말이다.

가톨릭 작가 프랑수아 모리아크François Mauriac가 철학자 가브리엘 마르셀Gabriel Marcel의 어느 글을 읽고는 이렇게 묻는 편지를 보냈다. "자네는 왜 진작 우리 쪽에 있지 않았지?" 마르셀은 거기서 하느님의 부르심을 식별했고, 개종하고 세례 받았다. 그것이 그렇게 쉬울 수 있는 일인가? 그리고 그것이 옳은 길인가? 나도 종종 어떤 사람들을 보면서 이런 말을 하게 된다. "자네는 왜 진작 우리 쪽에 있지 않았지?" 언젠가의 나처럼 교회 문 앞에 소심하게 서 있는 이들뿐 아니라, 중요한 문제들에 관하여 진지하고 정직하게 성찰하기 시작한 사람들, 또는 진정한 행복이나 슬픔을 깊이 체험하고 있는 많은 이에게도 종종 그렇게 말하게 된다.

나는 루이스C. S. Lewis의 영감 가득한 책 『스크루테이프의 편지』 The Screwtape Letters를 읽으면서 이런 것들을 알게 되었고, 새로 개종한 이들에게는 이 책을 필독서로 준다. 이 책을 보면, 젊고 지적인 그리스도교 개종자를 유혹할 임무를 받은 젊은 풋내기 악마가 자신의 성공을 뽐내지만, 사탄 위계에서 높은 지위에 있는 노련한 삼촌 악마에게 곧바로 혼이 나고는 한다. 젊은 악마는 자신이 맡은 이가 어느 무신론 철학자의 책을 성찰하고 있다는 사실에 기쁨의 환성을 지르지만, 노회한 악마는 질색을 한다. "그를 막아라! 진정으로 사유하는 사람은 누구든 이미 원수(하느님)의 근거지에 있다. 우리의 주 무대는 '그건 과학적이지 않아! 그건 옛날 방식이야!'처럼 단순한 슬로건들의 영역이지." (무신론 철학자들의 연구에 대한 두려움을 이야기하는 대목을 보면, 마르크스의 『자본론』을 읽고 신앙을 저버린 사람은 하나도 못 만났지만 주임신부의 멍청한 강론 때문에 빠져나간 사람은 많이 보았다고 꼬집은 티슈너 신부의 말이 떠오른다.) 상급 악마는 사람들이 진정한 슬픔이나 참된 기쁨을 체험할 때, 또는 오래된 물방앗간을 지나는 조용한 가을 산책길에서 단순한 즐거움을 느낄 때도 위험하다고 경고한다. 그런 순간에 사람들은 "저 위에" 있는 원수에게 더 가까워지기 때문이다. "저 아래"에 있는 악마들은 사람들이 진정한 슬픔이나 참된 행복 대신 그들의 영혼에 실의와 염세와 자기 연민을 키울 때 기뻐한다. 체코식으로 말하자면, 바츨라프 하벨 대통령이 어느 연설에서 강조했던 '병든 정신'이라고 할 수 있겠다.

이것이 바로 악마들이 참으로 흥청댈 수 있고, 그들의 속삭임이 '비 온 뒤 버섯처럼' 뿌리내리고 뻗어 나갈 수 있는 온상이다.

'멀리 있는' 이들을 소외시키지 않으면서 그들에게 당신들은 사실 우리와 가까이 있다고 어떻게, 언제 말해야 할까? 아니, 말을 하기는 해야 할까? 자캐오 성인의 기도가 우리에게 지혜를 주기를!

※

처음에는 하느님만 아셨던 기도, 그리고 검열의 너울과 함께 신심 깊은 출판인들이 입힌 달짝지근한 포장이 벗겨진 한참 뒤에야 그녀의 일기를 통해 우리도 알게 된 기도를 보면, 리지외의 데레사는 멀리 있는 이들을 조용히 자신의 고통과 연대 속으로, 그리고 같은 식탁으로 받아들였다. 데레사는 '가장 고약한 유물론자들이나 할 법한 생각'들을 경험했고, 무신론 형제들을 위해 그들 모르게 기도했다. 이는 잘한 일인가, 잘못한 일인가?

무신론자들은 데레사와는 달리 하느님의 친밀함을 맛본 적이 없기에 그런 사실을 인식하지 못했겠지만, 데레사는 그들이 여전히 어둠 속에 있다고 여겼다. 그러나 데레사의 이런 생각은 스스로를 계몽된 이들로 여긴 무신론자들을 더 화나게 하고 멀어지게 했을 수도 있다. 죽어 가던 데레사의 감동적인 글을 읽다가도, 심지어 이런 글들도 많은 그리스도인이 하는 반갑잖은 재촉의 표현으로 해석될 수도 있겠구나 싶은 생각이 종종 든다(나는 늘 '최악의 회의론자들이 하는 주장'에 공격받기 때문인지도 모르겠다). 디트리히 본회퍼가 비꼬듯이, 그런 그리스도인들은 행복한 사람에게 당신은 사실 행복한 게 아니라고 설득하려 애쓰며, 구원을 위한 친절한 조리법을 미처 잡지책에서 떼어 내기도 전에 '당신은 죄인이오!' '당신은 죽을 거요!'라는 두 마디 공격으로 사람들을 좌절하게 만든다. 본회퍼는 그리스도인들에게 제발 인간의 죄와 나약함을 관음증적으로 엿보지 말고, 사람들이 약할 때뿐만 아니라 강할 때, 눈물 흘릴 때뿐만 아니라 행복할 때에도 선의로써 그들에게 말을 걸라고 호소한다.

물론 때로는 장밋빛 낙관주의를 걷어치우고, 왜곡시키는 인공조명을 꺼 버리고 불편한 진실까지도 바라볼 수 있게 사람들을 도울 필요도 있다. 현상을 반대편에서 보여 주고 **재해석**하는 신앙의 기술을 활용하게 돕는 것이다. 이스라엘의 예언자들이 이 기술에 능했는데, 그 때문에 사람들에게 인심을 잃었을 수도 있다. 예언자들은 사람들이 울고 있을 때에는 위로를 가져다주지만, 거짓 평화의 시기에는 세상을 향해 이것은 평화가 아니라고 외칠 수 있었기 때문이다. (그런 점에서, 강력한 예언자적 신앙은 특히 문학과 회화와 영화 같은 강력한 예언자적 예술과 비슷한 역할을 할 수 있다.)

니체는 탈신비주의脫神秘主義를 완수한 인물이었다. 그는 환상의 가면을 열심히 벗기는 사람이었고, 많은 것의 겉모습과 그것이 자처하는 바의 정반대를 드러내고 반대편에서 현상을 보여 주는 데 능통한 대가였다. 그는 '허무주의'를 서구의 형이상학적 전통 또는 그리스도교 연민 윤리의 이면에 있는 분개와 '보복심'의 숨은 토대로 밝힐 수 있었다. 니체 자신도 알았을까? 아니면 그에게 말해 주려 한 사람은 있었을까? 그의 영혼 어느 한 구석에서, 연민에 대한 그의 거부는 열정적인 '연민의 천재'를 숨기기 위한 것이었음을 말이다. 아니면 차라투스트라는 "하느님을 믿지 않는 모든 이 가운데 가장 신심 깊다"는 말로 니체 자신이 슬쩍 암시를 준 것은 아닐까?

마부의 채찍질에서 말을 보호하려고 뛰어들어 정신이상이 촉발된 토리노 사건을 겪은 니체의 성금요일이 지나고 몇 달 뒤, 리지외의 데레사도 각혈로 그녀의 병을 드러내고 내적 어둠과 시련의 마지막 나날들로 들어서는 성금요일을 경험했다. 두 사람 모두 하느님께서 가장 숨어 계시는 시간, 환상들과 무산된 기대들에 가려져서 부활은 가까이 있어도 멀리 있는 듯 보이는 시간, 십자가의 그림자가 드리워진 날, 그들의 '성토요일'을 겪어야 했다. 정신착란에 빠진 니체가 편지에 '십자가에 못 박힌 자' 또는 '디오니소스'라고 서명하던 시간, 데레사가 '눈물의 빵을 먹고' '고약한 유물론자들의 주장'에 공격을 받는 '무無의 밤'을 견디던 시간이었다.

니체의 광기에는 무엇이 들어 있었으며, 광기를 향한 문을 열어 준 사건의 의미는 무엇이었는가? 니체의 정신착란은 단지 생물학적 질병의 정신적 '상부구조'였을까, 아니면 일각에서 추측하듯 그의 광기는 그저 꾸며 내고 가장한 것이었을까? 혹은 일부 그리스도인들이 믿고 싶어 하는 것처럼 독성죄에 대한 하느님의 벌이었을까? 어쩌면 특이한 형태의 열광, 가장 심오한 것들을 이해하고 느끼기 위한 하나의 길이라고 플라톤이 말한 그 거룩한 사로잡힘이었을까?

리처드 프리드먼Richard E. Friedman은 니체와 도스토옙스키에 관한 훌륭한 연구에서,[1] 니체에게 토리노에서 일어난 일과 라스콜리니코프가 살인하기 전날 꾼 꿈, 곧 — 도스토옙스키의 어린 시절 정신적 외상을 반영하는 듯한 — 술 취한 마부가 기력이 소진한 말을 모질게 때려서 죽이려는 것을 막으려던 어린 소년의 노력이 수포로 돌아가는 꿈 사이의 놀라운 유사성을 처음으로 강조한다. 프리드먼은 프로이트의 '꼬마 한스의 사례'(말에 대한 공포가 있는 소년) 연구와 피터 셰퍼의 연극 『에쿠우스』(무신론자 아버지가 벽에 걸린 십자가 사진을 찢어내 버리자 자기 나름의 종교인 '말 숭배'를 만들어 낸 소년의 이야기)까지 활용하여 훌륭하게 분석함으로써, 소년들의 상상 속에서 말은 종종 아버지를 상징한다는 것과 아버지에 대한 체험이 하느님에 대한 개념에 어떻게 영향을 미치는지 보여 준다.

잠들지 않은 화산의 가장자리에 자주 위태롭게 서 있던 니체를 광기의 화산이라는 구렁텅이로 밀쳐 버린 그 치명적인 연민에 대해 나는 자주 생각해 보고는 했다. 연민은 니체가 그리스도교를 질책한 이유가 되었던 감정이 아니었던가! 니체 자신이 『차라투스트라는 이렇게 말했다』에서 하느님의 사망 증명서에 관하여 이런 진단을 내리지 않았던가? "신은 인간에 대한 연민 때문에 죽었다."

그러나 니체의 마음속 마음, 그의 의식 속에서는 연민이 넘쳐났을지 모른다. 어쩌면 그는 **연민의 천재**였다. 그러다 어느 날, 그 억눌려 있던 연민이 폭발하여 거기서 터져 나온 뜨거운 용암과 먼지들이 그의 의식을 가득 채운 것인지도 모른다. 우리는 니체의 연민이라는 폼페이에

---

1   R. E. Friedman, *The Disappearance of God* (Boston: Little, Brown 1995) 188-92.

묻힌 것들을 알아낼 수 있을까? "신은 인간에 대한 연민 때문에 죽었다." 니체는 지나친 연민 때문에 미친 것은 아닐까? 스스로에게도 인정하지 않았던 연민, 모든 이를 끌어안는 끝없는 연민, 사람들(하느님을 경배하는 이들도)이 잊어버린 하느님에 대한 연민 때문에 말이다.

    토리노에서의 니체의 경험은 아우구스티누스처럼 번쩍 한순간에 찾아오는 일종의 회심이라고 볼 수 있다. 그러나 니체에게는 언제나 모든 것이 반대였다. 그에게는 깨우침 대신 모호함, 빛 대신 어둠이다. 그렇지 않으면 아우구스티누스가 언젠가 정원에서 어린아이의 노랫소리에서 알아들은 '집어서 읽어라'(tolle, lege)라는 부르심을 니체는 이미 수없이 거부했기에 이러한 반회심反回心(anticonversion)이 일어나야 했던 것일까? 신앙과 연민에 대한 광적인 공격은 그의 내면 깊은 곳에 간직된 연민과 신앙에 저항하는 한 방법이라는 사실을 그에게 알려 줄 진정한 그리스도인이 니체 주변에는 없었던 것 같다. 감히 누구도 일찍이 그에게 "자네는 왜 여태 우리 편에 있지 않았나?"라고 묻거나, "너는 하느님 나라에서 멀리 있지 않다"고 말하지 못한 것이다. 그들이 같은 식탁에 앉아 함께 '눈물의 빵'을 먹고 있다고 니체에게 기꺼이 알려 줄 그리스도인이 정말 단 한 명도 없었던 걸까?

    아니면 니체의 광기는 그저 연극이었을까? 당시 세상이 미쳐 있음을 세상에 보여 주기 위한 예언자적 공연이었을까? 구약의 예언자들이 부조리해 보이는 무언극을 연기하고, 이를 통해 하느님께서 메시지를 보내셨던 것처럼? 예컨대, 에제키엘이 벽에 구멍을 뚫고 어깨에 짐을 메고 떠난 것이나(에제 12,1-12 참조), 솥을 걸고 이상한 요리를 한 것이나(에

제 24,1-14 참조), 또는 나무토막들로 했던 행동들(에제 37,15-28 참조)처럼 말이다. 니체는 『즐거운 학문』에서 자신의 **광인**을 통해 신의 죽음이라는 메시지를 세상에 보낸 것으로는 충분치 않았던 것일까? 그래서 **스스로 광인이 되어** 글로써만이 아니라 자기 운명으로도 몸소 세상에 외쳐야 했던 것일까? '신은 어떻게 되었는가? 어찌하여 신의 부재에도 사람들은 냉담하고 무관심한가? 우리가 한 일에 대한 책임은 누가 질 것인가? 이제 앞으로 어떻게 될 것인가? 지금은 무엇을 위한 때인가?'라고.

그의 전 생애와 전 작품에서 니체는 슬픈 얼굴의 기사, 돈키호테였다. 우리는 너무나 이상하게 끝나 버린 그의 모험에서 그가 얻어 낸 대답에 동의하지 않을 수는 있지만, 그가 그렇게 찾아 헤맬 수밖에 없었던 물음들까지 무시해서는 안 된다. 누군가 정답을 찾는 데 실패했을 때, 그들이 남겨 준 물음들은 우리에게 더욱 모험적인 도전이 된다. 많은 그리스도인이 너무나 성급하게 니체를 묵살하거나, 니체의 급진적인 그리스도교 비판을 그의 광기 탓으로 쉽게 돌려 버리고 때로는 그의 광기가 하느님의 벌이라고 말하는 것을 들으면, 나는 스스로에게 이렇게 말하고는 한다. **이건 저들을 통해서 말하는 산초 판사의 목소리야. 돈키호테 없는** 산초는 속 좁은 얼간이에 지나지 않지.

☙

신의 죽음에 관한 메시지는 **광인**의 입을 통해 왔다. 결국, 바보들은 유일하게 궁정 법정에서도 진실을 말할 수 있는 사람들이다. 하느님을 열심히 찾아다닌 구도자요 철학자인 시몬 베유는 죽음 — 검시관은 그의 죽음을 '정신의 균형'이 흐트러진 동안에 그가 한 행동 탓으로 돌렸다 — 을 눈앞에 두고 부모에게 보낸 편지에 훌륭한 성찰을 담아 놓았다. 셰익스피어 극에서 진실의 전달자 역할을 하는 어릿광대들과, 스페인 프라도 미술관에 있는 벨라스케스의 유명한 회화 작품「앉아 있는 궁정 광대의 초상」의 난쟁이 세바스찬의 우수 가득한 지혜로운 눈에 관한 성찰이다. "이 세상에서는, 거지보다도 훨씬 못한 가장 낮은 비천한 바닥까지 떨어진 이들, 사회적으로 전혀 존경받지 못할 뿐 아니라 인간의 가장 기본적인 존엄인 이성 자체가 없다고 모두들 여기는 사람들, 이런 사람들만 실제로 진실을 말할 수 있습니다. 다른 사람들은 모두 거짓말을 하고 있습니다. 광대의 가장 끔찍한 비극은 아무도 그의 말에 귀 기울이지 않고, 그를 진지하게 받아들이지 않으며, 누구도 그가 진실을 이야기하고 있음을 모른다는 것입니다. 지독한 수모를 대가로 진실을 아는 것, 진실을 말할 수 있지만 아무도 들어 주지 않는 것, 이것이 이 슬픈 눈들이 간직한 신비일까요?"[2]

'정신의 불균형.' 전쟁의 광기가 한창이던 1943년 8월, 미들섹스 병원의 의사는 환자 베유가 음식을 거부하는 이유를 이렇게 설명했다. 그러나 의사의 진단이 어떻든 간에, 리지외의 데레사와 니체, 시몬 베유의 죽음에는 어떤 상징적인 것이 있지 않은가? 굶주림, 곧 하느님에 대한 굶주림과 세례성사, 성체성사 등 성사들에 대한 굶주림은 시몬 베유의

---

[2] Simone Weil, *Seventy Letters*, trans. Robert Rees (London: Oxford University Press 1965) 참조.

후기 저술들 곳곳에 스며 있는 주제였다. 베유는 성사에 관한 훌륭한 글들을 썼지만 마지막 순간까지도 세례성사 받기를 거부했다. 그녀는 교회에 소속되기보다는 교회를 위해 죽는 편이 더 기쁘다고 말하면서, 의식적으로 '교회의 대기실' 안에 머물고자 했다. 베유는 자신이 열망하던 것을 자제했다. 베유는 간절한 갈망이 있으면 성사를 받는 것과 똑같이 은총에 가까워질 수 있다고 확신했다. 파스카 신비에 관한 깊은 묵상을 통해 그는 성토요일의 침묵 속에 머물렀으며, 자신에게는 십자가 그 자체로 충분하다고 썼다.

베유의 친한 벗들은 그녀의 생애와 죽음의 신비를 베유의 주치의와는 다르게 해석했다. 리처드 리스Richard Rees는 남들을 위한 공간을 남겨주려고 구명보트에 타지 않으려는 사람의 행동을 자살적 행동으로 규정한다는 의미에서 본다면, 베유가 식음을 전폐한 것은 자살적 행동이었다고 지적했다. '정신의 불균형'이라는 진단에 대해 리스는 이런 물음을 덧붙인다. "너무나 '잘 균형 잡힌' 정신을 갖고 있으나 실제로는 무관심하고 자기중심적인 이들의 반대쪽에서 균형을 맞추기 위해서, 사실 베유는 평생에 걸쳐서 균형을 다시 세우지 않았나?"

아마도 영육의 양식을 모두 거부하고 언제까지나 '하느님을 기다리며'(베유의 유명한 책 제목이기도 하다) 문턱에 머물러 있던 베유의 **어리석음**은 일종의 예언자적 메시지였을 것이다. "모든 태양에서 멀어진" 그 정신 나간 기나긴 살육의 밤 한가운데를 지나던 우리 세계 앞에 놓인 거울이었을 것이다.

종교심리학의 선구자인 미국 철학자 윌리엄 제임스William James는 인간의 유형을 '병든 영혼'과 '건강한 정신'의 사람들로 나누고, 이 두 유형에 속하는 사람들은 하느님을 향한 서로 다른 길을 갖고 있다고 지적했다. 건강한 정신의 사람들은 조화로운 세상을 감사하는 마음을 통해서 하느님을 향해 가고, 병든 영혼의 사람들은 대체로 '거듭남'의 기회를 주는 위기를 통해서 하느님을 향한다. 이 장章에서 우리가 새롭게 만난 세 인물은 분명 제임스가 말한 '병든 영혼'으로 분류될 것이고 제임스 자신도 그 가운데 하나였다. 그러나 아마도 제임스는 이들이 '문제없는' 다른 한 유형의 사람들보다 더 흥미롭고 더 깊이 있다고 여겼을 것이다.

그러나 이 셋 가운데 누구도 그들이 죽음의 문턱에서 겪은 **밤**에 어떤 구체적인 회심이나 '거듭남'을 겪었다는 증거를 보여 주지는 않는다. 우리가 판단할 수 있는 한, 데레사는 자기 신앙의 빛이 가려진 일식 속에서도 하느님에 대한 열정적인 사랑을 끝까지 간직했다. 니체는 하느님과 계속 열정적으로 씨름했다. 시몬은 끝까지 열정적으로 굶주리며 기다렸다.

이 세 길은 결국 하나로 모아졌을까? 우리 관점으로는 평행선일 수도 그렇지 않을 수도 있는 그 길들이, 세 사람의 삶 속에서 서로 다른 방식으로 그런 열정을 불러일으켰던 오메가 지점에서는 마침내 서로 교차했을까? 데레사의 경우에만 실제로 — 교회의 지속적 공경과 시성 절차를 통해 — 그녀의 길이 하느님의 품 안에서 마무리되었다고 교회가 확인해 줄 수 있다. 나머지 두 사람에 대해서는 교회가 우리에게 말해 줄 수 있는 것이 없다. 그러나 하느님께서 총애하시는 이들이 있다. 그들의 이름은 하느님의 은밀한 마음속, 그분의 '가슴속에서'(in pectore) 부러운 보호를 받는다. 하느님께서는 교황청 시성성에도 그들을 알려 주시지 않는다.

이 두 사람과 그들을 닮은 수많은 이의 영원한 운명을, 그리고 그들이 남긴 메시지와 추구와 분투와 기대와 물음들의 운명을 자캐오 성인의 전구에 맡겨 드리자.

12
영원한 자캐오

이 책에서 나는 오묘한 영적 문제들에 대한 지나치게 단순한 대답들을 여러모로 반박하는 주장을 펼쳤다. 그런 책을 마무리하기에는 자캐오와 훗날 그의 삶에 대하여 앞에서 제안한 외경은 너무 단순하고 낙관적이다. 이와는 사뭇 다른 좀 더 복잡한 자캐오 외경이 필요하다.

우리 친구 자캐오가 예수님과의 만남을 잊기까지 그리 오래 걸리지 않았다고 가정해 보자. 자캐오는 상당히 빨리, 또 깡그리 그 만남을 잊어버렸다. 심지어 자기가 속였던 사람들을 모두 찾아내어 약속한 대로 갚아 주기도 전에 잊고 말았다. 곧 그는 자기가 예수님과 이웃들 앞에서 선언했던 말이 너무 과격했다는 생각이 들었다. '그때는 그저 조금 성급했던 것뿐이야. 그런 일들이 일어날 수도 있지, 안 그래?' 그렇게 조금씩 자캐오는 예전 삶의 방식으로 되돌아갔다.

어느덧 말년에 접어들어, 유다교 신년제인 로쉬 하샤나Rosh Hashanah와 속죄일인 욤 키푸르Yom Kippur 사이의 회개의 시기를 보내던 어느 날에 자캐오는 예전의 지향과 결심들을 떠올렸다. 그러나 너무 많은 시간이 흘러 버렸고 그가 소홀히 한 임무를 보상하기에는 너무 늦은 감이 있었다. 그는 주님 앞에 엎드려 적절한 속죄를 내려 주시기를 청했다.

하느님은 자비하신 분, 게다가 자캐오는 아브라함의 자손이 아닌가. 하느님께서는 자캐오에게 수세기에 걸쳐 해야 할 속죄의 임무를 주셨다. 방랑하는 유다인Wandering Jew 아하수에로처럼 자캐오는 이 마을에서 저 마을로, 이 쉼터에서 저 쉼터로 세상을 떠돌다가, 새로운 곳에 도착하면 어느 정도 거리를 두고 주변에서 일어나는 모든 일과 사람들이 하는 말을 주의 깊게 경청해야 했다. **사람들 가운데서 그리스도의 목소리를 확실히 알아들을 수 있을 때** 비로소 그는 풀려날 것이다.

가엾은 늙은 자캐오. 수세기 동안 그는 얼마나 많은 일을 들어야 했을까! 그가 만난 많은 거짓 예언자 가운데는 예수님의 이름을 들먹이는 이들도 있고, 어떤 이들은 아주 그럴듯하게 말하기도 해서 자캐오는 자신의 무화과나무 밖으로 거의 나올 뻔하기도 했다. 그러나 붙잡고 내려올 나뭇가지를 열심히 찾는 그 손을 잡아끄는 무언가가 언제나 있었고, 그의 내면에서는 이런 소리가 들려오고는 했다. "저 사람은 아직 그분이 아니야. 저건 내가 예리코에서 들었던 그리스도의 웅숭깊고 청아한 목소리가 아니야. 아직 더 기다려야 해!" 그는 그 목소리에 순명하여 기다리고 기다렸다. 귀 기울여 듣고, 듣고, 또 들으면서.

지금 우리 시대에 그는 어떤 이야기들을 듣고 있을까?

⸸

내가 한동안 살았던 로마의 대학에서 있었던 일이다. 신학생들과 사제들의 공동체에 한 노老사제가 있었는데 귀와 눈이 거의 먼 분이었다. 그는 대부분의 시간을 경당에서 고요한 침잠 속에 보냈다. 깊은 묵상에 잠겼거나 선잠에 빠져 있었을 텐데 어느 쪽인지는 아무도 몰랐다. 때때로 예기치 않은 순간에 그는 어떤 소리를 내며 침묵에서 깨어나고는 했는데, 그것이 예언의 영의 모호한 신탁인지 아니면 확실한 노망의 표지인지를 두고 논쟁이 일기도 했다. 어느 날 경당에서 거행된 전례에서 복음이 "그러나 사람의 아들이 올 때에 이 세상에서 믿음을 찾아볼 수 있겠느냐?"(루카 18,8)라는 예수님의 물음으로 끝났을 때, 큰 대답 소리가 들렸다. 노사제의 독백이었다. "어렵죠, 어려울 겁니다."

그때, 참례한 신학생들이 간신히 억눌렀던 웃음이 하나둘 새어 나오는 가운데 내 마음에는 수많은 울적한 물음이 떠올랐다. 세상 끝 날, 예수님께서 이 세상에서 **교회**는 보실 수 있지만 **믿음**은 전혀 찾아보실 수 없다면? 지금처럼 말 많고 전 세계적으로 뻗어 나간 형태의 **종교**는 보이지만, 그분이 찾고 있는 **믿음**은 보실 수 없다면? 매력적인 **영성** 학파는 수없이 보이지만, 당신께 정말 중요한 **믿음**은 찾아보실 수 없다면?

참회자 자캐오의 방랑은 이제 교회 건물들과 종교와 영성 운동들에까지 이르렀지만, 자캐오는 그 어디에서도 그리스도의 목소리를 들을 수 없다. 지금도 생생하게 기억하고 있는 그 깨끗한 목소리를.

⚜

그리스도는 지상에서 믿음을 찾을 수 있을까? 아주 '작은' 믿음이라도?

예전에 쓴 책에서 나는 '위대한 믿음'에 맞서는 '작은 믿음'을 호소한 바 있다.[1] "믿음을 더하여" 달라는 제자들의 청에 대한 대답으로 예수님께서 겨자씨 한 알만 한 믿음에 관해 말씀하신 것을(루카 17,5-7 참조) — 많은 해석학자는 당연히 뜨악해하겠지만 — 나는 그렇게 도발적으로 해석한다. 그 책에서 나는 이런 물음을 던졌다. 예수님께서는 제자들과 우리에게, 특히 우리에게 더 이렇게 말씀하고 계신 것이 아닐까? 우리 믿음은 '너무 크다'고, 그러니 그 **믿음이 겨자씨 한 알만큼 작아질 때에야** 비로소 대단한 것이 될 수 있다고 말이다.

너무 많은 개념과 생각을 짊어진 믿음, **너무나 인간적인** 믿음이라는 의미에서 우리 믿음은 **너무 크지** — 또 너무 무겁고 거추장스럽지 — 않은가? 우리 믿음은 **하느님의 믿음**이 될 때에야 참으로 살아 있는 믿음이 될 것이다. 하느님에 관한 것은 이 세상의 눈에는 언제나 작고 약하고 어리석어 보이기 때문이다. 하느님께서는 세상의 눈에 위대하고 강하고 굳건한 것을 부끄럽게 만드시지 않았던가?(1코린 1,25-28 참조)

하느님께서 더 좋아하시는 믿음은, 십자가의 성 요한의 벌거벗은 믿음이나 리지외의 데레사의 어린이의 길처럼 — 앞서 지적했듯이, 이 어린이의 길은 유치함과는 정반대다 — 인간적 기준으로는 '작은' 믿음일지도 모른다. 욥의 거친 원망이나 한밤의 씨름에서 야곱의 공격도 받아 주신 하느님이시니 니체나 다른 많은 이가 당신과 벌이는 논쟁을 즐기고 계신지도 모를 일이다. 독성죄처럼 보이지만 사실은 손녀딸을 잃은

---

1 Tomáš Halík, *Noc zpovědníka* (Prague 2005) 28-34.

다음 슬픔의 밤에 헛되이 하느님을 찾고 있는 그 사람의 진실하고 고통스러운 과격한 항의도 그분은 받아들이실 것이다.

예수님께서 최후의 심판에 관하여 하신 말씀은(마태 25,31-46 참조) **자비의 활동**과, 고통받는 이들과 가난한 이들에 대한 섬김으로 나타나는 **드러나지 않는 익명의** 믿음도 하느님께서 받아들이실 것이라고 우리를 안심시킨다. 야고보 사도의 말처럼 그들은 **실천으로 믿음을 보여 줄 것이다**(야고 2,18 참조). '신심의' 동기가 전혀 없이, 굳이 하느님 때문이 아니라 그저 고통받는 이들을 생각하여 봉사하는 이들도 의인들에 포함되리라는 것이 예수님의 설명에서 분명히 드러난다. 그들은 자신이 섬기는 이들에게서 예수님을 알아보지 못할 뿐 아니라 그분 이름도 들어 본 적 없을지 모른다. 또는 예수님을 경배하는 이들의 가시적 가족에 분명히 소속되어 그분에 관한 이야기들을 들어 본 적이 없을 수도 있다. 그래서 그들은 **놀라** 이렇게 물을 것이다. "주님, 저희가 언제 주님을 찾아가 뵈었습니까?" 늘 놀라움을 주시는 그리스도께서 그들을 또 한 번 놀라게 하실 것이다. 그런가 하면 예수님의 이름을 늘상 들먹이면서도 고통받는 이들과 가난한 이들 안에서 그분을 알아보지 못하는 이들에게도 그분은 놀라움을 안겨 주실 것이다. 그러나 똑같은 물음을 던진 그들에게 돌아온 대답은 정반대의 놀라움일 것이다.

'드러나지 않는' '익명의' 믿음이 존재하는가? 그런 믿음을 실천한 이들도 그리스도의 오른편에 한자리를 차지할 수 있다는 희망을 가질 수 있는가? 작은 것 안에 위대한 것을 감추시고 약한 이들에게 당신 힘을 보여 주시는 분이시니, 진리와 의미를 향한 채워지지 않는 갈망과 추구, 끝없는 물음들만으로 다져진 믿음 안에도 어느 모로 현존하시지 않을까? 아직도 은신처에 숨어 아주 조심스럽게만 내다보고 있는 자캐오들의 믿음 안에도 계시지 않을까? 분명하지 않은 갈망의 형태로 드러난 믿음 안에도? 굳셈보다는 떨림이, 대답보다는 물음이, 확신보다는 의심이 더 많은 믿음 안에도? 목적지는 어디에도 보이지 않는데 하염없는 여행으로 이미 지쳐 버린 믿음 안에도?

소돔을 두고 아브라함이 그랬던 것처럼 우리도 주님과 흥정을 벌인다고 생각해 보자(창세 18,20-32 참조). 하느님과 교회와 종교를 붙잡고 진지하고 열정적으로 논쟁하는 수많은 이가 있고, 놀랍게도 하느님께서 그런 믿음도 받아들일 만하다고 여기신다면, 그들 가운데에서 우리는 일종의 '드러나지 않는 익명의 믿음'을 발견할 수 있지 않을까? 그런 이들이 열 명만 있다고 해도 어떻게 될까?

꽃

바오로 사도는 사랑의 찬가를 고조시켜 마무리하는 부분에서 사랑은 참고 기다린다고 말한다(1코린 13,4 참조). 맞는 말이다. 그리고 믿음도 참고 기다린다. 진정한 믿음은 그러하다. 사실 믿음이 곧 인내다. 타인에 대한 사랑은 상대를 참고 기다리는 데서 그 힘과 진정성이 드러나고 입증되듯이 — 비록 숨겨져 있고 드러나지 않고 익명일지라도 — **믿음**도 삶의 모든 어려움과 역경과 모호성 앞에서 인내의 형태로 존재한다. 다른 어디보다 그 인내 안에서 믿음의 힘과 진정성이 드러난다.

신앙의 진정성은 믿음의 '주제'에 관하여 무엇을 어떻게 정확하게 말할 수 있는가 하는 지각적 '내용'보다는 인내를 통해 더 잘 드러난다. "인내는 모든 것을 이루리라." 이것이 또 한 명의 위대하고 지혜로운 교회 박사인 아빌라의 성 데레사의 믿음이고 가르침이었다. 성경은 말한다. "너희는 인내로써 생명을 얻어라." 이즈음 신앙은 그리스도를 따르려는 의식적인 결심으로 강조되는 경향이 있고, 때로 그런 결심은 신앙부흥회의 격한 감정에 휩쓸려 이루어지기도 한다. 그러나 신앙은 결심만 있어서 되는 게 아니라, 앞으로 닥칠 일들 안에서 항구하게 참고 기다리는 인내를 요구한다.

인내가 믿음에 힘을 준다면 인내는 믿음의 한 부수적 측면일 뿐인가? **하느님의 은총**이 우리 신앙 안으로 부어질 수 있게 열어 주는 개방, 우리 구원의 첫 번째 이유가 바로 인내가 아닌가? 그 은총은 사실 우리를 사랑하시는 하느님의 인내, 우리를 신뢰하시는 하느님의 인내가 아닌가? 우리 신앙의 인내는, 하느님께서 당신 영의 불을 지피시어 '인간의 믿음'을 녹여 하느님의 믿음으로 다시 만드시는 용광로가 아닌가? **하느님의 믿음**은 세상의 눈에는 아주 작고 눈에 잘 띄지도 않지만 기적을 행할 수 있는 믿음이다.

아니면 **인내**로 행하는 **지극히 인간적인** 우리의 추구와 물음과 관찰 속에도 하느님께서는 늘 숨어 계셨고 우리에게 **인내의 은총**을 살며시 건네주셨기에 우리가 마침내 숨어 계신 분을 발견하고 알아보며 우리 이름을 부르시는 그분의 목소리를 듣게 되는 것일까?

결국, 우리가 삶의 끊임없는 수수께끼들에 부닥칠 때 지나치게 단순한 대답들로 돌아서서 그런 대답들에 의존하고 싶은 유혹을 뿌리치며 발휘하는 인내는 '바로 손 닿을 곳에' 계시지 않는 **하느님을 참고 기다리는 시간**이다. 그러나 숨어 계신 하느님 앞에서 이렇게 열려 있는 개방성, 침묵하시는 하느님의 깊은 고요 속에서도 희망을 놓지 않고 담대히 '예' 또는 간절히 '아마도'라고 대답하는 것, 가장 길고 어둡고 추운 밤들에도 체념의 재를 거듭 헤치고 튀어 오르는 그 작고 집요한 불꽃이 바로 신앙이 아닐까? 그리스도교에서는 믿음과 희망을 갈라놓을 수 없다. 그리고 인내는 이 둘의 공통분모이자 공통 열매다.

하느님께서 우리에게 그런 인내를 발휘하시는데, 비록 나약한 인간의 한계를 지니고 있으나 어찌 우리도 믿음과 희망과 사랑이라는 인내를 그분께 발휘하지 않을 수 있겠는가? 우리가 바라는 모든 확신과 위안을 받지 못하는 순간들, 어둠과 공허함의 순간들, 계속 기다리거나 기다리는 줄에서 빠져나가는 것 말고는 다른 대안이 없는 순간들에도.

신비롭고 역설적인 신앙 세계가 형성되는 방식도 그래서, 밖에서 볼 때는 가장자리처럼 보이던 것이 일단 안에 들어가 보면 놀랍게도 중심부에 가깝다는 것을 알게 된다. 예루살렘 성전 한복판에 어둡고 텅 빈 '지성소'가 있는 것처럼 신앙의 성전도 그 가장 거룩한 자리에 어둡고 텅 빈 공간을 숨기고 있을 수 있다. 그리고 하느님과 그분의 영광이 가장 충만하게 머무르시는 곳이 바로 거기, 어둡고 텅 빈 **그 공간 안**이다.

'하느님을 기다리는 일'은 '신앙의 대기실'에서만 일어나는 것이 아니라 신앙의 한복판에서도 일어난다.

앞에서 살펴본 것처럼 최후의 순간까지도 '그저' 지켜보고 기다리는 이들 가운데 하나로 남았던 시몬 베유는 아주 매력적이고 기지 넘치는 말을 남겼다. "사랑하는 이가 모르도록 그를 섬기는 일은 인간 사랑의 가장 오묘한 기쁨 가운데 하나인데, 하느님 사랑과 관련해서는 무신론을 통해서만 가능하다."[2]

처음에 얼핏 읽었을 때는 이 말이 '익명의 그리스도인'들과 하느님에 대한 그들의 '드러나지 않는' 사랑을 가리키고 있다고 생각했다. 그러나 곧 깨달았다. 이 말은 하느님의 사랑, 우리의 친밀함과 신중함을 요구하며 이름을 감추고 숨어 있음으로써 우리를 놀라게 하기를 좋아하는 그 사랑을 가리키고 있다는 것을. 시몬이 염두에 둔 것이 하느님께서 이름을 숨기시고 무신론자들에게 보여 주시는 사랑인지 — 하느님께서는 당신을 찾아내지 못한 그들을 그들 여정의 끝에 가서야 놀라게 해 주시려는 생각에 재밌어 하신다 — 아니면 우리가 거들떠보지도 않을 법한 모습으로 숨어 계신 하느님께서 무신론자들을 통해 세상에 슬며시 보여 주시는 은총인지는 확실하지 않다.

어쩌면 이 둘 다일 수도 있다. 하느님께서는 무신론자들 안에서 무신론자들에게도, 세상에도 숨어 계신다. 세상 끝 날 그분께서는 이 숨바꼭질을 끝내시며 무신론자들에게 당신이 그들 삶에 언제나 계셨음을,

---

[2] Simone Weil, *First and Last Notebooks*, trans. Richard Rees (London, New York: Oxford University Press 1970) 84.

당신과 당신의 숨은 힘을 통하여 그들이 여정을 잘 헤쳐 왔음을 알게 되는 기쁨을 선사하실 것이다. 그리고 그리스도인들을 비롯한 세상은, 무신론자들이 때때로 그들을 놀라게 했던 것이 실은 하느님의 은총이자 '암호 메시지'였고 무신론자들 안에 하느님께서 신비롭게 현존하셨다는 것을 알고 놀라고 흐뭇해할 것이다.

볼 수 없는 하느님을 믿는다는 것은 우리가 볼 수 없는 곳에도, 또 그분이 거기 계시지 않고 계실 리 없다고 우리가 확신하는 곳에도 그분이 계시기를 바란다는 뜻일 수도 있다.

어느 저녁, 꼭 예전의 나처럼 자신이 하느님을 믿고 있는가, 하느님을 믿는다면 충분히 믿고 있는가 하는 고민을 오랫동안 해 온 젊은이와 아주 길고 진 빠지는 논쟁을 벌이고 나서 나는 이렇게 말해 주었다. "자네가 하느님을 믿는다고 확신하는 게 그렇게 중요한 문제는 아니야. 사실 가장 중요한 건 **자네가** 하느님을 믿느냐 그렇지 않으냐가 아니라네. 가장 근본적인 것은 **하느님께서 자네**를 믿으신다는 사실이지. 그리고 지금으로선 그 사실을 아는 것만으로도 충분할 걸세."

고전들에서 따온 말은 아니지만, 나는 그 전에도 고해소 안에서 이 말을 수없이 했다. 무척이나 내향적이고 **자기 나름**의 추구에 골몰해 있던 고해소 안의 그 집요한 구도자들도 이 젊은이처럼 똑같은 안도감을 느꼈을지는 모르겠다. 믿음은 우리가 뭔가를 하는 것이 아니다. 믿음은 의탁이다. 믿음의 문제에서 우리는 우리 자신을, 또는 우리가 얼마나 알고 있는지 **우리의** 확신은 어떤 형태인지를 너무 심각하게 여겨서는 안 된다. 그보다 우리는 하느님을 심각하게 여겨야 한다. 종교적 추구에서도 **자기 나름의** 추구에 지나치게 빠지다 보면 치명적으로 길을 잃어버리게 되고, 하느님께서 이미 우리를 찾고 계신다는 중요한 사실을 놓칠 수 있다.

신앙의 핵심에 이르는 것은 **하느님께서 우리를 믿으시기에** 가능하다. 하느님께서는 당신의 거룩한 믿음, 말하자면 열정적이면서도 참고 기다리는 믿음으로 우리를 믿어 주신다. 그렇다고 **하느님께서 우리가 존재한다는 사실을 믿으신다**는 말은 아니다. 하느님이 **존재한다**는 확신보다 더 깊은 다른 믿음을 하느님께서 우리에게 기대하시는 것과 마찬가지다. 그분께서 우리의 덕목을 확신하신다거나 우리의 선한 행동을 기대하신다는 말도 아니다. 하느님께서 우리를 믿으신다는 말을, 부모들이 학교 시험이나 수학여행을 앞두고 자식들에게 '나는 너를 믿어', '우리는 너를 믿어' 하는 말과 혼동해서는 안 된다. 그럴듯하게 들리는 저 말들은 격려와 도덕적 협박이 뒤섞인 표현일 수도 있기 때문이다. 저 말이 '우리가 너를 그렇게 믿었건만!'이라는 무서운 꾸지람으로 변하기란 얼마나 쉬운가!

우리를 향한 하느님의 무조건적인 믿음과 신뢰 덕분에 우리에게는 자유의 여지가 생긴다. 하느님께서는 우리가 자유를 어떻게 다루고 있고 앞으로도 어떻게 다룰지 완벽하게 알고 계시지만 우리에게 자유를 주신다. 사실 그분은 우리가 당신 선물을 다루어서 생기는 가장 비극적인 결과도 알고 계시고 허용하신다. 그분은 얼마나 무한히, 또 얼마나 무조건적으로 우리 자유를 존중하시는지 보여 주신다. 사실, 지옥살이의 **가능성** 자체가 결국 하느님께서 우리 자유를 존중하신다는 일관된 표현

일 뿐이다. 설사 이 끔찍한 가능성이 어떤 사람들에게 현실이 된다 해도
— 다행스럽게도 우리는 누구에게도 그 가능성을 확신할 수는 없다 —
하느님께서 우리 자유를 존중하시는 마음이 그분의 무한한 자비보다 훨
씬 더 크다는 이야기만 될 것이다.

"우리가 하느님을 보는 눈은 하느님께서 우리를 보시는 눈"이라는
마이스터 엑카르트의 말을 앞서 인용했다. 유비를 통해 이 말을 믿음에
도 적용할 수 있지 않을까? 그렇다면 우리가 하느님을 믿는 신앙은 하
느님께서 우리를 믿으시는 믿음이라고 말할 수 있다.

우리에 대한 하느님의 믿음이 우리 믿음의 용량에 제한되기 때문에
그분의 믿음이 우리 믿음에 매여 있다고 — 그래서 아주 작다고 — 단정
적으로 말하려는 게 아니다. 그러면 정말 독성죄가 될 것이다. 앞에서 이
야기했던 **작은 믿음**은 '하느님의 믿음'이었고, 그것은 우리 세상의 눈으
로 볼 때에만 **작았다**.

믿음의 자매 격인 사랑에 관해서 우리는 성경에서 이렇게 읽는다.
하느님께서는 우리가 그분을 사랑하기 전에 우리를 사랑하셨고, "우리
가 아직 죄인이었을 때에"(로마 5,8)도 우리를 사랑하셨으며, 하느님은 —
그분이 곧 사랑이시니 그분의 사랑은 — "우리 마음보다 크시다"(1요나 3,
20). 그분의 사랑이 우리 사랑을 앞서고 우리 사랑의 용량을 다 감당하시
는 것처럼, 그분의 믿음도 우리 믿음을 앞서고 우리 믿음을 감당하시며
우리 믿음을 가능하게 하시고 그 안에 당신의 믿음이 있다고 나는 믿는
다. 하느님 몸소 우리 믿음 안에 계신다. 전통 신학에서는 '신앙은 은총'
이라는 말로 이 진리를 표현한다.

그러나 바로 그 신비로운 현존 때문에, 우리 믿음은 우리가 보고 경험하고 상상할 수 있는 것을 뛰어넘는다. 그분은 우리 믿음 안에 현존하시지만 종종 그 안에 숨어 계시거나 그것을 초월하신다. 우리가 우리 믿음에 관하여 갖고 있는 생각, 그 안에서 '볼' 수 있는 것, 우리가 우리 믿음을 이해하는 방식을 완전히 초월하신다. 우리가 타인들의 신앙에 관하여 갖고 있는 생각은 말할 것도 없다. 상상할 수 있는 그 어떤 것보다 더 크신 분을 우리 믿음이 담고 있다면, 그리고 우리 믿음이 우리가 생각하는 것보다 '더 크다'면, 크신 하느님께서는 **작아** 보이는 우리 믿음과 우리의 추구와 몸부림 안에도 **어떻게든** 숨어 계실 수 있을 것이다. 어쨌거나 하느님께서는 역설을 좋아하신다는 증거가 수없이 많지 않은가?

☙

프라하 태생의 위대한 구도자 프란츠 카프카의 작품 전체는 수수께끼와 역설로 가득하다. 나는 고교 시절부터 카프카의 책을 몇 번씩 다시 읽었는데, 읽을 때마다 새로운 것을 발견한다. 나는 '작가는 무엇을 마음에 두고 있었을까?'라는 물음을 이미 오래전에 그만두었다. 책은 작가의 의도와 떨어져서 독립적으로 존재한다. 우리가 새로운 역사적 체험들을 겪고 우리 인생사와 우리 나름의 **심판**과 닫힌 **성문** 밖의 기다림에서 새롭게 펼쳐지는 단계들을 헤쳐 나가는 동안, 책은 그것이 우리 안에 계속해서 불러일으키는 모든 해석과 정신적 연상 작용들에 열려 있다.

카프카의 책 『소송』*Der Prozeß*과 『성』*Das Schloß*은 현대 관료주의 사회의 소외된 기계적 조직의 불가해성 앞에서 길을 잃고 두려움에 사로잡힌 인간의 운명에 관한 비유인가, 아니면 그보다 훨씬 더 의미심장한 무엇인가? 혹시 들여다볼 수 없는 벽들로 둘러싸여 있고 율법의 문들로 닫혀 있는, 범접할 수 없는 하느님의 침묵 앞에 선 인간의 절망을 표현한 것인가? 우리는 율법을 통해서가 아니라 신앙을 통해서 은총의 왕좌에 다가간다고 선언함으로써 바오로 사도가 부수려고 했던 그 문들, 율법의 하느님은 죽었고 우리는 자유롭다고 선언함으로써 니체가 허물려고 했던 그 문들 말이다. 혹시 이 책은 요제프 K가(곧, 아무개가) 어떻게 사랑과 책임 없이 껍데기뿐인 공허한 삶을 살아가는 죄를 지었고, 어떻게 그의 죄를 깨달을 기회를 허비했는가에 대한 설명은 아닌가? (마치 뒤죽박죽 혼란스럽고 식은땀이 흐르는 악몽처럼 '공정한 재판'이 부조리와 치사한 탐욕으로 암호화되었다는 것은 변명이 되지 않는다.) 『소송』과 『성』이 묘사하는 것은 인간이 어떻게 계속 심판받고 있는가, 어떻게 천상 심판이 이미 지상에서 시작되고 있으며 우리 일상생활 속에 드러나지 않게 뒤섞여 있는가에 관한 카발라 신비주의의 가르침을 반영하는 것인가? 그 작품들은 조만간 무고한 이들이 나치즘과 공산주의의 끔찍하리만치 무자비한 기계적 조직에 굴복하게 될 부조리한 심판에 관한 명석한 예언이었나? 아니면 가능한 이 모든 해석이 어떤 면에서 전부 타당한가? 카프카의 작품들은, 하느님 백성에게 내린 재앙 뒤에는 하느님의 손이 있다는 구약 예언자들의 말만큼이나 끔찍하고 쉽게 받아들이기 힘든 메시지를 말하려 하는 것인가? 20세기의 소름끼치는 악몽들을 위한 길을 터 준 것은, 반쯤 이름을 숨긴 현대인 아무개의 부초 같고 얄팍하며 무기력한 삶이라는 메시지 말이다.

20세기 가장 중요한 작품 가운데 하나인 소설 『소송』에는 작품 전체의 메시지를 이해하는 데 결정적인 일화들이 자주 나타난다. 그 일화들이 자캐오 주제에 관한 우리 묵상에 영감을 줄 수 있을까?

카프카는 대성당에서 다른 사람을 찾아다니고 있던 요제프 K의 **이름을** 부른 신부의 입을 통해 이런 비유를 들려준다.

어떤 사나이가 법의 문 앞에 앉아 있다. 그는 오랫동안 들어오려고 애썼지만 들어갈 길을 찾지 못했다. 법의 문 앞에는 힘센 문지기가 지키고 있는데, 자기를 지나가더라도 뒤에 훨씬 더 힘세고 완강한 문지기들이 있을 거라고 알려 준다. 목숨이 꺼져 가고 기다림이 다해 가자 '시골에서 온 사나이'는 문지기에게 한 가지만 대답해 달라고 사정한다. "모든 사람이 법 안으로 들어가기를 바라건만, 어찌하여 그 긴 세월 동안 저 말고는 아무도 안으로 들어가기를 간청하지 않았던 것입니까?" 문지기는 죽어 가는 사나이에게 대답한다. **"이 문은 자네만을 위한 문이니까. 자, 나도 이제 가서 문을 닫아야겠네."**

❧

이제 돌아가서 우리의 세 번째 외경을 만나 보자. '참회자 자캐오' 외경이다.

자캐오도 방랑과 하염없는 기다림으로 이미 지칠 대로 지쳤다고 상상해 보자. 또 한 번의 로쉬 하샤나가 지나가고, 다시 욤 키푸르가 다가오고 있다. 회개의 시기를 지내며 자캐오는 자신의 목숨과 완수하지 못한 임무를 주님께 돌려드릴 준비를 한다. 그러나 어째서 성공하지 못했는가 하는 물음이 그를 괴롭힌다. 내가 뭘 놓친 걸까, 뭘 듣지 못했을까? 어디서 잘못된 걸까? 속죄일 전야의 바로 그 순간에 그의 마음에서 불현듯 목소리가 들려온다. 임무를 완수했다고 선포하려 할 때마다 자신을 만류하던 목소리와는 다른 목소리였다. 이번에는 정말 놓칠 수 없는 그리스도의 목소리다.

주님께서 말씀하신다. "자캐오야, 네 이름은 '깨끗하다'는 뜻이다. 그런데 이번에는 그것이 네 여정에서 함정이 되었구나. 너는 네가 받은 것보다 네 임무를 더 힘든 것으로 만들어 버렸다. 언젠가 네가 정의가 요구하는 것보다, 또 네가 감당할 수 있는 것보다 더 크게 보상하겠다고 호언장담했던 때처럼 말이다. 그리고 더 까다로운 요건을 갖추려 한 너의 고집과 결심은 이번에도 너그러운 사랑에서 비롯된 것이 아니었다. 늘 하느님의 명령을 위조하고 더 엄격한 것으로 만드는 자, **유일하게** 금지된 나무 열매를 따 먹고 싶은 마음을 부추기기 위해 '하느님이 에덴동산의 **어떤** 나무에서도 열매를 따 먹어서는 안 된다고 하셨다던데'라는 말로 아담과 하와에게 접근했던 그자의 유혹에 네가 넘어가고 만 것이지. 너는 인간의 약함이나 의심이나 추구가 조금도 섞이지 않은 절대적으로 **깨끗한** 내 목소리를 들어야 한다고 줄기차게 주장하더구나. 하지만 내가 천상에서 내려온 그날 이후, 내 목소리가 인간 역사에서 그렇게 들린 적은 한 번도 없다. 나의 말과 나의 유산과 나의 이름은 결코 눈처럼 희지는 않은 백성의 입에, 나에 대한 사랑과 자기애와 세상 것에 관한 사랑이 뒤섞인 마음들에 맡겨져 있다. 나는 천사들이 아니라 죄인들로 이루어진 내 교회의 신앙에 나를 주었고, 교회의 가시적인 문에서 멀리 있는 이들, 물음과 의심으로 가득한 길을 찾고 헤매며 땀에 젖고 때 묻은 이들 안에 나도 있었다. 너는 무엇보다 그들에게 귀를 기울여야 했다. 너는 무엇보다 그들 안에서 나를 찾아야 했다."

"또 하나 있다. 믿음, 살아 있는 믿음은 숨을 쉬어야 한다. 믿음에는 낮도 있고 밤도 있다. 하느님은 말뿐 아니라 침묵을 통해서도 말씀하신다. 하느님은 친밀함뿐만 아니라 소원함을 통해서도 사람들에게 말한다. 내 침묵과 소원함을 겪고 있는 이들, 구름에 가려진 내 신비의 산에서 어두운 골짜기 저 반대편에서 바라보는 이들 안에서 내 목소리를 찾아야 한다는 것을 너는 잊었다. 너는 그들과 함께 왔어야 했다. 너는 그들을 내 문턱에 더 가까이 데려왔어야 했다. 그것이 **너만을 위해** 마련된 문이었다."

자캐오는 엎어져 운다. 세관장 자캐오는 말한다. "주님, 정말이지 인정하고 싶지 않은 교만도 제 여정에서 저를 괴롭혔습니다. 저는 언제나 저 자신에게 대단한 것을 요구했지만 한 번도 그렇게 살지는 못했습니다. 그것을 인정할 수 없었기에, 다른 이들에게도 과장된 요구를 하고는 했습니다. 남들의 불완전함과 **더러움**을 꾸짖었기에 저는 그들 안에서 당신 목소리를 듣지 못했습니다. 인정할 수 없었지만, 그렇게 저는 그들을 단죄하고 그들 위에 군림했습니다. 어쩌면 저는 '주님, 세관장 저 자캐오는 다른 사람들과는 다르고, 저 바리사이들과도 다르니 감사합니다'라고 말하고 있었습니다. 주님, 저를 용서하소서."

어쨌거나 자캐오는 아브라함의 자손, 그것도 다시 찾은 아브라함의 자손이기에 주님께서는 이렇게 말씀하신다. "자캐오야, 네 교만의 나무에서 얼른 내려오너라. 오늘은 바꿔서 네가 내 집에서 함께 밥을 먹어야겠다. 기억해라. 다시는 **내** 집 문을 좁혀서는 안 된다. 너는 다른 사람들과 함께 올 때만 내 집에 들어올 수 있을 게다. 그 문은 너만을 위한 문이 아니란다. **이제 가서 문을 열어야겠다.**"

2007년 7월에서 8월에, 라인 지방의 한 관상수도원 암자에서 쓰다.